A Tributação do Petróleo

A Tributação do Petróleo

OS TRIBUTOS INCIDENTES NA EXPLORAÇÃO
E PRODUÇÃO DE PETRÓLEO E GÁS NO BRASIL

2017

Ricardo Lodi Ribeiro

A TRIBUTAÇÃO DO PETRÓLEO
OS TRIBUTOS INCIDENTES NA EXPLORAÇÃO
E PRODUÇÃO DE PETRÓLEO E GÁS NO BRASIL
© Almedina, 2017

AUTOR: Ricardo Lodi Ribeiro
DIAGRAMAÇÃO: Almedina
DESIGN DE CAPA: FBA
ISBN: 978-858-49-3185-9

Dados Internacionais de Catalogação na Publicação (CIP)
(Câmara Brasileira do Livro, SP, Brasil)

Ribeiro, Ricardo Lodi
A tributação do petróleo : os tributos incidentes
na exploração e produção de petróleo e gás no
Brasil / Ricardo Lodi Ribeiro. -- São Paulo :
Almedina, 2017.
Bibliografia.
ISBN: 978-85-8493-185-9
1. Direito tributário - Brasil 2. Gás natural - Brasil
3. Gás natural - Indústria e comércio - Brasil 4. Petróleo – Brasil
5. Petróleo - Indústria e comércio - Brasil I. Título.

17-00727   CDU-34:336.2:665.612(81)

Índices para catálogo sistemático:
1. Brasil : Petróleo e gás natural : Direito tributário 34:336.2:665.612(81)

Este livro segue as regras do novo Acordo Ortográfico da Língua Portuguesa (1990).

Todos os direitos reservados. Nenhuma parte deste livro, protegido por copyright, pode ser reproduzida, armazenada ou transmitida de alguma forma ou por algum meio, seja eletrônico ou mecânico, inclusive fotocópia, gravação ou qualquer sistema de armazenagem de informações, sem a permissão expressa e por escrito da editora.

Janeiro, 2017

EDITORA: Almedina Brasil
Rua José Maria Lisboa, 860, Conj.131 e 132, CEP: 01423-001 São Paulo | Brasil
editora@almedina.com.br
www.almedina.com.br

*A Rodrigo, Bruno e Pedro
com amor e carinho.*

SUMÁRIO

INDRODUÇÃO 11

CAPÍTULO 1. MARCO REGULATÓRIO PARA A EXPLORAÇÃO
E PRODUÇÃO DO PETRÓLEO E O GÁS E AS SUAS INCERTEZAS
TRIBUTÁRIAS 17

CAPÍTULO 2. COMPETÊNCIA TRIBUTÁRIA EM ÁGUAS MARINHAS 25

CAPÍTULO 3. A NATUREZA JURÍDICA DA AQUISIÇÃO DO PETRÓLEO
PELAS CONCESSIONÁRIAS E CONTRATADAS 35

CAPÍTULO 4. A TRIBUTAÇÃO PELO ICMS NA EXPLORAÇÃO
E PRODUÇÃO DE PETRÓLEO E GÁS 41
  4.1. O ICMS e a Constituição Federal 41
    4.1.1. Breve Histórico 41
    4.1.2. A Incidência do ICMS 42
  4.2. O ICMS na Extração de Petróleo e Gás 57
    4.2.1. A Extração de Petróleo e a Circulação de Mercadorias 58
    4.2.2. A Imunidade das Operações Interestaduais e a Exigência
        na Extração 63
    4.2.3. A Tese da Transferência de Domínio e a Imunidade Recíproca 65
    4.2.4. O Preço de Referência como Base de Cálculo 69
  4.3. O ICMS e o Deslocamento do Petróleo da Plataforma
     para o Estabelecimento Produtor 73
  4.4. O ICMS e a Partilha da Produção 76
  4.5. O ICMS e a Unitização da Produção 80
  4.6. O ICMS e a Saída de Petróleo e Gás pelas Empresas Produtoras 84
  4.7. A Comercialização da Produção da União 85

CAPÍTULO 5. A TRIBUTAÇÃO DO ISS NA EXPLORAÇÃO E PRODUÇÃO DE PETRÓLEO E GÁS — 91
- 5.1. O ISS e a Constituição Federal — 91
  - 5.1.1. Breve Histórico — 91
  - 5.1.2. A Incidência do ISS — 92
- 5.2. A Inexistência de Prestação de Serviços entre os Integrantes do Consórcio de Empresas de Exploração e Produção e a União — 103
- 5.3. Incidência do ISS sobre Serviços Prestados ao Consórcio por Terceiros e o Seu Aspecto Espacial — 105

CAPÍTULO 6. A TRIBUTAÇÃO DA RENDA AUFERIDA PELOS INTEGRANTES DOS CONSÓRCIOS DE EXPLORAÇÃO E PRODUÇÃO — 109
- 6.1. O IRPJ, a CSLL e a Constituição Federal — 109
  - 6.1.1. Breve Histórico — 109
  - 6.1.2. A Incidência do IRPJ e da CSLL — 110
- 6.2. A Tributação da Renda no Contrato de Consórcio — 117
- 6.3. As Despesas Necessárias e o Óleo-Custo — 119
- 6.4. O IRRF e o Arrendamento Mercantil de Plataformas de Petróleo — 122
  - 6.4.1. Os Contratos de Afretamento e de Prestação de Serviços — 122
  - 6.4.2. As Plataformas de Petróleo e o Conceito de Embarcação da Lei nº 9.481/97 — 125

CAPÍTULO 7. A TRIBUTAÇÃO SOBRE A RECEITA BRUTA NA EXPLORAÇÃO E PRODUÇÃO DE PETRÓLEO E GÁS — 133
- 7.1. O PIS, a COFINS e a Constituição Federal — 133
  - 7.1.1. Breve Histórico — 133
  - 7.1.2. A Incidência de PIS/COFINS — 136
- 7.2. As Receitas Oriundas dos Contratos de Partilha de Produção — 142

CAPÍTULO 8. A TRIBUTAÇÃO SOBRE A IMPORTAÇÃO NO ÂMBITO DA EXPLORAÇÃO E PRODUÇÃO DE PETRÓLEO E GÁS — 143
- 8.1. Os Tributos Sobre a Importação e a Constituição Federal — 143
  - 8.1.1. Breve Histórico — 143
  - 8.1.2. A Incidência do II, do IPI, do ICMS e do PIS/COFINS na Importação — 144
    - 8.1.2.1. Imposto de Importação – II — 144
    - 8.1.2.2. IPI na Importação — 152
    - 8.1.2.3. ICMS na Importação — 154
    - 8.1.2.4. PIS/COFINS na Importação — 169
- 8.2. O Fenômeno da Importação e o Território Nacional — 171

8.3. A Base de Cálculo dos Tributos sobre a Importação e o Acordo
de Valoração Aduaneira 173
8.4. O REPETRO e a Tributação da Importação 179

CAPÍTULO 9. AS TAXAS DE FISCALIZAÇÃO AMBIENTAL
SOBRE O PETRÓLEO E GÁS 187
9.1. Taxa de Fiscalização sobre o Petróleo e Gás e a Constituição Federal 187
    9.1.1. Breve Histórico 187
    9.1.2. A Incidência da TGPG 188
    9.1.3. O Vìcio de Iniciativa da Lei nº 7.182/15 195
    9.1.4. A Referibilidade entre o Poder de Polícia Ambiental
    e as Empresas de E&P 197
    9.1.5. A Base de Cálculo Própria de Imposto 203
    9.1.6. O Caráter Específico, Divisível e Efetivo da Atuação Estatal 207
    9.1.7. A Regularidade do Poder de Polícia Ambiental e a TFPG 212

CAPÍTULO 10. A CIDE COMBUSTÍVEIS 225
10.1. A CIDE Combustíveis e a Constituição Federal 225
    10.1.1. Breve Histórico 225
    10.1.2. As Contribuições de Intervenção no Domínio Econômico 226
10.2. A Incidência da CIDE Combustíveis 229
10.3. A tredestinação legal dos objetivos constitucionnais
da CIDE Combustíveis 231

CAPÍTULO 11. O PRINCÍPIO DA EXCLUSIVIDADE DA TRIBUTAÇÃO
SOBRE OPERAÇÕES COM PETRÓLEO E SEUS DERIVADOS E O IPI 235
11.1. A Aplicação da Imunidade do Art. 155, §3º, CF ao IPI 235
11.2. O Direito de Creditamento de IPI em Decorrência da Operação
Imunizada pelo Art. 155, §3º, CF 237
    11.2.1. A Não Cumulatividade do IPI e o Direito de Crédito dos Insumos 237
    11.2.2. A Distinção entre Imunidade, Isenção, Alíquota Zero e Não
    Incidência em Sentido Estrito e o Direito de Crédito de IPI 241
    11.2.3. O Artigo 11 da Lei nº 9.779/99 244
    11.2.4. O Reconhecimento Administrativo do Direito de Crédito Relativos
    aos Insumos Utilizados na Fabricação de Produtos Imunes 245
    11.2.5. O RIPI/10 e o Direito de Crédito Relativo aos Insumos Destinados
    ao Fabrico de Produtos Imunes ou Isentos Classificados como NT
    (Não Tributados) 251

REFERÊNCIAS 253

INTRODUÇÃO

Em virtude das descobertas da camada do pré-sal, novas perspectivas se abriram para a exploração e produção do petróleo e gás no Brasil, sendo esperado um expressivo aumento do volume de produção que poderá alçar o país ao seleto rol dos exportadores de hidrocarbonetos.

Contudo, a expectativa desse substancial crescimento da produção confere nova dimensão a algumas controvérsias sobre a tributação da exploração e produção de petróleo e gás em nosso país, que se ressente de uma legislação atenta às especificidades do setor, derivadas da necessidade de investimentos de longo prazo muito volumosos, do enorme risco da atividade e da volatilidade no mercado internacional do preço dessas commodities, a exigirem uma especial atenção à segurança jurídica das relações entre o Estado brasileiro e os investidores privados.

Paralelamente às controvérsias tributárias que o setor do petróleo já enfrenta em decorrência da sedimentação do modelo de *contrato de concessão*, a introdução, em 2010, do novo marco regulatório para os blocos do pré-sal e áreas estratégicas, com a instituição dos modelos de *contrato de partilha de produção* e de *cessão onerosa*, que passam a conviver com o primeiro, aumenta o grau de incerteza sobre as regras tributárias aplicáveis à indústria em face das diversidades hermenêuticas que costumam ser adotadas pela multiciplicidade de fazendas públicas federal, estaduais e municipais, em nosso sistema tributário complexo, fruto de um federalismo fiscal assimétrico, agravado pelas divergências entre os Estados e os Municípios produtores e consumidores em eterna disputa pela parcela pública dos resultados da exploração e produção de petróleo e gás.

O objeto desta obra é o enfrentamento dessas questões, sejam elas inauguradas pelo novo marco regulatório, sejam as já existentes no regime de concessão da Lei do Petróleo, mas que ainda não encontraram adequada e pacífica solução doutrinária e jurisprudencial.

Para tanto, no Capítulo 1 deste livro são abordados os contornos jurídicos do novo marco regulatório, a partir da comparação entre o antigo, mas ainda vigente, modelo de concessão com o novel contrato de partilha de produção, com especial atenção, em virtude de suas possíveis repercussões tributárias, para a divisão do resultado da produção em óleo-lucro e óleo-custo entre os integrantes do consórcio integrado pela União, por meio da PPSA[1] pela Petrobras, preferencialmente a operadora do campo, e as empresas vencedoras do leilão do campo.

As dúvidas acerca do exercício da competência tributária dos Estados e Municípios na atividade *off-shore* são objeto de novas reflexões no Capítulo 2, para além dos argumentos que já foram examinados pelos Tribunais, a partir das disposições da Convenção das Nações Unidas sobre o Direito do Mar (CNUDM), em Montego Bay, com a solução compromissória por ela adotada entre os interesses defendidos em nome da livre navegação e os direitos de exploração dos Estados costeiros.

O Capítulo 3 examina a natureza jurídica da aquisição do petrólelo pelo concessionário ou contratado, como pressuposto de várias discussões acerca das exigências tributárias das atividades de extração, partilha e unitização da produção de hidrocarbonetos que serão aprofundadas nos capítulos seguintes.

A incidência do ICMS sobre a exploração e produção de petróleo e gás é o objeto do Capítulo 4, em que são esmiuçadas as polêmicas acerca da incidência do imposto estadual na extração dos recursos naturais, no deslocamento desses entre a plataforma e os terminais de armazenagem, na partilha e na unitização de produção, na venda do produto pelo contratado, bem como sobre a roupagem jurídica que deve ser adotada pela União em relação à comercialização da parcela do produto por ela recebida de acordo com o contrato de partilha.

No Capítulo 5, é analisada a incidência do ISS sobre os serviços prestados no âmbito dessa operação, sobretudo no que se refere à discussão

---

[1] A PPSA é a Empresa Brasileira de Administração de Petróleo e Gás Natural – Pré-Sal Petróleo S.A., empresa pública vinculada ao Ministério de Minas e Energia, cuja criação foi autorizada pela Lei nº 12.304, de 2 de agosto de 2010, sendo efetivada em 1º de agosto de 2013, com a publicação do Decreto nº 8.063, a fim de representar a União na gestão dos contratos de partilha de produção.

sobre a prestação de serviços entre os integrantes do consórcio formado pelas empresas produtoras para concorrer aos leilões do blocos promovidos pela Agência Nacional de Petróleo, Gás Natural e Biocombustíveis – ANP e entre essas e a União, no âmbito do contrato e partilha. Ainda neste capítulo surge o tema da definição do aspecto espacial do fato gerador do ISS em relação aos serviços prestados off-shore, diante da pluritributação municipal muito encontrada em nossa realidade.

A tributação federal começa a ser enfrentada no Capítulo 6, que tem como objeto a incidência sobre a renda auferida na exploração e produção de petróleo e gás, sob a ótica do Imposto de Renda e da Contribuição Social sobre o Lucro, no que se refere aos rendimentos percebidos pelos integrantes do consórcio de empresas produtoras, à dedutibilidade como despesa necessária dos desembolsos que não são legalmente considerados como óleo-custo no contrato de partilha, e a aplicação da alíquota zero de IRRF na remessa para pagamento de arrendamento mercantil de plataformas de petróleo.

Já no Capítulo 7, a incidência de PIS e COFINS sobre as receitas obtidas pelas empresas que integram o consórcio de empresas produtoras, seja com base no contrato de concessão ou na partilha de produção é descortinada, com as consequências jurídico-tributárias da divisão do resultado da produção a partir do ponto de partilha.

A tributação sobre a importação de bens pela indústria do petróleo e gás é investigada no Capítulo 8, incluindo não só o Imposto de Importação, mas também o IPI, o ICMS e o PIS/COFINS, bem como a relação entre a conceituação legal de território nacional e os aspectos quantitativo e espacial das operações off-shore. Também é estudada a incidência dos tributos aduaneiros no âmbito dos regimes de admissão temporária do Repetro.

No Capítulo 9 é estudada a taxa de fiscalização do petróleo e gás, com base no exercício de polícia ambiental exercido pelo Estado na atividade de exploração e produção de petróleo e gás, instituída pelo Estado do Rio de Janeiro, na esteira das taxas ambientais minerárias que foram criadas por diversos Estados, no âmbito da competência material comum para a preservação do meio ambiente.

O Capítulo 10 é dedicado à CIDE Combustível, em relação às incidências sobre o petróleo, e os efeitos da tredestinação da sua arrecadação.

Por fim, no Capítulo 11 se esclarece os motivos que levam à não incidência de IPI nas operações de industrialização dos derivados de petróleo, nos termos do art. 155, §3º, CF, bem como a discussão sobre o direito de crédito daí decorrente.

Em cada um dos temas apresentados, as discussões específicas sobre a matéria ligada a exploração e produção de petróleo e gás são diretamente relacionadas aos contornos constitucionais e legais dos tributos apresentados nos tópicos iniciais dos capítulos, a fim de promover a necessária inserção do tema da tributação do petróleo nas molduras oferecidas pelo nosso Sistema Tributário Nacional.

A revisita do estudo dos tributos incidentes sobre a exploração e produção do petróleo e do gás é tafera fundamental para todos os interessados na temática após a introdução do regime do contrato de partilha de produção. Para auxiliar os estudiosos do tema, esta obra procura contribuir para a redução da insegurança jurídica que o setor vem convivendo com o advento do novo marco legal, cuja introdução foi objeto de muitos debates e discussões nos âmbitos regulatório e contratual, mas quase nada foi dito sobre a tributação das suas operações.

A importância da definição prévia das regras tributárias para o setor de petróleo e gás é tão impotante para os investidores quanto os aspectos regulatórios, como destacam Humberto Quintas e Luiz Cesar Quintaes[2]:

> "O ambiente regulatório assegura solidez às relações entre o país hospedeiro e as empresas. É crucial que exista previsibilidade de regras e manuntenção das mesmas. O arcabouço fiscal, também parte do sistema regulatório, deve ser construído em bases que não façam com que a carga tributária torne os investimentos economicamente marginais."

Afinal, a segurança jurídica é o valor fundamentador de todos os direitos,[3] uma radical necessidade antropológica da civilização ocidental, que se revela como um fator primário que impulsionou os homens a cons-

---

[2] QUINTAS, Humberto e QUINTANS, Luiz Cesar. *A História do Petróleo no Brasil e no Mundo*. Rio de Janeiro: Freitas Bastos/IBP, 2010, p. 88.

[3] PECES-BARBA MARTÍNEZ, Gregorio. *Curso de Derechos Fundamentales – Teoría General*. Madrid: Universidad Carlos III de Madrid, 1999, p. 245. Para Ricardo Lobo Torres, a segurança jurídica é um valor "porque guarda todas as características deles (generalidade, abstração, polaridade, interação com outros valores). É garantida no art. 5º da CF por intermédio dos princípios jurídicos, e não como performativo". (TORRES, Ricardo Lobo. "A Segurança Jurídica e as Limitações Constitucionais ao Poder de Tributar". In: FERRAZ, Roberto (Coord.). *Princípios e Limites da Tributação*. São Paulo: Quartier Latin, 2005, p. 432). Já Humberto Ávila

tituir uma sociedade e um Direito.[4] O desenvolvimento de qualquer atividade econômica sem conhecer os tributos que sobre ela recairão é uma temeridade que os agentes econômicos não podem e não querem suportar, sobretudo em um setor de alto risco e custo como a exploração e produção de petróleo e gás.

---

a caracteriza como *sobreprincípio*. (ÁVILA, Humberto. *Teoria dos Princípios – Da Definição à Aplicação dos Princípios Jurídicos*. São Paulo: Malheiros, 2004, p. 79).
[4] PÉREZ LUÑO, Antonio-Enrique. *La Seguridad Jurídica*. 2. ed. Barcelona: Ariel Derecho, 1994, p.11 e 27.

Capítulo 1
Incertezas Tributárias no Marco Regulatório para Exploração e Produção de Petróleo e Gás

O direito comparado oferece alguns modelos contratuais destinados a regular a relação entre os Estados e as empresas de exploração e produção de petróleo e gás.[5] Dentre os principais, desenvolvidos no âmbito da soberania de cada país, encontram-se (i) o *contrato de concessão*, adotado nos EUA e no Reino Unido, em que as atividades de exploração e produção são desempenhadas por empresas privadas, o que lhes confere o direito à propriedade do produto da lavra; (ii) o *contrato de partilha de produção*, praticado por China e Angola, onde o resultado desta é dividido entre o Estado e a empresa responsável pela produção; (iii) a *prestação de serviços*, verificada na Arábia Saudita e no Irã, em que a empresa produtora não tem direito ao produto da lavra, sendo remunerada em dinheiro por cada uma das suas atuações contratadas.

No Brasil, a partir da Constituição de 1934, a propriedade do petróleo deixou de estar vinculada à titular do solo, passando a ser da União. Com a criação da Petrobras, em 1953, pela Lei 2.004/53, é estabelecido o monopólio estatal da sua pesquisa, lavra, refino e transporte, a ser exercido pela referida sociedade de economia mista. A partir de 1975, foram

---

[5] Para a comparação dos regimes de contratação, vide: BAIN, C; TOZZINI, Freire. *Regimes jurídico-regulatórios e contratuais de E&P de petróleo e gás natural*. Bain & Company e Tozzini Freire Advogados, Relatório I 2009. Disponível em: http://www.bndes.gov.br/SiteBNDES/export/sites/default/bndes_pt/Galerias/Arquivos/empresa/pesquisa/chamada1/Relat_I-1de8.pdf. Acesso em: 19/01/2016.

assinados, ainda que sem autorização constitucional ou legal para tanto[6], os contratos de risco, como modalidade de prestação de serviços em que as empresas privadas prestavam serviços técnicos e financeiros à Petrobras, sendo por eles remuneradas conforme previamente contratado em caso de êxito na atividade.[7]

A Constituição Federal de 1988 intensificou o monopólio estatal sobre exploração e produção de petróleo, vedando os contratos de risco que, de certa forma, constituíam alguma flexibilização do regime monopolista. No desenho estabelecido pelo constituinte originário, a exploração e a produção de petróleo eram não só objetos de monopólio da União, como hoje ainda o são, mas constituíam-se em atividades que deveriam ser exercidas pelo ente federal, por meio de suas empresas estatais. Nesse cenário, o produto da lavra pertencia à própria União, que, de acordo com o então §1º do artigo 177, CF, não poderia ceder ou conceder qualquer tipo de participação ou concessão.

Porém, os ventos liberalizantes dos anos de 1990 viabilizam a promulgação da Emenda Constitucional nº 09/95, que, a partir da alteração da redação do aludido §1º, passou a admitir a contratação de empresas estatais ou privadas para a pesquisa, a lavra, o refino, o transporte, a importação e exportação de petróleo, deixando de vedar a participação das empresas produtoras no resultado da lavra.

Assim, diante da decisão constitucional da EC nº 09/95 de permitir que o monopólio estatal na exploração e produção de petróleo fosse exercido mediante a contratação de empresas estatais ou privadas, passou a ser constitucionalmente viável a adoção de qualquer dos três regimes de contratação, acima descritos *(concessão, partilha de produção e prestação de serviços)*, ficando a cargo do legislador ordinário a escolha daquele a ser implementado.

A despeito da abertura constitucional aos diversos regimes contratuais, o legislador, coerente com o pensamento que levou à aprovação da EC nº 09/95, instituiu a Lei do Petróleo (Lei nº 9.478/97), fundado na ideia de que concessão melhor atenderia aos interesses nacionais pela neces-

---

[6] QUINTAS, Humberto e QUINTANS, Luiz Cesar. *A História do Petróleo no Brasil e no Mundo*. Rio de Janeiro: Freitas Bastos/IBP, 2010, p. 88 e CUPERTINO, Fausto. *Os Contratos de Risco e a Petrobras (O Petróleo é Nosso e o Risco é Deles?)*. Rio de Janeiro: Civilização Brasileira, 1976.

[7] Sobre os contratos de risco, vide: CUNHA, Thadeu de Andrade. "O Contrato com Cláusula de Risco para a Exploração de Petróleo no Brasil." *Revista de Informação Legislativa, v. 32, n. 127*, p. 223-323, 1995.

sidade de tecnologia e capital estrangeiro para viabilizar a descoberta e produção em novas áreas, em atividade de alto risco para as empresas concessionárias. A referida norma cria a Agência Nacional de Petróleo, Gás Natural e Biocombustíveis – ANP, órgão regulador do setor, e institui o regime de concessão, com igualdade de condições entre a Petrobras e as empresas privadas, brasileiras e estrangeiras. Pelo regime de concessão, a empresa vencedora passa a ser proprietária do produto da lavra do petróleo, mediante o pagamento de royalties e participações especiais à União.

Porém, com a descoberta do pré-sal, o Governo Brasileiro inicia, em 2009, estudos para a mudança do modelo de contratação, considerando a dimensão das novas descobertas, o baixo risco e a posição brasileira de vanguarda mundial na exploração e produção em águas muito profundas, levando à alteração do marco regulatório do setor.

Tais mudanças foram implementadas a partir da aprovação de três projetos de lei: *a)* o da Lei nº 12.351/10, que estabeleceu o regime de partilha de produção de petróleo, gás e outros hidrocarbonetos fluidos e criou o Fundo Social, que aplicará os recursos obtidos pela União na exploração e produção de petróleo no novo regime com a finalidade de constituir fonte de recursos para o desenvolvimento social e regional, na forma de programas e projetos nas áreas de combate à pobreza e de desenvolvimento; *b)* o da Lei nº 12.304/10, que criou a Empresa Brasileira de Administração de Petróleo e Gás Natural S.A. – Pré-Sal Petróleo S.A. – PPSA, responsável pela gestão dos contratos de partilha de produção celebrados pelo Ministério de Minas e Energia e a gestão dos contratos para a comercialização de petróleo, de gás natural e de outros hidrocarbonetos fluidos da União; e *c)* o da Lei nº 12.276/10, que autorizou à União a ceder onerosamente à Petrobras o exercício das atividades de pesquisa e lavra de petróleo, de gás natural e de outros hidrocarbonetos fluidos de que trata o inciso I do art. 177 da Constituição Federal.

Com a edição da Lei nº 12.351/10 foi introduzido um novo modelo de contratação para as áreas do pré-sal e em áreas estratégicas, considerando-se o risco baixo para a atividade nesses locais e o grande volume dessas reservas, introduzindo-se, paralelamente ao regime de concessão, o regime de partilha de produção.[8] Segundo este, a atividade de exploração e pro-

---

[8] Para um estudo mais detalhado do contrato de partilha de produção, vide: RIBEIRO, Marilda Rosado de Sá. *Direito do Petróleo*. 3. ed. Rio de Janeiro: Renovar, 2014, p. 492-499.

dução é desenvolvida por um consórcio formado pela Petrobras, necessariamente a operadora do bloco, a empresa ou consórcio vencedor do leilão promovido pela ANP, e pela Empresa Brasileira de Administração de Petróleo e Gás Natural S.A. – Pré-Sal Petróleo S.A. (PPSA), empresa pública criada pela União para representá-la no contrato de partilha de acordo com o artigo 20 da Lei nº 12.351/10.

Com a introdução da Lei nº 13.365, de 29 de novembro de 2016, que deu nova redação à Lei nº 12.351/10, a Petrobras deixou de ser operadora obrigatória dos blocos regidos pelo contrato de partilha. Com a nova lei, a sociedade de economia mista passa a ter o direito de preferência a ser operadora, mediante opção a ser exercida no prazo de trinta dias a partir da comunicação do Conselho Nacional de Política Energética (CNPE), que proporá à Presidência da República quais blocos serão operados pela estatal, caso em que a sua participação mínima será de 30% (trinta por cento). Deste modo, ao contrário do modelo de partilha original, de acordo com a nova lei, se a Petrobras não mais exercer sua a opção por ser operadora, e nem integrar o consórcio vencedor do leilão do bloco, não participará do contrato de partilha. Caso exerça a referida opção, sua participação será de no mínimo 30%, percentual que poderá ser elevado se a empresa integrar o consórcio vencedor do leilão.

De acordo com o artigo 2º da Lei nº 12.351/10, o resultado da produção se divide em:

. *custo em óleo ou óleo-custo*: de acordo com o inciso II do referido artigo constitui a "parcela da produção de petróleo, de gás natural e de outros hidrocarbonetos fluidos, exigível unicamente em caso de descoberta comercial, correspondente aos custos e aos investimentos realizados pelo contratado na execução das atividades de exploração, avaliação, desenvolvimento, produção e desativação das instalações, sujeita a limites, prazos e condições estabelecidos em contrato";

.*excedente em óleo ou óleo-lucro*: nos termos do inciso III do mesmo artigo traduz-se na "parcela da produção de petróleo, de gás natural e de outros hidrocarbonetos fluidos a ser repartida entre a União e o contratado, segundo critérios definidos em contrato, resultante da diferença entre o volume total da produção e as parcelas relativas ao custo em óleo, aos royalties devidos e, quando exigível, à participação especial".

Deste modo, no contrato de partilha, do resultado da produção descontam-se o *custo em óleo*, os *royalties* e *a participação especial* para obter-se o excedente em óleo, que deverá ser repartido entre os integrantes do consórcio nos termos previstos no contrato de partilha, considerando o percentual oferecido à União de acordo com a proposta vencedora no leilão do bloco.

Com a adoção do novo regime, foi realizada a primeira rodada de licitações, em 21/10/2013, com o leilão de Libra, na Bacia de Santos. Foi licitante único e arrematante o consórcio formado por Petrobras (40%), a empresa francesa Total (20%), a anglo-holandesa Shell (20%) e as estatais chinesas CNPC (10%) e CNOOC (10%), que ofereceu o valor mínimo como lance: 41,65 % do óleo-lucro à União.

Diante do início da fase de exploração do campo de Libra, tornou-se imperiosa a necessidade de definição das regras tributárias aplicáveis ao novo marco regulatório e contratual da exploração e produção de hidrocarbonetos no Brasil.

As incertezas fiscais ainda existentes sobre alguns pontos da operação provocam insegurança quando se sabe que as atividades em questão poderão ser alvo da tributação não só pela União, que desenhou o novo modelo regulatório do setor, mas também pelos Estados e Municípios, que além de não terem participado dos foros decisórios, buscarão alternativas para a eventual perda de arrecadação dos royalties do petróleo, o que se encontra, atualmente, em acirrada discussão no Supremo Tribunal Federal.[9]

A situação de incerteza é muito delicada em relação ao poder de tributar dos Estados produtores, atingindos em cheio pela redução da arrecadação de ICMS incidente sobre o petróleo, decorrente da forte queda do preço do petróleo no mercado internacional, a partir do segundo semestre de 2014, decorrente do aumento da oferta em relação à demanda em função da introdução do óleo extraído por fraturamento hidráulico das rochas de xisto betuminoso, que quase dobrou, em seis anos, produção dos Estados Unidos, bem como do fim do embargo econômico ao Irã em função de sanções relativas à sua política nuclear. Tais fatores externos se

---

[9] Na Ação Direta de Inconstitucionalidade nº 4.917/DF, ajuizada pelo Estado do Rio de Janeiro contra os novos critérios de divisão entre Estados e Municípios dos royalties do petróleo introduzidos pela Lei nº 12.734/12, a relatora, Ministra Cármen Lúcia, concedeu, em 18/03/2013, medida cautelar suspendendo os dispositivos da lei que promoviam modificavam os parâmetros então existentes. A decisão monocrática ainda não foi objeto de apreciação no Plenário da Corte. (STF, Pleno, ADI nº 4.917DF, Rel. Min. Cármen Lúcia, DJe 20/03/2013).

aliaram, no plano interno, aos efeitos econômicos da crise política desencadeada pela Operação Lava Jato, que desacelerou as atividades de toda a cadeia de serviços relacionada com a exploração de petróleo e gás. Com os Estados produtores de petróleo em grave crise financeira, a busca pelo aumento de arrecadação acaba passando pelo aumento da carga tributária sobre o setor de exploração e produção, ainda que boa parte da crise fiscal decorra das desaceleração dos investimentos e das atividades econômicas do setor.

Com o *animus* de arrecadar exacerbado, as zonas de incerteza na legislação acabam cedendo espaço para as chamadas *inconstitucionalidades úteis*, assim denominadas as iniciativas de alteração da legislação tributária que, a par de suas evidentes desarmonias com o Texto Constitucional, acabam servindo para atender às urgências utilitaristas do caixa, em detrimento da segurança jurídica das relações empresariais e do futuro da arrecadação ameaçado pelo surgimento de *esqueletos guardados no armário* representados pelas contigências a serem liquidadas pelos futuros governantes.

No âmbito do ICMS, estão algumas das principais indefinições, especialmente devido à modificação do modelo de concessão, em que, originalmente, era possível afirmar de maneira quase incontroversa que o concessionário era o proprietário do óleo extraído do solo. Nesse ponto, há o contraste com o novo modelo, em que a exploração e produção dar-se-á necessariamente por um consórcio integrado pela PPSA, pela Petrobras e pelas empresas de petróleo vencedoras do leilão, sendo o resultado da produção partilhado entre os integrantes do consórcio, como vimos.

Tais mudanças poderiam levar aqueles que consideram o fato gerador do ICMS, não a circulação econômica de mercadoria entre unidades econômicas produtoras, como temos defendido[10], mas a mera transferência de domínio dessa entre pessoas jurídicas diferentes, a vislumbrar, na apropriação dos hidrocarbonetos pelo integrantes do consórcio, a incidência do imposto na partilha da produção, notadamente na parcela relativa ao óleo-custo, que corresponde ao ressarcimento das despesas e investimentos na atividade de exploração e produção, em função de uma suposta transferência de domínio dos produtos entre a União e a empresa contratada.

Outro ponto que tem causado incerteza é disciplina fiscal relativa à unitização de produção em relação às jazidas adjacentes pelas quais se

---

[10] RIBEIRO, Ricardo Lodi. *Tributos – Teoria Geral e Espécies*. Niterói: Impetus, 2013, p. 243-246.

espalham uma mesma acumulação de hidrocarbonetos, cuja concessão ou contrato de partilha foi avençado com empresas e/ou consórcios diferentes. A mesma necessidade se dá no compartilhamento de jazidas contratadas ou concedidas e outras que ainda não foram objeto de licitação. Em todos esses casos, há necessidade de promover a individualização da produção por meio de *acordos de individualização da produção* (AIP) entre as empresas concessionárias ou contratadas, ou entre estas e a União, com a *determinação* do volume de hidrocarbonetos que cada uma das partes têm direito, e a compensação dos custos e investimentos incorridos e da produção efetivada por cada um deles, por meio de *equalizações* em valores ou em produtos, que passam a ser da titularidade de uma das partes integrantes do AIP. Aqui também pode surgir dúvida, a partir da ideia de que o fato gerador do ICMS se traduz na transferência de domínio do bem, se tais apropriações de produtos decorrentes da equalização em volumes estariam submetidas à incidência do imposto estadual.

Por outro lado, se poderia cogitar se o transporte do petróleo para o solo, que eventualmente fique a cargo de um dos consorciados, constituiria fato gerador do ICMS sobre transporte intermunicipal, ou, ainda, do ISS sobre a modalidade intramunicipal, a partir da discussão sobre a existência de autonomia dessa prestação em relação aos usuários.

Dentro do chamado esforço fiscal para reduzir a queda de arrecadação acima descrito, o Estado do Rio de Janeiro, principal produtor nacional, no apagar das luzes de 2015, recriou a incidência do ICMS sobre a extração do petróleo, a exemplo do que já havia sido feito pela Lei Noel, cuja constitucionalidade já fora questionada no STF, e criou, na esteira de diversas taxas ambientais instituídas nos últimos anos pelos Estados produtores de minerais a taxa de controle, monitoramento e fiscalização ambiental das atividades de pesquisa, lavra, exploração e produção de petróleo e gás, a TFPG. Em razão do montante de arrecadação esperado com essas medidas, o exame da sua legitimidade constitui um dos principais desafios dos estudiosos da tributação do petróleo nos próximos tempos.

No plano municipal, vale lembrar que os Municípios produtores também foram atingidos pela redução da queda da sua participação no ICMS estadual e nos royalties do petróleo, o que os leva a buscar novas fontes de financiamento. Nesse cenário, surge o fenômeno da pluritributação espacial em face do baixo grau de certeza entre as projeções municipais no mar territorial, na plataforma continental e na zona econômica exclusiva, a exigir uma solução definitiva. Em outro giro, poder-se-ia cogitar a incidência do ISS em relação ao operador do campo, que, preferencialmente, deve ser a Petrobras, ou, até mesmo, outra empresa ou consórcio que exerça a atividade de exploração e produção, a partir da ideia de que essas prestariam serviços à União.

Na esfera federal, as dúvidas não deveriam ser tão presentes, em função da participação que a União teve na concepção da modelagem do novo modelo regulatório. Porém, já se indaga a respeito da incidência de PIS e COFINS sobre o valor relativo ao óleo-custo, sem falar das dúvidas surgidas sobre os critérios de apuração do IR e da CSLL, além da antiga controvérsia sobre o conceito de embarcação em relação às plataformas de petróleo para os fins da alíquota zero de IRRF para a remessa de pagamento de arrendamento mercantil. Os efeitos da tredestinação da CIDE Combustíveis e o direito de crédito de IPI decorrende das operações agasalhadas pela imunidade do art. 155, §3º, CF também são temas polêmicos que merecem reflexão neste livro.

Em outra perspectiva, as polêmicas em torno da extensão do território nacional sobre a plataforma continental e a zona econômica exclusiva, embalam as discussões sobre a eventual incidência dos tributos incidentes sobre a importação em relação ao petróleo extraído em águas marinhas quando da sua introdução no estabelecimento produtor localizado em terra. O descompasso entre a legislação federal do Repetro e a disciplina adotada pelos Estados também surge como problema a ser enfrentado.

No entanto, a falta de debate e definição pelos entes estatais acerca desses temas gera um clima de insegurança no setor, prenunciando a possibilidade de muitas dessas questões desaguarem em discussões que não foram imaginadas por ocasião da realização dos leilões. É inevitável reconhecer que esses questionamentos só serão enfrentados com início da produção nesses campos, o que indica que o debate está apenas começando.

Para contribuir com um ambiente de segurança jurídica entre os personagens que atuam nesse cenário, promovemos o estudo das incidências tributárias incidentes na exploração e produção de petróleo e gás.

Capítulo 2
Competência Tributária em Águas Marinhas

É sabido que o território nacional é composto não só pelo solo, subsolo e espaço aéreo, mas também pelo mar territorial, que compreende uma faixa de doze milhas marítima de largura, medidas a partir da linha de baixa-mar do litoral continental e insular, tal como indicada nas cartas náuticas de grande escala, reconhecidas oficialmente no Brasil (art. 1º da Lei nº 8.617/1993), onde é exercida a soberania nacional (art. 2º da Lei nº 8.617/1993). Porém, nosso país exerce o direito de soberania à exploração dos recursos naturais contidos na zona contínua,[11] na zona econômica exclusiva[12] e na plataforma continental,[13] de acordo com o art. 77 da Convenção das Nações Unidas sobre o Direito do Mar (CNUDM), aprovada pelo Decreto Legislativo nº 5/1987 e ratificada pelo Decreto nº 1.530/1995,[14] a chamada Convenção de Montego Bay, na Jamaica, celebrada em 1982.

---

[11] De acordo com o art. 4º da Lei nº 8.617/1993, a zona contígua brasileira compreende uma faixa que se estende das doze às vinte e quatro milhas marítimas, contadas a partir das linhas de base que servem para medir a largura do mar territorial.

[12] Segundo o art. 8º da Lei nº 8.617/1993, a zona econômica exclusiva brasileira compreende uma faixa que se estende das doze às duzentas milhas marítimas, contadas a partir das linhas de base que servem para medir a largura do mar territorial.

[13] Pelo art. 11 da Lei nº 8.617/1993, a plataforma continental do Brasil compreende o leito e o subsolo das áreas submarinas que se estendem além do seu mar territorial, em toda a extensão do prolongamento natural de seu território terrestre, até o bordo exterior da margem continental, ou até uma distância de duzentas milhas marítimas das linhas de base, a partir das quais se mede a largura do mar territorial, nos casos em que o bordo exterior da margem continental não atinja essa distância.

[14] "Convenção das Nações Unidas sobre o Direito do Mar, art. 77. Direitos do Estado costeiro sobre a plataforma continental: 1. O Estado costeiro exerce direitos de soberania sobre a plataforma continental para efeitos de exploração e aproveitamento dos seus recursos naturais.

A Convenção de Montego Bay acabou por estabelecer uma solução compromissória entre os países preocupados com a livre navegação, como os Estados Unidos, e os que almejavam maiores possibilidades para a exploração dos recursos naturais em ambiente marinho, como o Brasil. Os primeiros defendiam a tese de que o mar territorial deveria restringir-se às 12 milhas marítimas. E os últimos advogavam a posição de que os limites do território nacional deveria ser os das 200 milhas marítimas.

Para atender aos dois grupos de interesse, a CNUDM restringiu o mar territorial às 12 milhas marítimas, reduzindo com isso a plenitude da soberania que os países costeiros exercem sobre as águas marinhas, resguardando a liberdade de navegação para além desse limite. Por outro lado, se garantiu aos países costeiros a exclusividade da exploração dos recursos naturais da plataforma continental, que tem como limite as 200 milhas marítimas,[15] se sobrepondo com a zona econômica exclusiva, sendo a primeira um conceito geográfico baseado no prolongamento do seu território terrestre, enquanto a última vai levar em consideração as distâncias que serviram de base para medir o mar territorial.[16]

Nessas áreas, a soberania do Estado costeiro não é exercida em plenitude, uma vez que é flexibilizada no que se refere à necessária tolerância quanto à livre navegação. Por isso, quando se fala em flexibilização da soberania nacional na zona econômica exclusiva e na plataforma continental, deve-se ter em mente não uma redução dos poderes estatais do Estado costeiro, senão daquilo que se refere à preservação da livre navegação, pois no que tange à exploração de recursos naturais, a soberania é plena.[17]

2. Os direitos a que se refere o § 1º, são exclusivos no sentido de que, se o Estado costeiro não explora a plataforma continental ou não aproveita os recursos naturais da mesma, ninguém pode empreender estas atividades sem o expresso consentimento desse Estado. 3. Os direitos do Estado costeiro sobre a plataforma continental são independentes da sua ocupação, real ou fictícia, ou de qualquer declaração expressa. 4. Os recursos naturais a que se referem as disposições da presente Parte, são os recursos minerais e outros recursos não vivos do leito do mar e subsolo bem como os organismos vivos pertencentes a espécies sedentárias, isto é, aquelas que no período de captura estão imóveis no leito do mar ou no seu subsolo ou só podem mover-se em constante contato físico com esse leito ou subsolo."

[15] Caso a margem continental superar as 200 milhas, a plataforma continental poderá chegar até as 350 milhas, de acordo com o artigo 76, §6º, da Convenção sobre o Direito do Mar.

[16] Sobre a distinção entre a plataforma continental e a zona econômica exclusiva, vide: RIBEIRO, Marilda Rosado de Sá. *Direito do Petróleo*, p. 71.

[17] PAIM, Maria Augusta. *O Petróleo no Mar – O Regime das Plataformas Marítimas Petrolíferas no Direito Internacional*. Rio de Janeiro: Renovar, 2011, p. 240; REZEK, José Francisco. *Direito*

Diante desse quadro normativo no plano internacional, seria possível considerar que, nessas áreas, os Estados costeiros podem exercer sua jurisdição, inclusive na imposição de tributos? Nos parece que a resposta deva levar em consideração os contornos da flexibilização da soberania do país costeiro na zona econômica exclusiva. Deste modo, o exercício de jurisdição não poderá ensejar o embaraço à liberdade das embarcações de bandeiras de outros Estados para navegação com objetivos pacíficos. Por outro lado, naquilo que for relacionado a exploração de recursos naturais, a soberania fiscal do Estado costeiro é plena. Sendo assim, estes países podem exercer a competência tributária no que se refere à exploração de recursos naturais extraídos da plataforma continental e da zona econômica exclusiva, sendo-lhes, contudo, vedado, utilizar o tributo como embaraço à livre circulação de embarcações.

Diante desse quadro normtivo advindo do direito internacional que foi internalizado em nosso país, não existe óbice ao exercício da competência tributária pelo país costeiro sobre a exploração e produção de petróleo na zona econômica exclusiva e na plataforma continental.

Porém, a CNUDM se limita a definir os limites territoriais em que prevalece a competência nacional em relação aos outros países, o que se insere na lógica do direito internacional público. Nada dispõe em relação à regulamentação e repartição dessa competência no âmbito do direito interno, cabendo essa definição à Constituição Federal e à legislação nacional.

Nesse sentido, a Constituição do Brasil estabelece como nenhuma outra uma detalhada repartição das competências tributarias entre União, Estados, Distrito Federal e Municípios, a fim de dar respostas aos desafios oferecidos pelo regime federativo com o maior número de integrantes em todo o mundo, procurando evitar pluritributações verticais, entre os entes federativos de nível distinto, e horizontais, entre entidades da mesma classe federativa, a partir da indefinição do critério espacial do fato gerador do tributo.

Um dos principais instrumentos que o constituinte lança mão para evitar as pluritributações verticais e horizontais, e que devem ser observados em relação à toda jurisdição fiscal brasileira, é a previsão das materialidades econômicas utilizadas como hipóteses de incidência de impostos para

---

Internacional Público – Curso Elementar. 7.ed. São Paulo: Saraiva, 1998, p. 311. MELLO, Celso D. de Albuquerque. *Curso de Direito Internacional Público*. 14 ed. Rio de Janeiro: Renovar, 2002, p. 1.161.

cada ente federativo, bem como a fixação de limites territoriais nos quais a legislação tributária de Estados e Municípios são aplicáveis.

No entanto, a despeito de reconhecer-se a plena possibilidade do exercício da competência tributária federal no âmbito das águas marítimas compostas pela plataforma continental e pela zona econômica exclusiva, e de, em tese, admitir-se a existência de projeções estaduais e municipais nessas áreas, como afirmado pelo STF na ADI nº 2080[18], é forçoso reconhecer que atualmente não existem critérios válidos para a divisão das águas marítimas entre Estados e Municípios, por ausência de lei federal que promova a repartição territorial dessas áreas.

Não suprem tal lacuna normativa, as normas do artigo 9º da Lei nº 7.525/86 que estabelecem critérios para a divisão dos royalties do petróleo explorado em águas marinhas a partir de uma delegação ao IBGE para traçar as linhas de projeção territoriais dos Estados e Municípios, segundo a linha geodésica ortogonal à costa ou segundo o paralelo até o ponto de sua interseção aos limites da plataforma continental.[19]

De acordo com esse regramento, com a descoberta de um novo poço, a ANP encaminha as coordenadas geográficas referentes a sua localização à Diretoria de Geociências do IBGE, que se utiliza dos critérios definidos nos incisos do parágrafo único do art. 9º da Lei nº 7.525/86 para informar o Estado e o Município cujos territórios são confrontantes ao poço recém

---

[18] STF, Pleno, ADI nº 2080 MC/RJ, Rel. Min. Sydney Sanches, DJ 22/03/2002, p. 29.
[19] "Art. 9º Caberá à Fundação Instituto Brasileiro de Geografia e Estatística – IBGE: I – tratar as linhas de projeção dos limites territoriais dos Estados, Territórios e Municípios confrontantes, segundo a linha geodésica ortogonal à costa ou segundo o paralelo até o ponto de sua interseção com os limites da plataforma continental; II – definir a abrangência das áreas geoeconômicas, bem como os Municípios incluídos nas zonas de produção principal e secundária e os referidos no § 3º do art. 4º desta lei, e incluir o Município que concentra as instalações industriais para o processamento, tratamento, armazenamento e escoamento de petróleo e gás natural; III – publicar a relação dos Estados, Territórios e Municípios a serem indenizados, 30 (trinta) dias após a publicação desta lei; IV – promover, semestralmente, a revisão dos Municípios produtores de óleo, com base em informações fornecidas pela Petrobrás sobre a exploração de novos poços e instalações, bem como reativação ou desativação de áreas de produção.
Parágrafo único. Serão os seguintes os critérios para a definição dos limites referidos neste artigo: I – linha geodésica ortogonal à costa para indicação dos Estados onde se localizam os Municípios confrontantes; II – seqüência da projeção além da linha geodésica ortogonal à costa, segundo o paralelo para a definição dos Municípios confrontantes no território de cada Estado."

descoberto, a partir de dois critérios distintos: *(i)* traçado pela linha geodésica ortogonal à costa, para indicação dos Estados, e *(ii)* projeção além da linha geodésica ortogonal à costa, tendo como base o paralelo, para que, enfim, sejam definidos os Municípios confrontantes no território de cada Estado.

Note-se que o dispositivo legal em comento não se presta a dividir as projeções estaduais e municipais das águas marinhas. E nem para dirimir conflito de competência tributária entre os entes federativos, o que seria papel da lei complementar, de acordo com o artigo 146, I, da Constituição Federal. Destina-se tão-somente a delegar ao IBGE a estipulação, a partir da descoberta de um novo poço, da decisão sobre quais os Estados e os Municípios serão beneficiados pelos royalties.

Vale ilustrar que o critério adotado pela Lei nº 7.525/86 é questionado, inclusive, quando aplicado à finalidade para a qual foi criado, a repartição dos *royalties* da exploração de petróleo, já que existem projetos de lei, dentre eles o PLS nº 96/2013, em que o próprio Senado reconhece que a atual metodologia, apenas uma entre as que são possíveis de ser adotadas, é complexa e subjetiva, conforme resta comprovado por trecho da justificação do referido projeto de lei:

> *"A metodologia atual de projeção, baseada nas linhas geodésicas ortogonais à costa, apresenta sérios problemas, de ordem técnica e político-econômica.*
>
> *De ordem técnica, é uma metodologia mais complexa e gera projeções que são sensíveis aos vértices das linhas de base reta, de onde são traçadas as projeções ortogonais. Dependendo do vértice escolhido, a projeção – e, consequentemente, os limites interestaduais ou intermunicipais – se altera. Tendo em vista as diversas saliências e reentrâncias de nosso litoral, não há um critério único e consensual sobre os vértices a serem adotados, gerando uma multiplicidade de linhas de projeção viáveis de serem adotadas.*
>
> *Do ponto de vista político-econômico, a metodologia atual gera forte concentração de receitas de petróleo em alguns municípios e estados, que são agraciados com linhas ortogonais que se abrem a partir de sua costa. A contrapartida da sorte de alguns é o azar de outros, como os Estados do Paraná e do Piauí, onde as linhas ortogonais se fecham."*

Deste modo, a utilização dos atuais critérios utilizados para a repartição dos royalties do petréleo para a delimitação das projeções estaduais e municipais das águas marinhas é evidentemente um procedimento analógico. No entanto, a tributação por analogia viola não só o artigo 108, §1º do CTN[20], que a proíbe expressamente, como também o próprio princípio da legalidade tributária, consagrado pelo artigo 150, I, da Constituição Federal[21], uma vez que o uso da referida técnica de integração pressupõe a regulação do negócio jurídico que não se adequa a qualquer dos sentidos possíveis oferecidos pela literalidade da lei, o que é incompatível com o princípio da reserva legal. Sendo o aspecto espacial do fato gerador um dos elementos essenciais da obrigação tributária, a sua definição só pode se dar por lei, a partir de soluções previstas do seu próprio texto, e não em textos que regulem situações análogas, a fim de evitar a pluritributação espacial, como salienta Ricardo Lodi Ribeiro[22]:

> *"Além da previsão do núcleo material, a lei deve ainda delimitar o aspecto espacial do fato gerador, com o que irá definir a entidade federativa titular da competência tributária. Num país onde podem instituir tributos mais de 5.600 municípios, 26 Estados e um Distrito Federal, além da União, é de fundamental importância que a lei defina o local onde se considera ocorrido o fato gerador, a fim de evitar a pluritributação."*

Por outro lado, ainda que o Direito Tributário Brasileiro permitisse a tributação por analogia, o que só para fins de argumentação se admite, a utilização de tal técnica de integração tem como pressuposto a utilização de uma lei que regule situação que guarde uma identidade valorativa com os fatos que se pretende regular, a partir da existência, em ambos os casos, das mesmas razões de decisão. Porém, é fácil perceber que tal identidade não existe na matéria em questão, uma vez que os critérios legais para a divisão dos royalties, ingresso que tem natureza indenizatória, parte de considerações que não estão necessariamente associadas à divisão territorial dos Estados e Municípios, podendo levar em conta aspectos populacionais, econômicos e políticos, como os que fundamentaram a edição da Lei nº 12.734/12, cuja constitucionalidade foi questionada no STF pela ADI nº 4.918/DF, e não a repartição territorial das projeções estaduais e

---

[20] "§ 1º. O emprego da analogia não poderá resultar na exigência de tributo não previsto em lei."
[21] "Art. 150. Sem prejuízo de outras garantias asseguradas ao contribuinte, é vedado à União, aos Estados, ao Distrito Federal e aos Municípios: I – exigir ou aumentar tributo sem lei que o estabeleça;"
[22] RIBEIRO, Ricardo Lodi. *Segurança Jurídica do Contribuinte – Legalidade, Não Surpresa e Proteção à Confiança Legítima*. Rio de Janeiro: Lumen Juris, 2008, p. 112.

municipais na plataforma continental, que deve fundar-se em aspectos eminentemente geográficos definidos previamente, e não *a posteriori*, como é feito na sistemática da Lei nº 7.535/86, de acordo com a descoberta de cada bloco de petróleo.

Assim, a inexistência de critério prévio de demarcação das projeções estaduais e municipais no mar territorial, na plataforma continental e na zona econômica exclusiva, por si só, revela toda a sua inadequação para previnir o potencial conflito de competências entre Estados e Municípios, uma vez que tal demarcação é realizada de acordo com cada nova descoberta de petróleo.

Ademais, esse critério viola o princípio da reserva legal tributária por se traduzir em delegação legislativa ao IBGE, a partir de fundamento legal que não guarda a menor densidade normativa exigida de uma lei necessária à definição do aspecto espacial do fato gerador da obrigação tributária ou à repartição territorial das entidades federativas em nosso País. Não é preciso lembrar que a divisão as projeções territoriais dos Estados e Municípios em águas marinhas tem consequências regulatórias, econômicas, ambientais e legislativas que vão muito além da mera divisão de royalties exercida pelo IBGE.

Deste modo, a despeito da possibilidade, em tese, de haver exercício da competência tributária por Estados e Municípios no âmbito da plataforma continental e da zona econômica exclusiva, uma vez que tais áreas podem ser divididas em projeções estaduais e municipais, é imprescindível que exista lei federal que promova tal repartição, atenta às necessidades da sociedade, dos Estados e dos Municípios em todas as dimensões do poder estatal para além da mera distribuição de royalties de petróleo. Inexistindo tal norma, é preciso que a lei complementar venha a dirimir o potencial conflito de competência que se instaura sem a prévia definição dos aspectos espaciais dos fatos geradores estaduais e municipais, nos termos preconizados pelo artigo 146, I, CF.[23]

Mesmo em relação ao mar territorial, embora esteja dentro do território nacional, a nossa legislação é lacunosa, não estabelecendo as suas projeções estaduais e municipais, o que também inviabiliza o exercício da competência tributária estadual e municipal no espaço por ele ocupado.

---

[23] "Art. 146. Cabe à lei complementar: I – dispor sobre conflitos de competência, em matéria tributária, entre a União, os Estados, o Distrito Federal e os Municípios;"

Diante do exposto, não havendo lei nacional com densidade normativa suficiente para definir os aspectos espaciais da obrigação tributária, não é possível aos Estados e aos Municípios tributarem fatos geradores cujo aspecto espacial se relaciona com situações ocorridas no mar territorial, na zona econômica exclusiva e na plataforma continental, como a extração de petróleo em águas marinhas, como pretendeu a Lei nº 7.183/15, do Estado do Rio de Janeiro.[24]

Em relação ao ISS[25], a Lei Complementar nº 116/03 procurou resolver a questão com a previsão no §3º do seu artigo 3º[26] de que o fato gerador dos serviços executados em águas marítimas considera-se ocorrido no estabelecimento prestador, o que, aliás, é a regra geral prevista no *caput* do mesmo artigo para todos os serviços, excetuados os previstos nos incisos I a XII da referida norma.

Em um exame mais apressado, poder-se-ia imaginar que norma poderia resultar na lei complementar destinada a dirimir os problemas decorrentes da falta de repartição das projeções municipais das águas marinhas, nos termos do artigo 146, I, CF. No entanto, tal previsão não soluciona o quadro de potencial conflito de competência uma vez que os Municípios costumam prescrever que as plataformas de petróleo constituem estabelecimentos prestadores, com base no artigo 4º da LC nº 116/03[27] que considera estabelecimento prestador o local em que o serviço é efetivamente prestado.

Com efeito, há que se considerar que a regra do artigo 4º da LC nº 116/03, ao definir o que é estabelecimento prestador, só é aplicável em

---

[24] Sobre a análise das demais inconstitucionalidades da Lei nº 7.183/15, vide tópico 4.2 no Capítulo 4.

[25] Sobre a incidência de ISS sobre os serviços prestados em águas marinhas, vide: RIBEIRO, Ricardo Lodi e PENCAK, Nina da Conceição. "A Competência Tributária Municipal para Tributação dos Serviços Prestados no Mar territorial, Zona Econômica Exclusiva e Plataforma Continental ". In: GOMES, Marcus Livio e RIBEIRO, Ricardo Lodi (org.). *A Tributação na Indústria do Petróleo e Gás Natural*. São Paulo: Almedina. 2016.

[26] "§ 3º. Considera-se ocorrido o fato gerador do imposto no local do estabelecimento prestador nos serviços executados em águas marítimas, excetuados os serviços descritos no subitem 20.01."

[27] "Art. 4º. Considera-se estabelecimento prestador o local onde o contribuinte desenvolva a atividade de prestar serviços, de modo permanente ou temporário, e que configure unidade econômica ou profissional, sendo irrelevantes para caracterizá-lo as denominações de sede, filial, agência, posto de atendimento, sucursal, escritório de representação ou contato ou quaisquer outras que venham a ser utilizadas."

relação aos serviços tributados neste, o que constitui a regra geral do caput do artigo 3º, reproduzida que foi no §3º do artigo 3º em relação aos serviços prestados em águas marinhas. É ineficaz em relação aos serviços tributados no local do fato gerador, já que nestes, irrelevante é a definição do estabelecimento prestador.

Deste modo, a pretensa regra específica destinada a evitar o potencial conflito de competência em relação aos serviços prestados em águas marinhas é tão impotente para impedir a pluritributação municipal quanto a regra geral, já que a ela é idêntica, o que torna ilegítima, pelos motivos acima expostos, a exigência de ISS sobre serviços prestados às plataformas de petróleo situadas em águas marinhas.

Capítulo 3
A Natureza Jurídica da Aquisição do Petróleo pelas Concessionárias e Contratadas

Boa parte das discussões tributárias encontradas ao longo deste estudo como, por exemplo, a relativa à exigência do ICMS na extração dos hidrocarbonetos, ou na partilha e na unitização de produção, partem do pressuposto de que existe uma transmissão de domínio entre a União, proprietária dos recursos naturais, inclusive os do subsolo, de acordo com o artigo 20, IX, da Constituição Federal, e a empresa produtora de petróleo, que passa a ser titular, no todo ou em parte, dos recursos extraídos do solo ou leito marinho, por meio de uma aquisição derivada.

Porém, é preciso reconhecer que na extração não há uma transmissão de domínio por meio da aquisição derivada, mas verdadeira aquisição originária que desconfigura a ideia de qualquer transmissão na titularidade do bem.

Na verdade, a aquisição originária da propriedade móvel ocorre em relação ao bem que nunca pertenceu a ninguém, não tendo sido objeto de qualquer transmissão de domínio. Porém, esta modalidade de aquisição da propriedade não se dá, como se poderia vulgarmente imaginar, apenas com base na ocupação de bens que foram perdidos (*res derelicta*) ou que desde os tempos imemoriais não possuem dono (*res nullius*), como na caça, na pesca, na invenção do bem perdido ou na descoberta do tesouro.

Como lecionou Caio Mário da Silva Pereira[28], há outras modalidades de aquisição originária:

---

[28] PEREIRA, Caio Mário da Silva. *Instituições de Direito Civil, Vol. IV- Direitos Reais*. Revista e Atualizada por Carlos Edison do Rego Monteiro Filho. 23. ed. Rio de Janeiro: Forense, 2015, p. 98.

*"É ainda neste campo que se inscrevem os modos de aquisição nascidos do poder criador do homem ao afeiçoar a matéria bruta, dando-lhe forma ou transformando-a. **É ainda como a aquisição originária que se qualifica a que tem por objeto coisas acessórias que aderem à principal**."*

(Grifamos)

Em relação à extração de petróleo no fundo do mar, vale destacar que, antes da ação do produtor, não há divisibilidade entre as formações rochosas que compõem as jazidas e os hidrocarbonetos a elas agregados. Só há que se falar propriamente em petróleo como produto provido de *status* jurídico próprio, após a extração quando o produtor injeta substâncias líquidas para que os hidrocarbonetos se desprendam das paredes rochosas, ganhando autonomia em relação a elas e passando a existir como bem jurídico diverso da jazida. Como salientado na citada lição no mestre do Caio Mário da Silva Pereira, ocorre a aquisição originária na apropriação do bem acessório (hidrocarboneto) quando este perde a aderência em relação ao bem principal (jazida). A propriedade desses hidrocarbonetos será titularizada de acordo com o regime jurídico adotado na atividade de exploração e produção de petróleo.

A modalidade originária da aquisição de petróleo e outros minerais é reconhecida expressamente por César Fiúza[29]:

"Do ponto de vista da coisa que se está adquirindo, será originária aquisição quando bem estiver sendo adquirido pela primeira vez. Se uma pessoa colhe frutos da árvore que plantou, a aquisição será originária. Nessa classe encaixam-se não só os frutos naturais, mas também os frutos civis (juros, salário etc) e industriais, os produtos (petróleo, minério etc.)"

Tanto nos casos de contrato de concessão quanto em relação à partilha de produção, não há, em decorrência da extração, qualquer alienação dos hidrocarbonetos por parte da União, proprietária da jazida, em relação à empresa concessionária ou contratada. Esta apenas recebe o direito de, sob sua conta e risco, explorar e produzir petróleo em áreas previamente determinadas, oferecidas ao mercado por meio de leilões, como destaca Alexandre Santos de Aragão[30]:

---

[29] FIÚZA, César. *Direito Civil – Curso Completo*. Belo Horizonte: Del Rey, 2014, p. 734.
[30] ARAGÃO, Alexandre Santos de. *Curso de Direito Administrativo*. Rio de Janeiro: Forense, 2012, p. 458 e 462.

> *"Pertencem à União os depósitos de petróleo, gás natural e outros hidrocarbonetos fluidos. São bens de propriedade da União, por expressa disposição constitucional contida no art. 20, incisos V e IX, e, por força desta propriedade originária, não são passíveis de alinenação. Trata-se da mesma disciplina de outros bens constitucionalmnente declarados como públicos, como o mar territorial, os terrenos de marinha, os potenciais de energia hidráulica (art. 20 da CF).*
>
> *O que pode ser transferido à iniciativa privada em razão do art. 177 não é a jazida, mas sim a atividade de aproveitá-la economicamente. (...)*
>
> *A jazida é objeto de direito de propriedade da União Federal. O que se defere ao concessionário é o direito de propriedade do produto da lavra, que é a atividade de lavrar, que não se identifica com a jazida, que é "reservatório ou depósito já identificado e possível de ser posto em produção" (art. 6º, XI, da Lei nº 9.478/97)."*

Para ilustrar a distinção entre o negócio jurídico que confere o direito de explorar e produzir, de um lado, e a alienação do resultado da produção, de outro, vale destacar a advertência de Marco Aurélio Greco[31], de que a conclusão dessa atividade de risco, concedida ou contratada, pode não resultar na obtenção de recursos naturais, o que aliás, não é objeto da concessão ou contratação:

> *"o petróleo em si (= coisa móvel) não é objeto do contrato de concessão; não se pactua a transferência de sua propriedade nem da sua posse. Pactua-se o exercício de atividades materiais. Estas, eventualmente, podem resultar na descoberta de petróleo que, se ocorrer, acarretará a aquisição da propriedade ao ensejo da extração. A causa jurídica da aquisição da propriedade, nesse caso, não será um negócio jurídico translativo de propriedade, mas uma direta determinação legal que qualifica a atividade material de extrair como necessária e suficiente para tanto. Exatamente porque o petróleo em si não é objeto do contrato de concessão é que as remunerações previstas em Lei (as denominadas "participações governamentais") não têm a natureza de preço pela sua aquisição (...)*
>
> *Ou seja, a relação jurídica que se instaura não tem a coisa "petróleo" por objeto."*

---

[31] GRECO, Marco Aurélio. "ICMS – Exigência em relação à Extração do Petróleo", *Revista Dialética de Direito Tributário, nº 100.* São Paulo:Dialética, 2004, p. 137.

Por isso, neste caso, não há que se falar em aquisição derivada, sempre dependente de uma transmissão da propriedade do bem móvel, como lecionou Caio Mário da Silva Pereira[32]:

> "A ideia predominante em matéria de aquisição derivada é a de transmissão. O antigo proprietário transmite o direito ao novo proprietário, transmissão que pode ser direta ou indireta, voluntária ou involuntária, e na forma da terminologia assente diz-se a título universal ou a título singular. Em toda aquisição ocorre necessariamente a ideia de relação entre a propriedade atual e a anterior, entre o sucessor e o antecessor."

Como corolário dessas lições surge o inevitável entendimento de que não há transmissão da propriedade do petróleo por ocasião da extração, pois este, quando ainda na jazida, não se traduz em bem distinto desta por faltar-lhe a autonomia física e jurídica, que irá surgir apenas com as atividades realizadas na extração, momento em que ocorre a separação entre os hidrocarbonetos e as rochas de onde são extraídos. A aquisição da propriedade do produto da lavra não ocorre em função de uma transmissão de propriedade do titular da jazida para o produtor, não sendo portanto, derivada de um negócio jurídico praticado entre duas pessoas diferentes, como mais uma vez adverte Marco Aurélio Greco[33]:

> "nos termos da Lei, o concessionário não se torna proprietário por força de nenhum negócio jurídico; ele se torna proprietário por força dos próprios atos materiais que realiza e que fazem com que o petróleo se torne passível de apreensão física, posse direta e, portanto, objeto de direito de propriedade. (...)
> O relacionamento da coisa (petróleo) com o concessionário de exploração e produção é direito originário, unilateral, resultado de sua apropriação material por força da atividade realizada. Não há participação de um terceiro nesta relação física de apreensão pela qual "dá-se vida" ao petróleo como objeto autônomo de um direito de propriedade."

Como se viu no Capítulo 1, a propriedade do produto da extração apreendido da jazida está subordinada ao regime jurídico em que se desenvolvem as atividades materiais de extração do petróleo, no momento em que este surge no mundo jurídico de modo autônomo em relação à jazida.

---

[32] PEREIRA, Caio Mário da Silva. *Instituições de Direito Civil*, Vol. IV, p. 98.
[33] GRECO, Marco Aurélio. "ICMS – exigência em relação à extração do petróleo", p. 138.

Se no regime de concessão o produto da lavra pertence ao concessionário desde a extração (art. 26 da Lei nº 9.478/97[34]), no regime de partilha não é diferente, havendo, para as empresas integrantes do consórcio, de forma indivisa, a aquisição originária da propriedade de todo o produto da lavra também por ocasião da extração, quantificada desde o ponto de medição. No entanto, o que diferencia o novo regime no que se refere à propriedade dos hidrocarbonetos em relação ao modelo anterior, é que, embora a aquisição da propriedade do petróleo e do gás ocorra, de forma originária, desde a sua extração, o que vai se exteriorizar a partir da sua quantificação volumétrica no ponto de medição, esta propriedade ainda está necessariamente indivisa entre os integrantes do consórcio, incluindo a PPSA, representando a União, a Petrobras, se for a operadora do bloco, e a empresa ou consórcio vencedor do leilão. Tal indivisibilidade só irá cessar no ponto de partilha, onde haverá divisão, entre a União e o(s) contratado(s), do produto da lavra, nos termos do contrato de partilha. No regime de concessão, embora tal indivisibilidade também pudesse acontecer, nos casos da concessão ser atribuída a um consórcio de empresas, o fenômeno não é inevitável uma vez que existe a possibilidade legal de figurar uma única empresa como concessionária, caso em que a propriedade é individualmente titularizada desde a extração.

Em síntese, a extração de petróleo e gás do solo ou do leito marinho confere ao concessionário ou contratado o direito à aquisição originária da propriedade dos hidrocarbonetos, pois embora as jazidas minerais pertençam à União, estas não se confundem com o produto da lavra, cuja propriedade é direito que, desde o seu nascedouro, já se insere na esfera patrimonial do extrator.

---

[34] "Art. 26. A concessão implica, para o concessionário, a obrigação de explorar, por sua conta e risco e, em caso de êxito, produzir petróleo ou gás natural em determinado bloco, conferindo-lhe a propriedade desses bens, após extraídos, com os encargos relativos ao pagamento dos tributos incidentes e das participações legais ou contratuais correspondentes." (Grifamos)

Capítulo 4
A Tributação pelo ICMS na Exploração e Produção de Petróleo e Gás

4.1. O ICMS e a Constituição Federal
4.1.1. Breve Histórico

A origem histórica da tributação sobre a circulação de mercadorias remonta à Roma Antiga, onde Augusto decretou a *centesima rerum venalium*, onerando com 1% as operações sobre mercadorias. Na Idade Média e na Idade Moderna, desenvolveu-se na Europa através da sisa, origem, em Portugal, dos impostos sobre vendas e consumo.[35]

No Brasil, o imposto teve origem, em 1923, com a criação pela União do *imposto sobre as vendas mercantis*. A Constituição de 1934 transfere o imposto para a competência estadual, sob a denominação de *imposto sobre vendas e consignações*, o IVC, situação que se mantém nas Constituições de 1937 e 1946. O IVC, a exemplo do que ocorria com o seu antecessor, o imposto sobre vendas mercantis, incidia em cascata sobre todas as operações da cadeia econômica, tornando a tributação cumulativa, num fenômeno que Aliomar Baleeiro definia como *piramidização* do tributo.[36]

Com a edição da EC nº 18/1965, chega ao Brasil a ideia tributação sobre valor agregado, com a substituição do IVC pelo ICM, imposto sobre operações relativas à circulação de mercadorias, também da competência dos Estados, que já nasceu subordinado ao princípio da não cumulatividade.

---

[35] BALEEIRO, Aliomar. *Uma Introdução Às Ciências das Finanças*. 14. ed. Revista e Atualizada por Flávio Bauer Novelli. Rio de Janeiro: Forense, 1987, p. 370.

[36] BALEEIRO, Aliomar. *Uma Introdução À Ciência das Finanças*, p. 370.

Porém, ao contrário do modelo de tributação sobre o valor agregado nascido na França nos anos 50, que foi universalmente adotado, e que usa a técnica de *base por base*, em que a base de cálculo de cada operação é encontrada pela diferença de preço de aquisição do bem pelo contribuinte e o de sua venda por ele, no Brasil foi adotada a sistemática do *imposto por imposto*, onde a base de cálculo é o valor integral de venda da mercadoria, havendo direito de crédito relativo ao valor dos impostos pagos nas etapas anteriores da cadeia.

A configuração geral é mantida pelas Constituições de 1967 e de 1969. Com a Carta de 1988, o ICM é substituído pelo atual ICMS, imposto sobre operações relativas à circulação de mercadorias e prestação de serviços de transporte interestadual e intermunicipal e de comunicações. Assim, o constituinte de 1988 acresceu à circulação de mercadorias, que era objeto do ICM, competências que na CF 1969 estavam a cargo da União, por meio dos impostos únicos sobre os serviços de comunicações (art. 21, VII), serviços de transportes, salvo os intramunicipais (art. 21, X), e sobre combustíveis, lubrificantes, energia elétrica, (art. 21, VIII) e minerais (art. 21, IX). Desse modo, passou o ICMS a incidir não só sobre as mercadorias, inclusive aquelas que não sofriam incidência do ICM (e sim dos impostos únicos federais), mas também de serviços também retirados da competência única federal. Com a EC nº 33/2001, passa a incidir também sobre importações, independentemente do bem introduzido no País ser ou não uma mercadoria.

4.1.2. A Incidência do ICMS

Como se viu, no tópico anterior, a Constituição de 1988 agregou às competências que já eram incluídas no ICM, relativas à circulação de mercadorias, outras que pertenciam à União: os serviços de comunicações e transportes interestaduais e intermunicipais, bem como a circulação de minerais, combustíveis, lubrificantes e energia elétrica. Além disso, a Carta em vigor resolveu o problema que existia no regime a ela anterior no que tange às operações em que há prestação de serviços e venda de mercadorias, cujo valor total é tributado pelo ICMS, caso o serviço não esteja na competência dos Municípios. Portanto, hoje, o ICMS incide sobre:

a) operações relativas à circulação de mercadorias;
b) serviços de comunicações;

c) serviços de transporte interestadual e intermunicipal;
d) importação de bens;
e) fornecimento de mercadorias acompanhado da prestação de serviços, desde que esta não seja da competência do Município.

Naturalmente, o que nos interessa quanto à tributação da exploração e produção de petróleo e gás neste capítulo é a circulação de mercadorias, haja visto que a importação desses hidrocarbonetos será estudada de forma unificada em relação a todos os tributos sobre ela incidentes, no capítulo 8. Quanto às demais incidências do ICMS, não há que se cogitar na sua incidência na atividade de produção de petróleo. Portanto, neste capítulo, vamos nos concentrar no fenômeno da circulação de mercadorias.

Desde os tempos do ICM, há polêmicas quanto ao sentido da expressão *operações de circulação de mercadorias* contida na Constituição Federal, sendo encontradas três explicações para o fenômeno.

A primeira corrente defendeu que a *saída física* da mercadoria seria suficiente para a caracterização do fato gerador do imposto. Embora sustentada pelo Fisco no início da vigência do ICM, não encontrou defensores na doutrina e na jurisprudência, que há muito afastou esse entendimento.[37] Como bem salientou Aliomar Baleeiro, se a mera saída física fosse fato gerador, o furto da mercadoria ensejaria a incidência do tributo,[38] o que não se coaduna com a norma constitucional que definiu a competência para sua cobrança. Hoje se considera que a saída física é mero aspecto temporal do fato gerador, mas esta, por si só, não é capaz de assegurar a incidência do imposto, sempre subordinada a que esta saída revele uma *operação de circulação de mercadorias*.

A segunda corrente exige a transferência de propriedade da mercadoria como requisito de configuração da expressão *operação* a ensejar uma *saída jurídica*. Encontrou em Geraldo Ataliba e Cleber Giardino[39] os seus maiores defensores. Diziam os referidos autores:

---

[37] STF, Pleno, ERE nº 75.026, Rel. p/acórdão: Min. Cordeiro Guerra, DJU 05/12/1975.
[38] BALEEIRO, Aliomar. *Direito Tributário Brasileiro*. 11.ed. Atualizada por Misabel Abreu Machado Derzi. Rio de Janeiro: Forense, 1999, p. 385.
[39] ATALIBA, Geraldo e GIARDINO, Cleber. "ICM e Circulação Jurídica", *Revista de Direito Administrativo*, vol. 144, p. 227-233, 1981, p. 230.

> "*Sempre que haja operação jurídica negocial, de um lado, e mercadoria, de outro, haverá circulação, quando o sujeito (que detém a mercadoria e foi parte na operação) é titular de direitos de dono e os transfere total ou parcialmente (pela operação) a outrem. Assim, aquele que, em tendo sido parte na operação, transferir a outrem direitos de dono promoveu circulação (ao 'realizar' a operação)."*

No mesmo sentido, manifesta-se Roque Antônio Carrazza[40]:

> "*É bom esclarecermos, desde logo, que tal circulação só pode ser jurídica (e, não, meramente física). A circulação jurídica pressupõe a transferência (de uma pessoa para outra) da posse ou da propriedade da mercadoria. Sem mudança de titularidade da mercadoria, não há falar em tributação por meio do ICMS.*"

Tal posicionamento serviu de fundamento para sedimentada jurisprudência de nossos tribunais superiores, que exige a circulação jurídica da mercadoria como pressuposto do fato gerador do imposto. No Supremo Tribunal Federal[41], por todos, destaca-se, por sua influência sobre as decisões posteriores, o seguinte *leading case*:

> "*EMENTA: – IMPOSTO SOBRE CIRCULAÇÃO DE MERCADORIAS – DESLOCAMENTO DE COISAS – INCIDÊNCIA – ARTIGO 23, INCISO II DA CONSTITUIÇÃO FEDERAL ANTERIOR. O simples deslocamento de coisas de um estabelecimento para outro, sem transferência de propriedade, não gera direito à cobrança de ICM. O emprego da expressão "operações", bem como a designação do imposto, no que consagrado o vocábulo "mercadoria", são conducentes à premissa de que deve haver o envolvimento de ato mercantil e este não ocorre quando o produtor simplesmente movimenta frangos, de um estabelecimento a outro, para simples pesagem.*"

No Superior Tribunal de Justiça, o mesmo entendimento terminou por sumulado, no verbete nº 166:

> "*Não constitui fato gerador do ICMS o simples deslocamento de mercadoria de um para um outro estabelecimento do mesmo contribuinte.*"

Deve-se considerar que, nos casos concretos que deram origem aos *leading cases* sobre a matéria, não houve sequer operação de circulação de

---

[40] CARRAZA, Roque Antonio. *ICMS*. São Paulo: Malheiros, 2000, p. 34.
[41] STF, 2ª Turma, AI AgR nº 131.941, Rel. Min. Marco Aurélio, DJU 19/04/1991.

mercadoria, mas mera saída física. Ou seja, o reconhecimento da transferência de propriedade não era elemento essencial para a solução desses casos, uma vez que neles inexistia até a evolução da mercadoria para a etapa seguinte da cadeia. Assim, independentemente da remessa do bem ser exercida por unidade produtiva dotada de personalidade jurídica diversa daquela integrada pelo remetente, o fato gerador não restaria configurado. No âmbito do STF, nos julgados posteriores sobre o tema, houve apenas a reprodução das decisões anteriores sem maior discussão sobre a questão.[42]

A despeito da ampla adesão doutrinária e jurisprudencial à tese de que a incidência do ICMS sobre as operações relativas à circulação de mercadorias depende da transmissão da propriedade da mercadoria, é preciso lembrar que a EC nº 18/1965, ao substituir o antigo Imposto sobre Vendas e Consignações (IVC) pelo Imposto sobre Circulação de Mercadorias (ICM) deixou de utilizar institutos do Direito Privado para caracterizar o fato gerador do imposto, identificando a circulação econômica, e não a jurídica, como elemento definidor para o exercício de competência do imposto estadual,[43] não sendo lícito interpretar isoladamente as palavras contidas na expressão *operações relativas à circulação de mercadorias*, a fim de dar um conteúdo de transmissão de domínio à primeira, desconsiderando a necessária unidade de toda expressão, reveladora do sentido real do texto constitucional, mais próximo do fenômeno econômico do que do negócio jurídico que o veicula.

A terceira corrente defende que a operação relativa à circulação de mercadoria revela-se pela *circulação econômica*, assim entendida a evolução da mercadoria na cadeia produtiva, da fonte produtora até o consumidor final, como sustentaram renomados autores como Flávio Bauer Novelli, Ricardo Lobo Torres, Alcides Jorge Costa e Hugo de Brito Machado. Segundo os defensores dessa corrente, se normalmente a circulação econômica demonstra-se pela existência de um negócio jurídico em que há transferência da propriedade da mercadoria, como a compra e venda, a sua caracterização não é essencial, desde que haja a circulação econômica, e não uma mera saída física entre estabelecimentos da mesma unidade produtiva.

---

[42] Como por exemplo, nos seguintes julgados: STF, 1ª Turma, AI nº 693.714 – AgR/RJ, Rel. Min. Ricardo Lewandowski, DJe 21/08/2009; STF, 2ª Turma, RE nº 593.983 – AgR/MT, Rel. Min. Eros Grau. DJe 29/05/2009.

[43] Nesse sentido, a Exposição de Motivos elaborada pela Comissão de Reforma da EC nº 18/1965, apud: BALEEIRO, Aliomar. *Direito Tributário Brasileiro*, p. 385-386.

Essa corrente identifica na modificação promovida pela EC nº 18/65, do fato gerador jurídico do antigo IVC para o fato gerador econômico do ICM, como bem percebeu Flávio Bauer Novelli[44], a mudança de paradigma na tributação sobre a circulação de bens em nosso país:

> *"Trata-se, pois, de imposto sobre a circulação econômica e não jurídica da mercadoria, como se depreende, antes de tudo, da relevante circunstância de que o legislador, no deliberado propósito de dar ao sistema do tributo bases diferentes, deixou de caracterizar-lhe ou conceituar-lhe o fato gerador (saída, entrada ou fornecimento), mediante a utilização de conceitos ou institutos correspondentes a figuras negociais de direito privado. Assim, o simples 'deslocamento' ou 'movimentação física' ou a 'utilização' da mercadoria que configure 'saída', ou 'entrada', ou 'fornecimento' correspondente à caracterização de qualquer das hipóteses previstas no art. 1º do Decreto-Lei no 406, e com as ressalvas aí previstas, constitui fato gerador do tributo, prescindindo-se inteiramente de que tais fatos tenham ou não uma qualquer qualificação jurídica.*
>
> *Aliás, quando a circulação econômica não coincide com a movimentação física (saída), o legislador equiparou, excepcionalmente, à saída, o negócio jurídico da transmissão da propriedade (Decreto-Lei nº 406, art. 1º, §2º).*
>
> *Na caracterização, porém, do fato econômico do deslocamento ou movimentação física não é irrelevante determinar se o fato puramente físico do deslocamento constituiu ou não circulação em sentido econômico. Não seria tal, por exemplo, a movimentação decorrente de acidente natural, a retirada de mercadorias para salvá-las de incêndio, o furto, o peculato etc. De modo que, na interpretação do fato gerador, cabe indagar, antes de tudo, se o fato (principalmente a saída) – de resto, não descrito, mas simplesmente indicado pelo legislador – constitui circulação econômica da mercadoria, e isso, especialmente do ponto de vista subjetivo, isto é, se quem o promove é o comerciante, industrial ou produtor (Decreto-Lei n. 406, art. 6º), ou mandatário, preposto ou empregado seu, no exercício regular de sua função."*

Não foi outra a posição assumida por Ricardo Lobo Torres:[45]

> *"O fato gerador do ICMS, conseguintemente, prescinde para a sua estruturação, da realização dos negócios de vendas ou de consignação, como ocorria com o tributo anterior, ou de qualquer outro ato tipificado no direito privado: doação, dação em pagamento, etc. Todo ato jurídico que implique circulação econômica de mercadorias, independente-*

---

[44] NOVELLI, Flávio Bauer, apud BALEEIRO, Aliomar. *Direito Tributário Brasileiro*, p. 385-6..
[45] TORRES, Ricardo Lobo. *Tratado de Direito Constitucional Financeiro e Tributário – vol. IV – Os Tributos na Constituição*. Rio de Janeiro: Renovar, 2007, p. 244-5.

mente de sua forma ou de sua natureza gratuita ou onerosa, será fato gerador do ICMS; da mesma forma as situações jurídicas que agasalhem a circulação econômica, como, por exemplo, a situação do industrial ou do comerciante que promovam as remessas de mercadorias de um para outro de seus estabelecimentos, bem como o autoconsumo da mercadoria sem a sua circulação física para fora do estabelecimento, posto que para o ICMS é indiferente que haja ou não, transferência do domínio. Hoje a LC 87/96 proclama tais ideias, explicitamente: "A caracterização do fato gerador independe da natureza jurídica da operação que o constitua."*

E também por Alcides Jorge Costa[46]:

"Entendemos por circulação da mercadoria de estabelecimento comercial, industrial ou produtor, sendo irrelevante o título jurídico de que tal saída decorra, e bem assim o fato de esse título envolver ou não uma transmissão da propriedade."

No mesmo sentido, leciona Hugo de Brito Machado[47]:

"Pode haver circulação sem que tenha havido mudança de propriedade, no sentido em que tal expressão é compreendida no denominado Direito de propriedade. Para que se configure a circulação basta que a coisa saia da posse da unidade econômica em que se encontra, no trajeto da fonte ao consumo".

Parece-nos que esta é a tese mais correta já que a realidade econômica identificada pela Constituição, como delimitadora da competência tributária relativa ao imposto, não foi extraída, como era no IVC, de institutos de direito privado, mas diretamente da realidade fática (*circulação de mercadorias* ao invés de *vendas e consignações*). Porém, vale destacar que não existe circulação econômica com a mera saída física da mercadoria para outro estabelecimento do mesmo titular se ainda não foi concluído o processo produtivo realizado, mesmo que este seja efetivado por mais de um estabelecimento da mesma unidade produtiva, como reconheceu o STF, no julgamento da Representação de Inconstitucionalidade nº 1.355/PB, relatada pelo Ministro Oscar Dias Corrêa, quando considerou não haver circulação econômica na saída da cana de açúcar do estabelecimento agrícola

---

[46] COSTA, Alcides Jorge. *ICM na Constituição e na Lei Complementar*. São Paulo: Resenha Tributária, 1978, p. 86.
[47] MACHADO, Hugo de Brito. *Aspectos Fundamentais do ICMS*. São Paulo: Dialética, 1997, p. 27.

produtor com destino ao estabelecimento industrial da mesma empresa.[48] No citado caso concreto, a legislação estadual considerava o sítio onde se produzia a cana de açúcar um estabelecimento autônomo em relação à usina, por meio de ficção jurídica que não tem o condão de introduzir um novo elo na cadeia econômica.

No referido julgado, cuja ementa abaixo se reproduz, o STF considerou que os dois estabelecimentos pertenciam à mesma unidade produtiva, não havendo circulação econômica na transferência do bem entre eles:

"REPRESENTAÇÃO. INCONSTITUCIONALIDADE DO ARTIGO 9. DO DECRETO N. 11222, DE 5/02/1986, DO ESTADO DA PARAIBA. AO DECLARAR ESTABELECIMENTO AUTONOMO PARA AUTORIZAR A INCIDENCIA DO ICM ESTABELECIMENTOS – ENGENHOS, SITIOS E DEMAIS DIVISÕES FUNDIARIAS – DA MESMA USINA – UNIDADE ECONÔMICA – CONTRARIOU O ARTIGO 23, II, DA CF, POIS TAXA O SIMPLES DESLOCAMENTO FÍSICO DE INSUMOS DESTINADOS A COMPOSIÇÃO DO PRODUTO FINAL DA MESMA EMPRESA. REPRESENTAÇÃO PROCEDENTE."

No mesmo sentido,[49] a decisão do STF na Representação de Inconstitucionalidade nº 1.181/PA, relatada pelo Ministro Rafael Mayer, cuja ementa se transcreve:

*"REPRESENTAÇÃO. INCONSTITUCIONALIDADE. A) PARAG. ÚNICO DO ART-2. DA LEI 5.106/83; B) LOCUÇÃO NA PARTE FINAL DO PAR-7., DO ART-1. DO DECRETO 2.393/82, NA REDAÇÃO DO DECRETO 3.124/83; C) PAR-2. DO ART-10 DO DECRETO 2.393/83; D) LOCUÇÃO NA SEGUNDA PARTE DO ITEM 2 DO PAR-1. DO ART-14 DO DECRETO 2.393/83, NA REDAÇÃO DO DECRETO 3.124/83, TODOS DO ESTADO DO PARA. **PRECEITOS DA LEGISLAÇÃO ESTADUAL QUE DEFINEM COMO FATO GERADOR DO ICM MOMENTO DO PROCESSO PRODUTIVO NO INTERIOR DE UMA MESMA EMPRESA AGRO-INDUSTRIAL, REPRESENTANDO O SIMPLES DESLOCAMENTO FÍSICO DOS INSUMOS DESTINADOS A COMPOSIÇÃO DO PRODUTO.** CONTRARIEDADE*

---

[48] STF, Pleno, RP nº 1.355/PB, Rel. Oscar Corrêa, DJ 10/04/1987, p. 6417.
[49] STF, Pleno, RP nº 1.181/PA, Rel. Min. Rfael Mayer, DJU 08/11/84, p. 18.765.

AO ART-23, II DA CONSTITUIÇÃO E LEGISLAÇÃO COMPLEMENTAR. REPRESENTAÇÃO JULGADA PROCEDENTE. "

(Grifamos).

Para o adequado entendimento da questão, há que estabelecer a distinção entre as expressões *estabelecimento, personalidade jurídica* e *unidade econômica*.

De acordo com o art. 1.142 do Código Civil, o estabelecimento é o complexo de bens organizado para o exercício da empresa, por empresário ou sociedade empresária. É uma universalidade de fato desses bens corpóreos ou incorpóreos. O estabelecimento é uma unidade da empresa, pertencendo à sociedade e funcionando como instrumento da sua atuação. Cada pessoa jurídica de direito privado pode ter tantos estabelecimentos quantos desejar para realizar a sua atividade, não possuindo estes, porém, personalidade jurídica própria. A tese da *saída física* toma por base a transferência da mercadoria de um estabelecimento para outro.

Do ponto de vista da tese da *circulação jurídica* exige-se a *transferência da propriedade* entre pessoas jurídicas ou físicas diferentes. Ou seja, entre unidades que mantenham personalidades jurídicas diversas.

Porém, a operação de circulação de mercadorias exige uma *circulação econômica*, com a saída da mercadoria de uma *unidade produtiva* em determinado elo da cadeia mercantil, para outra que esteja na etapa posterior dessa cadeia. Para haver incidência de imposto não precisam ser as duas unidades pertencentes a pessoas jurídicas diversas.

Assim, se uma mesma sociedade empresária possui uma unidade industrial que dá saída a mercadorias para várias empresas distribuidoras, ainda que da mesma pessoa jurídica, há incidência do imposto, uma vez que a unidade econômica produtora exauriu a sua atividade com a fabricação do bem, colocando-o em circulação no mercado, sendo este bem adquirido pelas próprias distribuidoras da fabricante ou por terceiros. É verdade que o estabelecimento distribuidor terá direito ao crédito do imposto recolhido pelo estabelecimento produtor. Porém, o princípio da autonomia dos estabelecimentos, garantidor do maior controle da fiscalização da circulação desses bens, e a necessidade de distribuir o imposto e os créditos pelos vários Estados da Federação, justificam a tributação nos dois estabelecimentos da mesma empresa, o que é previsto expressamente pelo art. 12, I, da Lei Complementar nº 87/1996.

No entanto, o princípio da autonomia dos estabelecimentos não leva à incidência do imposto na transferência de bens entre dois estabelecimentos da mesma unidade econômica, assim entendida como forma organizada de produção no âmbito de um mesmo elo da cadeia econômica, como no caso da citada decisão do STF, onde a produção de cana de açúcar era inteiramente consumida na industrialização pela usina de cana (unidade produtiva) a que estava integrada a área de plantio, considerada, por ficção da lei estadual, como estabelecimento autônomo.

Na citada RP nº 1.355[50], onde se reconheceu a impossibilidade de exigir-se o ICM sobre a transferência da cana produzida ao engenho, destacou com propriedade o relator, Min. Oscar Corrêa:

> "se são estabelecimentos que se integram na mesma unidade econômica, como partes indistintas do mesmo processo de produção, e não extrapolam dessa atividade integrada, não há considerá-los estabelecimentos autônomos para fim de geração de atividade tributada pelo ICM".

Assim, deve ser reconhecida a possibilidade de uma unidade econômica ter suas atividades fracionadas em mais de um estabelecimento, desde que apenas um deles insira a mercadoria em circulação, destinando-se os demais a fornecer elementos ao estabelecimento produtor. Ou ainda, é possível que mais de uma pessoa jurídica, seja por meio de consórcio, seja por meio de outras avenças, desempenhe, de modo unificado, as atividades inerentes a uma mesma unidade produtiva.

Desse modo, não importa os contornos contratuais do negócio jurídico ou a diversidade na personalidade jurídica da empresa pela qual se promova a circulação econômica, mas sim a efetiva evolução da mercadoria na cadeia produtiva. Em síntese, as *operações de circulação de mercadorias* pressupõem uma *circulação econômica* dessa entre duas *unidades produtivas*. Ou seja, a circulação que gera a incidência do ICMS é o impulso que movimenta a mercadoria em cada uma das suas fases econômicas, desde a fonte de produção até o consumo, não bastando a mera saída física da mercadoria, como ocorre, por exemplo, com uma máquina que sai em comodato,[51] ou uma obra de arte que sai para uma exposição e depois retorna, ou ainda

---

[50] STF, Pleno, RP nº 1.355/PB, Rel. Oscar Corrêa, DJU 10/04/1987, p. 6.417.
[51] Súmula nº 573 do STF – "Não constitui fato gerador do Imposto de Circulação de Mercadorias a saída física de máquinas, utensílios e implementos a título de comodato".

na entrada no regime de admissão temporária[52]. Pelas mesmas razões, as alterações societárias, como a incorporação, a fusão e a cisão, que envolvem a transferência de bens, não só do ativo fixo, mas também do estoque de mercadorias, não sofrem a incidência do imposto, pois não envolvem a circulação econômica da mercadoria na cadeia produtiva.[53]

No âmbito infraconstitucional, em sede de lei complementar a quem cabe definir o fato gerador do imposto (art. 146, III, *a*, CF), os aspectos materiais da incidência do ICMS estão previstos no artigo 2º, da LC nº 87/96, que, porém, deixa a cargo do artigo 12 a definição dos seus aspectos temporais, relacionados aos extatos momentos em que nasce a obrigação tributária.

Em relação às operações relativas à circulação de mercadorias, o inciso I do artigo 2º, define como fato gerador as operações de circulação de mercadorias, inclusive o fornecimento de alimentos e bebidas em bares, restaurantes e estabelecimentos similares. O aspesto temporal do referido fato gerador se considera ocorrido em três momentos, de acordo com o artigo 12:

- da saída de mercadoria de estabelecimento de contribuinte, ainda que para outro do mesmo titular (inciso I);
- da transmissão a terceiro de mercadoria depositada em armazém-geral ou em depósito fechado, no Estado do transmitente (inciso III);
- da transmissão de propriedade de mercadoria, ou de título que a represente, quando a mercadoria não tiver transitado pelo estabelecimento transmitente (inciso IV).

Em qualquer dessas modalidades, sem a circulação econômica, entendida nos termos acima expostos, não há que se falar na ocorrência do fato gerador do ICMS previsto no artigo 2º, I da LC nº 87/96. Porém, a fim de facilitar a visualização da operação, o artigo 12 da referida norma prevê os aspectos temporais que exteriorizam a circulação. A situação mais frequente se dá com a saída da mercadoria para outro estabelecimento, ainda que para outro do mesmo titular.

---

[52] Sobre esse último exemplo, vide tópico 8.4 no Capítulo 8.
[53] STJ, 1ª Turma, REsp nº 242.721/SC, Rel. p/acórdão: Min. Humberto Gomes de Barros, DJU 17/09/2001, p. 112.

Numa leitura mais apressada, se poderia extrair daí uma adesão do legislador à tese da saída física como fato gerador do ICMS. Porém, a interpretação do dispositivo coadunada com o artigo 2º da mesma lei, bem como com o art. 155, II, CF, leva à conclusão de que o fato gerador não se realiza com a mera saída física se esta não revela uma evolução da mercadoria entre as unidades econômicas da cadeia produtiva (circulação econômica).

Assim, na incidência prevista no artigo 12, I, da LC nº 87/96, não há que se exigir a transferência de domínio entre empresas diferentes, como exige parte da doutrina.[54]

Por outro lado, não basta a mera saída física de um estabelecimento para outro do mesmo titular.[55] É indispensável que a saída física revele a evolução da mercadoria na cadeia produtiva a partir da transmissão da sua posse para outro estabelecimento da mesma ou de outra pessoa jurídica, cuja função na cadeia seja diversa do anterior, não integrando a mesma unidade produtiva do primeiro. É que uma mesma unidade produtora pode realizar suas atividades em mais de um estabelecimento, sendo que apenas um deles coloca a mercadoria em circulação no mercado. Nestes casos, não há incidência do ICMS na transferência da mercadoria entre dois estabelecimentos da mesma unidade produtora.[56] Mas, se por exemplo, há saída da mercadoria de um estabelecimento produtor para outro estabelecimento distribuidor, ainda que ambos pertençam à mesma pessoa jurídica, ocorre a incidência, mesmo que o segundo tome crédito do imposto pago pelo primeiro, com base no princípio da não cumulatividade. Se não houver valor agregado na segunda operação não haverá o que tributar. Porém, em nome do princípio da autonomia dos estabelecimentos, que aqui deve ser entendida como autonomia entre unidades econômicas produtoras, criado para viabilizar a distribuição do imposto entre os vários Estados da Federação nos casos de operações interestaduais, bem como para assegurar o controle da circulação das mercadorias pela fiscalização, há incidência do imposto na transferência entre duas unidades produtivas pertencentes à mesma pessoa jurídica.

---

[54] Por todos: ATALIBA, Geraldo e GIARDINO, Cleber. "Núcleo da definição constitucional do fato gerador do ICM" *Revista de Direito Tributário*, Vol. 25/26, p. 101-119, 1983, p. 105-106.

[55] Súmula nº 166 do STJ: "Não constitui fato gerador do ICMS o simples deslocamento de mercadoria de um para um outro estabelecimento do mesmo contribuinte."

[56] STF, Pleno, RP nº 1.355/PB, Rel. Oscar Corrêa, DJU 10/04/87, p. 6417.

No entanto, existem situações em que ocorre a evolução da mercadoria na cadeia produtiva, mas não há saída física. Nessas situações, e só nessas, o legislador complementar identifica como aspecto temporal do fato gerador a transferência do domínio. É o que se dá na transmissão a terceiro de mercadoria depositada em armazém-geral ou em depósito fechado, no Estado do transmitente e da transmissão de propriedade de mercadoria, ou de título que a represente, quando a mercadoria não tiver transitado pelo estabelecimento transmitente, previstos nos incisos III e IV do artigo 12 da LC nº 87/96.

De qualquer forma, a corrente majoritária que exige a necessidade de transmissão de domínio para caracterização do fato gerador do ICMS não dispensa, para a ocorrência deste, que essa translação seja reveladora de uma evolução da mercadoria entre dois elos da cadeia econômica, como destacou Aliomar Baleeiro[57], um dos pioneiros na defesa da necessidade da transferência da propriedade, mas que também deixava claro o seu entendimento quanto à indispensabilidade da circulação econômica:

> *"De modo diverso do IVC, que tinha como fato gerador especificamente um negócio jurídico de venda ou consignação, o ICM assenta sobre qualquer operação realizada com a mercadoria, isto é, qualquer negócio jurídico relevante ou operação econômica, que ocasione a saída.*
>
> *A natureza específica da "operação realizada", isto é, o negócio jurídico, que motiva ou dá causa à saída, é irrelevante do ponto de vista fiscal. Quase sempre se prende a uma compra e venda mercantil ou a uma consignação. Mas pode ser outro contrato ou ato jurídico. Não pode ser, em nossa opinião, fato material ou físico: a simples deslocação da mercadoria para fora do estabelecimento, permanecendo na propriedade e posse direta do contribuinte, seja para depósito, custódia, penhor, comodato ou reparos. Se admitíssemos solução contrária, até o furto da mercadoria seria fato gerador do ICM."*
>
> *(...)*
>
> *"Cremos que o legislador ampliou o IVC dos negócios de venda e consignação para quaisquer atos jurídicos que transfiram o domínio sobre as mercadorias entregues à "circulação econômica".*

Ao ressaltar a sua divergência com Flávio Bauer Novelli, que defende a tese da circulação econômica, Aliomar Baleeiro[58] colocava em destaque

---

[57] BALEEIRO, Aliomar. *Direito Tributário Brasileiro*, p. 385-6.
[58] BALEEIRO, Aliomar. *Direito Tributário Brasileiro*, p. 386.

que a transmissão de domínio só era relevante como fato gerador do antigo ICM se traduzisse uma *operação econômica*:

> *"É possível que a divergência se situe mais na palavra, porque, afinal, Novelli parece chamar "circulação econômica" o que designamos como "operação econômica". O que nos parece bem difícil – talvez impossível – é que a mercadoria seja objeto de operação econômica legítima sem que ocorra ato ou negócio jurídico. Cremos que a legislação ampliou o IVC dos negócios de venda e consignação para quaisquer atos jurídicos que transfiram o domínio sobre as mercadorias entregues a circulação econômica. Então o ICMS é inadmissível se houver saída apenas física, permanecer a mercadoria na propriedade em que se achava antes e tal saída."*

Também Roque Antônio Carrazza[59], um dos expoentes da corrente que sustenta a necessidade da transferência de domínio da mercadoria para a caracterização do fato gerador do imposto, ressalta a necessidade desse fenômeno jurídico revelar a evolução da mercadoria na cadeia produtiva:

> *"Não são todas as operações jurídicas que podem ser tributadas, mas apenas as reativas à circulação de mercadorias. O ICMS só pode incidir sobre as operações que conduzem mercadoria, mediante sucessivos contratos mercantis, dos produtores originários aos consumidores finais."*

Na jurisprudência do STF, o tema mereceu o mesmo tratamento prestigiador da necessidade da circulação econômica em voto do Ministro Rafael Mayer na citada RP nº 1.181[60]:

> *"Quer se entenda o conceito com constitucional sob o prisma de uma circulação jurídica ou de uma circulação econômica da mercadoria na direção do consumo, a operação que as suscita somente assume relevo quando significa uma exteriorização relativamente ao âmbito do estabelecimento.*
>
> *Os atos internos, os graus de processamento no interior do estabelecimento não podem ser elementos de circulação econômica jurídica pois são simples atos físicos ou materiais do processo produtivo, e não dão causa à incidência do tributo."*

Porém, não são as operações de circulação de quaisquer bens que ensejam a incidência do imposto, mas somente de *mercadorias*, conceito menos

---

[59] CARRAZZA, Roque Antônio, *ICMS*, p. 35.
[60] STF, Pleno, RP nº 1.181/PA, Rel. Rafael Mayer DJU 08/11/84, p. 18.765.

amplo do que o de *produto*. As mercadorias são bens móveis destinados à atividade mercantil, o que pressupõe necessariamente a habitualidade, que constitui traço característico da configuração desta atividade. Portanto, só incidirá o ICMS sobre a operação com bens realizada com habitualidade por comerciante, industrial ou produtor. Se uma pessoa física ou jurídica vende, esporadicamente, um bem de consumo ou de seu ativo fixo, não incidirá o ICMS, pois não se trata de mercadoria, conforme já decidido pelo STF.[61] Também não incide na incorporação no ativo da empresa de bens de fabricação própria, já que não há circulação.[62] Hoje a expressão mercadoria não mais se limita aos bens corpóreos, englobando ainda a energia elétrica e a aquisição de programas de informática por meio de *download*,[63] por exemplo.

Não incidem ainda sobre a venda de imóveis, cuja alienação, não sendo ato de comércio, mas ato civil, é tributada pelos impostos de transmissão *inter vivos* e *causa mortis*. E ainda sobre a transmissão de coisa fora do comércio, como a água em estado bruto, antes de ser destinada ao fornecimento público.[64]

Também não há circulação de mercadoria na extração de recursos naturais do solo ou do leito marinho, uma vez que se trata de uma aquisição originária, e não de uma circulação econômica de mercadoria. Embora as jazidas pertençam à União, estas não se confundem com o produto da lavra, cuja propriedade já nasce para o concessionário a quem foi incumbida a exploração e produção. Haverá incidência do imposto somente quando o concessionário, proprietário do produto da lavra, aliena tais mercadorias colocando-as em circulação no mercado Por isso, são inconstitucionais as Leis nºs 4.117/03 e 7.183/15 do Estado do Rio de Janeiro que inseriram a extração de petróleo com fato gerador do ICMS,[65] conforme será visto ainda neste capítulo no próximo tópico.

---

[61] STF, 1ª Turma, RE nº 194.300-9/SP, Rel. Min. Moreira Alves, DJU de 03/10/1997, p. 49.239; e 2ª Turma, RE nº 182.721-1, Rel. Min. Maurício Corrêa, DJU de 27/02/1998, p. 19.
[62] STF, Pleno, RE nº 158.834/SP, Rel. Min. Sepúlveda Pertence, DJU 05/09/2003, p. 32.
[63] STF, Pleno, ADIMC nº 1945/MT, Rel. p/ acórdão: Min. Gilmar Mendes, DJe 14/03/2011.
[64] MELO, José Eduardo Soares. *ICMS – Teoria e Prática*. 7. ed. São Paulo: Dialética, 2004. p. 19.
[65] O STF deve se manifestar sobre o tema na ADI nº 3.019-1, ajuizada em 2003 pelo Procurador-Geral da República contra a referida lei. O relator é o Min. Celso Mello, que determinou o julgamento direito do mérito da ADI, nos termos do art. 12 da Lei nº 9.868/1998.

Caracterizada a operação como circulação de mercadoria, está afastada a incidência do ISS, ainda que existam serviços acessórios à sua comercialização, como a montagem pelo próprio vendedor de aparelhos, máquinas ou equipamentos no domicílio ou estabelecimento do usuário final, que, por razões de transporte, precisaram ter suas peças e partes montadas fora do estabelecimento comercial ou industrial, como ocorre com um aparelho de televisão de grande tamanho, cuja tela segue em separado da base; de um purificador de água, cujas peças são transportadas separadamente e montadas na residência do usuário; ou ainda de uma caldeira industrial, que tem suas partes montadas no estabelecimento industrial adquirente.

Também incide o ICMS, e não o ISS, quando o próprio vendedor instala ou monta a mercadoria por ele vendida, agregando-a ao estabelecimento ou residência do usuário, como decidiu o STJ em casos como a venda e instalação de vidros[66] e de aparelhos de ar-condicionado.[67]

Vale ressaltar, por fim, os critérios para diferenciar a prestação de serviços e a circulação de mercadorias são baseados na generalidade e a individualidade da prestação têm sido utilizadas para diferenciar o ICMS e o ISS, como fez o STF ao considerar incidente o imposto estadual sobre os softwares de prateleira, produzidos em série e comercializados no varejo, e o imposto municipal sobre o software encomendado a partir das necessidades individuais do cliente.[68] Porém, este critério deve ser considerado juntamente com os demais, como o papel dos serviços e das mercadorias em relação à natureza da prestação contratada pelo usuário, como entendeu o STJ em decisões relativas à não incidência do ISS em relação aos serviços acessórios à industrialização na venda de móveis por encomenda,[69] e na fabricação de sacos de papel com impressão gráfica personalizada.[70] Também deve ser considerada a utilização exclusiva de materiais fornecidos pelo prestador, como fez o STJ quando reconheceu a incidência do ISS e não do IPI e do ICMS sobre o corte, recorte e polimento de mármore e granito.[71]

---

[66] STJ, 1ª Turma, REsp nº 103.282/DF, Rel. Min. Milton Luiz Pereira, DJU 31/08/1998, p. 15.
[67] STJ, 1ª Turma, REsp nº 6.219/MG, Rel. Min. Milton Luiz Pereira, DJU 23/05/1994, p. 12.555.
[68] STF, 1ª Turma, REsp nº 176.626/SP, Rel. Min. Sepúlvda Pertence, DJU 11/12/1998, p. 10.
[69] STJ, 2ª Turma, REsp nº 395.633/RS, Min. Eliana Calmon, DJU 17/03/2003, p. 212.
[70] STJ, 2ª Turma, REsp nº 725.246/PE, Rel. Min. Teori Zavascki, DJe 14/11/05, p. 215.
[71] STJ, 2ª Turma, REsp nº 959.258/ES, Rel. Min. Herman Benjami, DJe 27/08/2009. No mesmo sentido: STJ, 1ª Turma, REsp nº 888.852/ES, Rel. Min. Luiz Fux, DJe 01/12/2008.

E ainda a destinação ao usuário final, e não à industrialização e comercialização, como o STF decidiu quando considerou não incidir o ISS sobre os serviços gráficos inerentes à fabricação de embalagens sob encomenda destinadas ao processo de industrialização.[72]

É preciso não confundir tais situações, em que a prestação de serviços é apenas uma das etapas intermediárias do processo produtivo de fabricação e comercialização de bem, e por isso não há incidência do ISS, mas do IPI e do ICMS, com as operações mistas onde o serviço constitui atividade-fim e é prestado de forma conexa com o fornecimento de mercadorias, cuja disciplina é regulada pelo art. 155, § 2º, IX, *b*, CF.

4.2. O ICMS na Extração de Petróleo e Gás

Embora a Constituição Federal não preveja a tributação do ICMS sobre a extração de recursos naturais, e tampouco a LC nº 87/96 a estabeleça, o Estado do Rio de Janeiro, maior produtor nacional de petróleo, vem buscando exercer essa exigência em relação ao referido hidrocarboneto, com fundamento na ideia de que estaríamos diante de uma circulação de mercadoria ocorrida com a transferência de domínio desse bem da União, proprietária da jazida, e o concessionário que o extrai do solo ou leito marinho. A primeira tentativa de tributação da extração dos hidrocarbonetos se deu pela Lei Noel, Lei nº 4.117/03, que instituíra o ICMS sobre a extração de petróleo, em medida legislativa que gerou à época bastante crítica no mercado[73] e na doutrina[74], o que desaguou na Ação Direta de Inconstitucionalidade nº 3.019, ainda pendente de julgamento no Supremo Tribunal Federal (STF). Em virtude de todas as controvérsias sobre a matéria, e da gravidade da lesão que a medida gerava ao setor de petróleo no Estado do Rio de Janeiro, a Lei Noel teve a sua regulamentação, que havia sido levada a efeito pelo Decreto nº 34.761/04, suspensa pelo Decreto nº 34.783/04, tornando a exigência, na prática, ineficaz.

---

[72] STF, Pleno, ADI MC nº 4.389/DF, Rel. Min. Joaquim Barbosa, DJe 25/05/2011.
[73] Vide: GANDRA, Rogério Mendes. "O Impacto da Lei Noel em Projetos de Investimento na Indústria de Petróleo e Gás: Um Estudo de Caso", Boletim Informativo do Instituto de Economia da UFRJ, in: https://infopetro.files.wordpress.com/2010/02/2005_janfev_petrogas.pdf, acesso em 07/01/2015.
[74] Por todos: MARTINS, Ives Gandra da Silva. Fato Gerador do ICMS nas "Operações Interestaduais com Petróleo e Derivado", *Revista Dialética de Direito Tributário, nº 96*. São Paulo: 2003 e GRECO, Marco Aurélio. "ICMS – Exigência em relação à Extração do Petróleo".

Em meio à crise financeira que se abateu sobre o Estado do Rio de Janeiro, decorrente da queda do preço do petróleo no mercado internacional, nova tentativa dessa modalidade de tributação foi intentada pela Lei nº 7.183, de 29 de dezembro de 2015. Com a edição da nova norma, a Lei Noel é revogada e a exigência do ICMS sobre a extração de petróleo passa a se dar em relação a fatos geradores ocorrido a partir de 90 dias após a publicação da lei, em respeito à noventena constitucional prevista no artigo 150, III, *c*, CF.

Porém, a nova tentativa de tributar pelo ICMS na extração de petróleo, ou na "circulação" entre o ponto de medição e o estabelecimento da empresa exploradora, como denominou a nova lei fluminense, esbarra em velhos obstáculos há muito apontados pela doutrina e pela jurisprudência, como será revelado ao longo dos subtópicos a seguir apresentados.

4.2.1. A Extração de Petróleo e a Circulação de Mercadorias

Não havendo base autônoma, seja em sede constitucional ou em lei complementar, para fundamentar a tributação da extração de recursos naturais pelo ICMS, o Estado do Rio de Janeiro procura tributá-la como se fora circulação de mercadoria, com base na definição dada pela corrente doutrinária e jurisprudencial que exige a transmissão de domínio para a ocorrência do aludido fenômeno, considerando haver uma trasferência de propriedade entre a União, proprietária dos recursos naturais, inclusive os do subsolo, de acordo com o artigo 20, IX, da Constituição Federal, e a empresa produtora de petróleo, que passa a ser titular, no todo ou em parte, dos recursos extraídos do solo ou leito marinho, por meio de uma aquisição derivada.[75]

A ementa da Lei nº 7.183/15, do Estado do Rio de Janeiro, que instituiu a incidência de ICMS na extração de petróleo, informa que o conteúdo da norma dispõe sobre as alíquotas do imposto aplicáveis às operações de circulação do aludido hidrocarboneto. Porém, na verdade, em relação aos aspectos quantitativos, o diploma não traz qualquer novidade, uma vez que o percentual de 18%, fixado no seu artigo 4º, é o padrão utilizado usualmente pelo Estado do Rio de Janeiro, a ser acrescido do adicional destinado

---

[75] Por todos os que defendem essa tese, vide: GALVÃO, Ilmar. *Parecer sobre a possibilidade de tributação, pelo ICMS, do petróleo e gás natural*. Apresentado nos autos da ADI nº 3.019-1/RJ, STF, em outubro de 2009.

ao Fundo de Combate à Pobreza. O que se tem, na verdade, é a volta da incidência do imposto sobre a extração de petróleo. Contudo, talvez para evitar as polêmicas que foram suscitadas por ocasião da edição da Lei Noel, o indigitado diploma legal não estabelece explicitamente a extração como fato gerador do imposto. Em seu lugar, o art. 1º da lei dispõe que o imposto incide sobre "a operação de circulação de petróleo desde os poços de sua extração para a empresa concessionária." Com isso, é reforçada a estratégia de utilização do permissivo constitucional da circulação de mercadorias para escapar da evidente ausência de previsão na Constituição e na LC nº 87/96 de autorização para a tributação da extração de recursos naturais.

Porém, tal desiderato é desmentido pelos próprios elementos da obrigação tributária veiculados pela indigitada norma, que, a despeito do artigo 1º associar a incidência à circulação do petróleo, revelam, a partir dos aspectos do fato gerador contidos nos demais dispositivos da lei, que não se está a tributar outra coisa que não a sua extração. É que a hipótese de incidência dos tributos não é composta apenas daquilo que vulgarmente se designa como fato gerador. Essa denominação quase coloquial, em geral, se refere ao aspecto objetivo ou material da obrigação tributária, que constitui o seu núcleo essencial. Embora seja este o seu aspecto mais importante, não há como se reconhecer o componente normativo da obrigação tributária sem a análise dos demais aspectos da hipótese de incidência. Afinal, são aspectos do fato gerador: o subjetivo, o objetivo, o espacial, o temporal e o quantitativo, como leciona Ruy Barbosa Nogueira:[76]

> *"No sentido integral, 'fato gerador do tributo é o conjunto dos pressupostos abstratos descritos na norma de direito material, de cuja concreta realização decorrem os efeitos jurídicos previstos'.*
> *(...)*
> *Assim, o fato gerador integral compreende o cerne objetivo, e os aspectos subjetivo, espacial, temporal e quantitativos (...)."*

Por isso, vale identificar os aspectos do fato gerador do tributo instituído pela Lei nº 7.183/15. Em seu artigo 2º, o aspecto objetivo se revela pela passagem do petróleo pelo ponto de medição da produção. De acordo com o parágrafo único do referido artigo, os pontos de medição de produção

---

[76] NOGUEIRA, Ruy Barbosa. *Curso de Direito Tributário*. 11.ed. São Paulo: Saraiva, 1993, p. 142-143.

"são aqueles pontos definidos no plano de desenvolvimento de cada campo nos termos da legislação em vigor, onde se realiza a medição volumétrica do petróleo produzido nesse campo, expressa nas unidades métricas de volume adotadas pela ANP e referida à condição padrão de medição, e onde o concessionário, a cuja expensas ocorrer a extração, assume a propriedade do respectivo volume de produção fiscalizada, sujeitando-se ao pagamento dos tributos incidentes e das participações legais e contratuais correspondentes." Ora, a medição nada mais é do que a exteriorização e a quantificação da extração de petróleo, já que, como vimos no Capítulo 3, a propriedade dos hidrocarbonetos já nasce para o concessionário ou contratado no momento desta. Logo, os aspectos objetivo e quantitativo do fato gerador unem umbilicalmente extração e medição como duas faces da mesma moeda. O mesmo fenômeno ocorre em relação aos demais aspectos da hipótese de incidência. Observa-se que em relação ao seu elemento espacial, o art. 6º da Lei elege como definidor do estabelecimento responsável pela incidência o do local em que ocorre a "medição após a extração". Seu aspecto temporal também está associado à extração, na dicção do artigo 2º que estabelece a incidência "imediatamente após a extração do petróleo e quando a mercadoria passar pelos Pontos de Medição da Produção" conferindo identidade aos dois eventos praticamente contemporâneos no plano fenomênico. Em relação ao elemento subjetivo, a norma é ainda mais explícita em seu artigo 5º, identificando o extrator como contribuinte do imposto, seja ou não concessionário direto, juntamente com o comerciante, industrial e produtor. Aliás, essa identificação plurilateral da sujeição passiva, de certa forma, se explica pela reunião das atividades desempenhadas por esses atores, que, na verdade, se reúnem geralmente em única empresa ou consórcio, no âmbito de uma mesma unidade produtiva na cadeia multifásica do ICMS, como se revelará abaixo no tópico 4.3.

Sendo todos os aspectos do fato gerador diretamente relacionados com o fenômeno da extração do petróleo, outra coisa não se está a tributar. Inócua é a tentativa da Lei nº 7.183/15 de simular uma operação de circulação de modo a "camuflar" a ocorrência do fato gerador da *extração* como fora previsto na Lei Noel, sob a roupagem da *passagem pelo ponto de medição*, a fim de conferir ao intérprete a ilusão de estar diante da dinâmica circulatória. A inocuidade da estratégia decorre da identidade entre os dois eventos conferida pela ordem jurídica, sendo esta, como se viu, a exteriorização material e quantitativa da primeira. De qualquer modo, seja a incidência rotulada pelo legislador de *extração* ou de *circulação*, é sabido que, como estabelece o artigo 4º, I, do Código Tributário Nacional[77], a denominação é irrelevante para determinação da natureza jurídica do tributo. O que não se pode deixar de reconhecer, independente das palavras legalmente adotadas de forma sacerdotal, é a intenção legislativa de estabelecer artificialmente um elo da cadeia que antecede a circulação de mercadoria ao arrepio das normas constitucionais.

E essa contrariedade ao Texto Maior se revela por duas razões:

a) as reservas naturais antes da extração não podem ser consideradas como mercadorias;
b) não há operação de circulação tributariamente relevante seja na extração, seja na movimentação do petróleo da plataforma até o estabelecimento produtor. Vamos examinar cada uma dessas questões.

Sobre o conceito de mercadoria, vale trazer a lição de Carvalho de Mendonça, que foi utilizada por Aliomar Baleeiro para limitar a regra de competência do imposto estadual[78]:

> *"As coisas ... quando objeto de troca, de circulação econômica, tomam o nome de mercadorias... A coisa, enquanto se acha na disponibilidade do industrial, que a produz, chama-se produto, manufato ou artefato; passa a ser mercadoria logo que é objeto de comércio do produtor ou do comerciante por grosso ou retalho, que a adquire para revender a outro comerciante ou consumidor; deixa de ser mercadoria logo que sai da circulação comercial e se acha no poder ou propriedade do consumidor".*

No mesmo sentido, leciona Roque Antônio Carrazza:[79]

> *"Não é qualquer bem móvel que é mercadoria, mas só aquele que se submete à mercancia. Podemos dizer que toda mercadoria é bem móvel, mas nem todo bem móvel é mercadoria. Só bem móvel que se destina a prática de operações mercantis é que assume a qualidade de mercadoria."*

---

[77] "Art. 4º A natureza jurídica específica do tributo é determinada pelo fato gerador da respectiva obrigação, sendo irrelevantes para qualificá-la: I – a denominação e demais características formais adotadas pela lei;"
[78] MENDONÇA, José . Xavier. Carvalho de. *Tratado de Direito Comercial Brasileiro*, 3 ed., Parte I, nº 5, Vol. V, 10), apud: BALEEIRO, Aliomar. *Direito Tributário Brasileiro*, p. 407.
[79] CARRAZZA, Roque Antônio. *ICMS*, p. 39, p. 407.

Como foi visto no capítulo anterior mais detidamente, os recursos naturais que serão produto da lavra, antes de ser efetivada a extração, por não guardarem autonomia em relação à jazida, não são comercializáveis, não podendo, em consequência, ser considerados como mercadorias a fim de justificar a existência de um primeiro elo na cadeia multifásica sobre a qual incide o ICMS. Logo, por ocasião da extração, ainda não há mercadoria cuja circulação se possa cogitar.

Ademais, a separação do hidrocarboneto das formações rochosas que compõem a jazida é etapa anterior ao início do ciclo de circulação econômica que é tributado pelo imposto estadual, até porque o petróleo, neste momento, sequer é comercializável, pois carece de uma série de tratamentos antes de ser alocado na cadeia mercantil. Antes do surgimento da mercadoria no mundo econômico e jurídico, não há que se falar em incidência do ICMS, visto que esta depende, precipuamente, de uma operação que impulsione o bem a outra unidade produtiva da cadeia econômica em direção ao consumo, ou diretamente ao consumidor final. Antes disso, é mero produto. A produção de bem é circunstância que antecede à sua inserção em circulação, sendo atividade que se destina ao próprio contribuinte e não a outro elo da cadeia plurifásica, sendo insuficiente para o nascimento da obrigação tributária, seja no ICMS, seja no IPI, pois em ambos, o núcleo do fato gerador está associado à circulação do produto de uma unidade da cadeia produtiva para outra.

Em outro giro, é importante considerar que as atividades de *extração, movimentação* do petróleo em direção ao estabelecimento produtor e a sua *comercialização* estão inseridas em uma mesma unidade produtiva, não havendo, para fins da incidência do ICMS, que se falar em operação de circulação que separe as três fases, uma vez que o produto só é posto na cadeia mercantil após o exaurimento da segunda atividade. Em relação à incidência do ICMS, só a terceira fase é relevante, sendo as duas primeiras meras condutas preparatórias, embora indispensáveis, ao desenvolvimento da última.

Diante desses argumentos, exsurge cristalina a conclusão de que a extração de petróleo e gás não constitui operação de circulação de mercadoria, sendo atividade que antecede o início da cadeia onerada pelo ICMS. Na verdade, a tentativa de o legislador estadual criar artificialmente uma etapa da cadeia que antecede a colocação do petróleo em circulação, tem como objetivo driblar a imunidade nas operações interestaduais sobre esses produtos, como será examinado no subtópico seguinte.

Por outro lado, mesmo adotando-se a tese de que a circulação de mercadorias se reduz à transmissão de domínio, independentemente de circulação econômica, o que só se admite para fins de argumentação, não há que se cogitar na incidência do ICMS nos casos em que a propriedade não é adquirida em razão de um negócio jurídico entre o adquirente e o alienante, mas de forma originária, como ocorre na extração de petróleo, como vimos no Capítulo 3.

4.2.2. A Imunidade das Operações Interestaduais e a Exigência na Extração

Como vimos, o objetivo da legislação fluminense em criar artificialmente uma operação antes da alocação dos hidrocarbonetos no mercado é minorar as perdas que o Estado do Rio de Janeiro acumula em razão da imunidade das operações interestaduais com petróleo, estabelecida pelo artigo 155, §2º, X, *b*, da Constituição Federal, que atribuiu a cobrança do imposto ao Estado de destino, onde está localizado o consumidor.

A regra do artigo 155, § 2º, X, *b*, CF, que estabelece a não incidência do ICMS sobre *"as operações que destinem a outros Estados petróleo, inclusive lubrificantes, combustíveis líquidos e gasosos dele derivados, e energia elétrica"*, criou uma imunidade para as operações que destinem as mercadorias nele mencionadas para outro Estado da Federação.

A imunidade em questão, estabelecida pela primeira vez na Constituição Federal de 1988, é dispositivo muito polêmico que, longe de representar um direito fundamental destinado ao alívio ao consumidor de combustível e energia elétrica, tem como objetivo subverter a regra geral de que o ICMS é tributado no Estado de origem, beneficiando os Estados consumidores desses recursos estratégicos. Embora seja bastante questionado pelos Estados produtores, o dispositivo se insere na repartição constitucional de receitas tributárias entre os entes da Federação fixada pelo constituinte originário, não cabendo questionamentos quanto à sua constitucionalidade, uma vez que não existem normas constitucionais inconstitucionais no Brasil, como reconheceu o STF, em julgamento que afastou as alegações do Estado do Rio de Janeiro que arguiram a ilegitimidade do dispositivo em comento em razão da sua contrariedade com o pacto federativo.[80]

---

[80] STF, Pleno, RE nº 198.088/SP, Rel. Min. Ilmar Galvão, DJU 05/09/2003, p. 32.

Na oportunidade, o STF reiterou o seu histórico posicionamento no sentido de não acolher a teoria do constitucionalista alemão, Otto Bachof[81], que admitiu a existência da inconstitucionalidade de normas constitucionais que não integram o núcleo central da Constituição mas que contrariem os valores fundamentais de justiça, que são centrais em nossa Carta. De acordo com a nossa Corte Maior[82], só é possível declarar incompatível com a Constituição a obra do legislador constituinte derivado que, por emenda constitucional, viole as cláusulas pétreas, como o Tribunal reconheceu ter sido perpetrado pela EC nº 3/93 ao excepcionar, em relação ao IPMF, os princípios da anterioridade e as imunidades.[83]

Diante da confirmação da validade da imunidade das operações interestaduais de petróleo pelo STF, não é possível o seu afastamento pela vontade do legislador estadual, a partir da criação de uma etapa anterior à operação interestadual que destina o petróleo produzido no Rio de Janeiro para os outros Estados da Federação, sob pena de subverter por decisão do legislador ordinário uma opção adotada pelo constituinte originário.

Deste modo, por mais que possamos nos solidarizar com a indignação fluminense diante do casuísmo constitucional que subverteu a regra geral da cobrança do imposto na origem, é forçoso reconhecer que a Lei nº 7.183/15 não tem o poder de driblar uma decisão constitucional, ainda que não concordemos com o seu conteúdo. Por isso, só uma emenda constitucional teria o condão de promover a alteração da decisão de atribuir ao Estado de destino o ICMS incidente sobre o petróleo, sendo inócua a tentativa do legislador estadual de criar um elo artificial da cadeia produtiva antes da operação interestadual imune.

Por essa razão também é inconstitucional a incidência do ICMS na extração de petróleo.

---

[81] BACHOF, Otto. *Normas Constitucionais Inconstitucionais*. Coimbra: Almedina, 2001.
[82] STF, Pleno, ADI nº 939-7/DF, Rel. Min. Sydney Sanches, DJU 28/03/94, p. 5.165.
[83] A decisão do STF, pela sua amplitude, foi criticada em doutrina por Flávio Bauer Novelli que entendeu, com razão, não ser a anterioridade uma cláusula pétrea, nem ter a EC nº 3/93, ao excepcioná-la em relação ao IPMF, chegado a violar o núcleo essencial do aludido direito individual. (NOVELLI, Flávio Bauer. "Norma Constitucional Inconstitucional? A propósito do art. 2º, § 2º, da Emenda Constitucional nº 3/93", *Revista de Direito Administrativo* 199: 21-57, 1995).

4.2.3. A Tese da Transferência de Domínio e a Imunidade Recíproca

Como vimos no Capítulo 3, a tese que confere suporte à pretensão do Estado do Rio de Janeiro de tributar a extração do petróleo parte do pressuposto de que haveria uma transferência de domínio entre a União, proprietária das jazidas, e o concessionário que, por meio de uma aquisição derivada, adquiriria os hidrocarbonetos do ente federal, o que ensejaria a circulação de mercadorias, a partir da ideia de que esta se traduziria da transmissão da propriedade do bem. Porém, mesmo que esta tese estivesse correta, o que, como se viu, não procede, não haveria qualquer tributação na operação em função da imunidade recíproca, prevista no art. 150, VI, *a*, CF,[84] que veda à União, aos Estados, ao Distrito Federal e aos Municípios cobrarem tributos uns dos outros.

Não é demais lembrar que o fundamento da imunidade recíproca é o equilíbrio federativo, a partir da ideia de que, nas Federações, este é pressuposto da liberdade individual.[85] Há autores também que a fundamentam na ausência de capacidade contributiva do Estado, uma vez que todas as riquezas deste são extraídas da sociedade para o atendimento das necessidades públicas.[86]

Em seu aspecto subjetivo, a imunidade recíproca é aplicada em relação aos impostos cujas condutas legalmente escolhidas como núcleo dos fatos geradores sejam praticadas pelas pessoas jurídicas de direito público. Ou seja, atos realizados pela União, Estados, Distrito Federal, Municípios, autarquias e fundações públicas (§ 2º do art. 150, CF). No plano objetivo, a imunidade recíproca impede a tributação sobre *patrimônio, renda e serviços* uns dos outros. A utilização da expressão *patrimônio, renda e serviços* não tem o condão de limitar a imunidade aos impostos que diretamente incidem sobre o patrimônio, como o IPTU e ITR, a renda, o IR, e os serviços, ISS, uma vez que todos os impostos direta ou indiretamente incidem sobre o patrimônio, a renda e os serviços do Estado. A enumeração

---

[84] "Art. 150. Sem prejuízo de outras garantias asseguradas ao contribuinte, é vedado à União, aos Estados, ao Distrito Federal e aos Municípios: VI – instituir impostos sobre: a) patrimônio, renda ou serviços, uns dos outros;"

[85] TORRES, Ricardo Lobo. *Tratado de Direito Constitucional Financeiro e Tributário, Vol. III – Os Direitos Humanos e a Tributação – Imunidades e Isonomia.* 2. ed. Rio de Janeiro: Renovar, 1999, p. 224.

[86] JARACH, Dino. *O Fato Imponível – Teoria Geral do Direito Tributário Substantivo.* Trad. Dejalma de Campos. São Paulo: Revista dos Tribunais, 1989, p. 179.

das três manifestações de riqueza não é restritiva. Ao contrário. Procura demonstrar que, ao contrário da sua origem em 1819 na Suprema Corte dos Estados Unidos, não se limita ao patrimônio público, englobando também as rendas e serviços, o que acaba por abarcar toda a receita pública. Deste modo, conforme decidiu STF, em relação à incidência do IOF sobre as aplicações financeiras dos Municípios, a imunidade recíproca aplica-se a todos os impostos, e não só aos que, segundo a classificação sobre bases econômicas do CTN, incidem diretamente sobre patrimônio, renda e serviços.[87] Deste modo, em tese, aplica-se em relação ao ICMS.

Porém, a imunidade se relaciona com as finalidades estatais essenciais ou dela decorrentes nos termos do art. 150, § 2º, CF[88]. Se a entidade imune abandona os seus objetivos institucionais para desempenhar a atividade econômica em regime em concorrência com as entidades de direito privado, deve ser tributada como se particular fosse, de acordo com a regra do art. 173, § 1º, II, CF[89]. Dentro desta mesma ideia, o §3º do artigo 150, CF[90] afasta a imunidade recíproca quando o patrimônio, a renda e serviços estiverem relacionados a atividades econômicas regidas por normas aplicáveis a empreendimentos privados.

---

[87] STF, Pleno, ACO nº 468-3/MS, Rel. Min. Octávio Gallotti, DJU 21/02/97, p. 2823.

[88] "Art. 150. Sem prejuízo de outras garantias asseguradas ao contribuinte, é vedado à União, aos Estados, ao Distrito Federal e aos Municípios: VI – instituir impostos sobre: *a*) patrimônio, renda ou serviços, uns dos outros;

§ 2º. A vedação do inciso VI, "a", é extensiva às autarquias e às fundações instituídas e mantidas pelo Poder Público, no que se refere ao patrimônio, à renda e aos serviços, vinculados a suas finalidades essenciais ou às delas decorrentes."

[89] "Art. 173. Ressalvados os casos previstos nesta Constituição, a exploração direta de atividade econômica pelo Estado só será permitida quando necessária aos imperativos da segurança nacional ou a relevante interesse coletivo, conforme definidos em lei.

§ 1º A lei estabelecerá o estatuto jurídico da empresa pública, da sociedade de economia mista e de suas subsidiárias que explorem atividade econômica de produção ou comercialização de bens ou de prestação de serviços, dispondo sobre: (...)

II – a sujeição ao regime jurídico próprio das empresas privadas, inclusive quanto aos direitos e obrigações civis, comerciais, trabalhistas e tributários;

§ 2º – As empresas públicas e as sociedades de economia mista não poderão gozar de privilégios fiscais não extensivos às do setor privado."

[90] "§ 3º – As vedações do inciso VI, "a", e do parágrafo anterior não se aplicam ao patrimônio, à renda e aos serviços, relacionados com exploração de atividades econômicas regidas pelas normas aplicáveis a empreendimentos privados, ou em que haja contraprestação ou pagamento de preços ou tarifas pelo usuário, nem exonera o promitente comprador da obrigação de pagar imposto relativamente ao bem imóvel." (Grifamos).

Deste modo, há que se fazer uma distinção entre a atuação do Estado no desempenho da atividade econômica, como se particular fosse e, de outro lado, da manifestação do seu poder de império.

Quando o Estado exerce a atividade econômica, o que se dá excepcionalmente nos casos previstos em lei, deverá ter o tratamento tributário dispensado às empresas privadas. Aliás, como se viu acima, os próprios contornos constitucionais da imunidade recíproca excluem do seu campo o exercício de atividades econômicas regidas por normas aplicáveis aos empreendimentos privados, como observa Ricardo Lobo Torres:[91]

> *"Mas as rendas provenientes da exploração de atividades regidas pelas normas aplicáveis a empreendimentos privados, na forma definida pelo artigo 173 da CF, ainda que auferida pela Administração Direta, ficam fora da proteção constitucional, acontecendo o mesmo com os preços e tarifas cobradas, diretamente ou sob o regime de concessão, pela prestação de serviços públicos (art. 175, CF)."*

Assim, por exemplo, a venda pela União, representada pela PPSA, do excedente em óleo, definido no artigo 2º, III da Lei nº 12.351/10, bem como da parcela de participação em jazida compartilhada, não goza da imunidade do artigo 150, VI, *a*, CF, sofrendo portanto a incidência do ICMS quando posta em circulação na cadeia econômica, por intermédio do agente comercializador, que o fará em nome do referido ente federativo, com a representação da empresa pública, como será estudado no tópico 4.7 neste capítulo.

Porém, não se pode confundir o exercício do monopólio estatal, como o estabelecido em relação ao petróleo, com atividades econômicas do Estado exercidas em regime de economia privada, como adverte Lucas Rocha Furtado:

> *"A exploração das atividades em regime de monopólio estatal, não obstante não as transforme em serviços públicos, não necessariamente a sujeita ao regime jurídico das empresas privadas. Quando o Estado intervém diretamente na economia por meio de empresas públicas ou sociedades de economia mista, o regime jurídico, conforme dispõe o art. 173, §1º, da Constituição Federal, é o aplicável às empresas privadas, ressalvadas as situações em que, por força de disposição constitucional, seja determinada a observância de normas públicas. A sujeição do Estado ao Direito Privado nessas hipóteses*

---

[91] TORRES, Ricardo Lobo. *Tratado de Direito Constitucional Financeiro e Tributário, Vol. III – Os Direitos Humanos e a Tributação – Imunidades e Isonomia*, p. 228.

objetiva preservar a paridade entre empresas estatais e as empresas privadas que irão atuar em regime de concorrência, daí a vedação imposta pelo art. 173, §2º: "As empresas públicas e as sociedades de economia mista não poderão gozar de privilégios fiscais não extensivos às do setor privado".

Em relação às atividades indicadas pelo mencionado art. 177, a serem exploradas pelo Estado em regime de monopólio, o regime jurídico a ser adotado depende do que dispuser a lei, sendo lícita a adoção do Direito Privado ou do Direito Público."

De acordo com o ordenamento jurídico vigente, a atuação da União como proprietária das jazidas de petróleo, e detentora do monopólio constitucional para a sua exploração (art. 177, CF) é regida pelo regime de direito público. Como destaca Alexandre Santos de Aragão[92], os serviços públicos e os monopólios:

*"têm em comum o importante dado de estarem sob **publicatio**, ou seja, de ambos serem atividades titularizadas com exclusividade pelo Estado, excluídas da esfera da economia. A distinção entre eles se dá apenas em virtude da razão de cada **publicatio**: nos serviços públicos, a razão da **publicatio** é o atendimento a necessidades pessoais; já, nos monopólios públicos, a razão da **publicatio** são interesses estratégicos e fiscais do Estado e da nação coletivamente considerada."*

Diante dessas lições, fica fácil perceber que quando a União concede o direito de explorar as suas jazidas para os particulares, não está atuando como se particular fosse, haja ou não a aquisição derivada do produto da lavra. Não está submetida ao regime do Direito Privado. Não está concorrendo com as empresas privadas. Logo, aqui a imunidade é aplicada em sua plenitude, com a Constituição protegendo o patrimônio estatal nos termos do art. 150, VI, *a*, CF. Ao contrário do que se dá, como vimos, quando a União vai ao mercado vender o petróleo a que tem direito de acordo com a partilha de produção.

Assim, ainda que, por amor ao debate, houvesse uma transferência de domínio entre União e a concessionária por ocasião da extração do petróleo, e esta atividade, em tese, se inserisse no campo da norma de incidência do ICMS, não ocorreria o fato gerador pelo bloqueio da sua eficácia em relação ao caso concreto por força da aplicação da regra imunizante do art. 150, VI, *a*, CF. É que, ainda que a Lei nº 7.183/15 tenha escolhido como

---

[92] ARAGÃO, Alexandre Santos de. *Curso de Direito Administrativo*, p. 452.

sujeito passivo a empresa produtora, e não a União, é esta que, de acordo com a tese estatal, estaria transferindo a propriedade do hidrocarboneto para aquela, sendo, portanto, imune à operação, pois se o dispositivo imunizante afasta a ocorrência do fato gerador, é inócuo o deslocamento da sujeição passiva para terceiro por substituição tributária, como implicitamente foi efetivado pelo artigo 5º da norma em estudo.

Por esse motivo também, sendo imune a suposta "circulação de mercadoria" entre a União e a concessionária, é inconstitucional da exigência do ICMS na extração de petróleo.

4.2.4. O Preço de Referência como Base de Cálculo

Ainda que fosse válida a tese de que há incidência de ICMS na operação de transmissão de domínio entre a União, proprietária da jazida, e a concessionária, que promove a extração, o que só se admite para fins de argumentação, a exigência do tributo nos termos da Lei nº 7.183/15 também seria inconstitucional por ter a referida norma escolhido uma base de cálculo que não reflete o valor da "operação" que se pretende tributar.

É que o indigitado diploma legal[93], em seu art. 3º, estabelece que a base de cálculo do imposto por ele instituído é o preço de referência, assim de entendido como a média ponderada dos seus preços de venda praticados pelo concessionário, em condições normais de mercado, ou o seu preço mínimo estabelecido pela ANP, o que for maior.

Observe-se que, em qualquer das duas opções adotadas pelo legislador, o preço médio de mercado ou o preço mínimo fixado pela ANP, o valor de referência não expressa o elemento quantitativo da hipótese de incidência da operação que se pretende tributar, mas da operação subsequente de transferência do petróleo pela concessionária a outro agente de mercado.

Ora, se a Lei nº 7.183/15 estabelece a tributação da operação anterior a da colocação do bem no mercado pela concessionária, não poderia utilizar a base de cálculo desta segunda operação.

---

[93] "Art. 3º – A base de cálculo, quanto à incidência prevista nos artigos anteriores é o preço de referência do petróleo.
Parágrafo único – O preço de referência a que se refere o caput deste artigo, a ser aplicado a cada período de apuração ao petróleo produzido em cada campo durante o referido período, em reais por metro cúbico, na condição padrão de medição, será igual à média ponderada dos seus preços de venda praticados pelo concessionário, em condições normais de mercado, ou ao seu preço mínimo estabelecido pela ANP, aplicando-se o que for maior."

Na verdade, a base de cálculo é, na definição Ruy Barbosa Nogueira[94], uma das dimensões do aspecto quantitativo, juntamente com a alíquota. A sua vinculação com o núcleo do fato gerador é tamanha que alguns autores como Geraldo Ataliba[95] e Alfredo Augusto Becker[96] a inserem no próprio aspecto objetivo da hipótese de incidência.

Polêmicas doutrinárias à parte, em relação à sua inserção no núcleo do fato gerador, a importância da base de cálculo é tamanha que é inconteste no direito comparado a sua submissão ao princípio da reserva legal[97], que no Brasil ganha cores de reserva de lei complementar, e indiscutível a necessidade de compatibilidade entre o fato gerador e a base de cálculo como a sua expressão numérica, como define Aires Barreto[98]:

> *"O arsenal de opções de que dispõe o legislador ordinário para a escolha da base de cálculo, conquanto vasto, não é ilimitado. Cumpre-lhe erigir critério dimensível consentâneo com o arquétipo desenhado pela Excelsa Lei. Essa adequação é dela mesma extraível, antes e independentemente da existência de norma legal criadora do tributo. As várias possibilidades de que dispõe o legislador ordinário para a adoção da base de cálculo já se contém na Constituição.*
>
> *Escolhida a alternativa, é por lei que se indica a base de cálculo "in abstractu", mero conceito normativo.*

---

[94] NOGUEIRA, Ruy Barbosa. *Curso de Direito Tributário*, p. 148.
[95] ATALIBA, Geraldo. *Hipótese de Incidência Tributária*. 4. ed. 2.tir. São Paulo: Revista dos Tribunais, 1991, p. 108.
[96] BECKER, Alfredo Augusto. *Teoria Geral do Direito Tributário*. São Paulo: Saraiva, 1972, p. 298.
[97] SANCHES, J.L. Saldanha. *Manual de Direito Fiscal*. Lisboa: Lex, 1998, p. 32; JARACH, Dino. Finanzas Públicas y *Derecho Tributario*. Buenos Aires: Abeledo-Perrot, 1996, p. 315; PEREZ DE AYALA, Jose Luis. *Derecho Tributario I*. Madrid: Editorial de Derecho Financiero, 1968, p. 80 e 105; PÉREZ ROYO, Fernando. *Derecho Financiero y Tributario – Parte General*. 10. ed. Madrid, 2000, p. 44; e VILLEGAS, Héctor Belisario. *Curso de Finanzas, Derecho Financiero y Tributario*. 8. ed. Buenos Aires: Astrea, 2003, p. 256. Entre nós: FALCÃO, Amílcar de Araújo. *Introdução ao Direito Tributário*. 6. ed. Atualizada por Flávio Bauer Novelli. Rio de Janeiro: Forense, 1999, p. 50; ÁVILA, Humberto. *Sistema Constitucional Tributário*, São Paulo: Saraiva, 2004, p. 307. O Tribunal Constitucional da Espanha, por diversas vezes, também reconheceu ser esta a extensão material da reserva legal: SSTC 37/1981 (RTC 1981, 37), SSTC 221/194 (RTC 1992, 221), *apud* CHECA GONZÁLEZ, Clemente. *Interpretación y Aplicación de las Normas Tributarias: Análisis Jurisprudencial*. Valladolid: Lex Nova, 1998, p. 165. No mesmo sentido, entre nós, o Supremo Tribunal Federal (STF, 2ª Turma, RE nº 115.561/SP, Rel. Min. Carlos Madeira, DJU 22/04/88, p. 9.090).
[98] BARRETO. Aires F. *Base de Cálculo, Alíquota e Princípios Constitucionais Tributários*. 2 ed. São Paulo: Max Limonad, 1998, p. 52.

A lei, ao descrever a hipótese legal que, se e quando acontecida, dará nascimento à obrigação tributária, já terá erigido a base de cálculo."

Da necessária harmonização entre o fato gerador e a base de cálculo, nasce a impossibilidade de que essa segunda desnature o primeiro, o que comprometeria a legitimidade do tributo, como salientou Amílcar de Araújo Falcão[99]:

"Também o fato gerador é decisivo para a definição da base de cálculo do tributo, ou seja, daquela grandeza econômica ou numérica sobre a qual se aplica a alíquota para obter o quantum a pagar.

Essa base de cálculo tem que ser uma circunstância inerente ao fato gerador, de modo a afigurar-se como sua verdadeira e autêntica expressão econômica.

É certo que nem sempre há absoluta identidade entre uma e outro. Dizem os escritores que tal simultaneidade ou identidade perfeita entre fato gerador e base de cálculo só é encontrada nos impostos sobre a renda e sobre o patrimônio.

Não obstante, é indispensável configurar-se uma relação de pertinência ou inerência da base de cálculo com o fato gerador: tal inerência ou pertinência afere-se, como é óbvio, por este último.

De outro modo, a inadequação da base de cálculo pode representar uma distorção do fato gerador e, assim, desnaturar o tributo."

(Grifamos)

Como se vê, sendo a base de cálculo a expressão numérica do fato gerador, não pode discrepar do núcleo deste sob pena de restar violada a regra de competência definida constitucionalmente, uma vez que a Constituição Federal de 1988, a exemplo das anteriores, já se utiliza das materialidades econômicas que serão definidas pelas leis como fatos geradores e bases de cálculo dos impostos como moldura da regra de competência atribuída aos entes legiferantes.

No caso do ICMS, a Constituição Federal admite, como vimos, que os Estados tributem as operações de circulação de mercadorias praticadas por cada um dos estabelecimentos que realizem tais condutas. E esse critério foi reconhecido expressamente pela Lei Complementar nº 87/96, que é a norma nacional reguladora do tributo. Não há dúvida de que a defini-

---

[99] FALCÃO, Amílcar de Araújo. *Fato Gerador da Obrigação Tributária*. 4.ed. Anotada e atualizada por Geraldo Ataliba. São Paulo: Revista dos Tribunais, 1977, p. 137-138.

ção de base de cálculo do ICMS pela referida norma não poderia seguir outra trilha. Deste modo, o art. 13, I, da LC nº 87/96 estabelece que a base de cálculo na circulação de mercadoria é o valor da operação.[100] E não da operação subsequente, como adotado pela Lei nº 7.183/15.

Deste modo, por adotar base de cálculo fictícia, que não se relaciona em qualquer medida com a operação de circulação de mercadoria que teria sido praticada pelo estabelecimento produtor, a regra do art. 3º da Lei nº 7.183/15 acaba por discrepar do fato gerador do imposto, desatendendo ao princípio da capacidade contributiva e à regra constitucional de competência do imposto, além de violar a reserva de lei complementar para definir a base de cálculo do ICMS (art. 146, III, *a*, e art. 155, §2º, XII, *i*, CF).

Viola a capacidade contributiva, consagrada pelo art. 145, §1º, CF, por tributar algo pelo valor maior do que ele possui, onerando o contribuinte em patamar acima da manifestação de riqueza revelada pelo fato gerador. A regra constitucional de competência tributária do art. 155, II, também é confrontada, uma vez que exigir tributo calculado sobre um valor superior ao da mercadoria, enseja a tributação de algo que não se traduz na sua circulação, signo revelado pela materialidade econômica escolhida pelo constituinte para limitar a referida regra constitucional atribuidora de competência. A reserva de lei complementar também é desrespeitada pelo art. 3º da Lei nº 1.783/15, por ter adotado uma base de cálculo distinta da prevista no art. 13, I, da LC nº 87/96.

Nem se alegue que não seria possível quantificar economicamente a operação de extração para fins de definição da base de cálculo do tributo sobre ela incidente, pois são de todos conhecidos os valores que a concessionária deve pagar à União, de acordo com os percentuais definidos nos leilões de blocos, que, em tese, poderiam servir de elemento quantitativo da exação. Mas preferiu o legislador estadual utilizar a base de cálculo da operação subsequente. Vale destacar que entre os dois momentos, extração e venda do petróleo pela concessionária, uma série de insumos e cuidados são agregados do produto, o que altera sobremaneira o aspecto quantitativo das duas operações.

Diante de todo o exposto, exsurge uma clara divergência entre a base de cálculo definida em lei complementar na operação que supostamente

---

[100] "Art. 13. A base de cálculo do imposto é: I – na saída de mercadoria prevista nos incisos I, III e IV do art. 12, o valor da operação;"

seria qualificada como sendo de circulação de mercadoria, prevista no art. 13, I, da LC nº 87/96, e aquela eleita pelo legislador estadual no art. 3º da Lei nº 7.183/15. Além disso, esta última norma prevista na lei ordinária, ao adotar base de cálculo que não mensura a conduta descrita no fato gerador, mas aquela verificada em outra operação, promove um divórcio entre os dois elementos mais essenciais da obrigação tributária, levando à inconstitucionalidade da exigência.

Deste modo, ainda que, por absurdo, se considerasse legítima a incidência do ICMS na extração de petróleo, a utilização de base de cálculo que não espelha quantitativamente essa conduta, mas aquela descrita em etapa subsequente da cadeia, torna a exigência da Lei nº 7.183/15 inconstitucional.

4.3. O ICMS e o Deslocamento do Petróleo da Plataforma para o Estabelecimento Produtor

Se no tópico anterior restou demonstrada a inexistência de circulação de mercadoria na extração dos hidrocarbonetos, cumpre investigar se aquela operação não estaria configurada no deslocamento do petróleo da plataforma que promove a atividade material de extrair o recurso natural do leito marinho até o estabelecimento, em terra, que irá armanezar o produto visando a sua comercialização.

É muito comum a legislação estadual considerar a plataforma de petróleo como sendo um estabelecimento autônomo[101], a fim de propiciar a ideia de circulação entre esta e o estabelecimento armazenador em terra. Porém, tal expediente não faz com que haja circulação de mercadoria no deslocamento do bem entre esses dois "estabelecimentos".

É que, ainda que a legislação estadual, por ficção jurídica, venha a considerar a plataforma de petróleo como estabelecimento autônomo, vale considerar que, a partir das lições extraídas do precedente do STF na RP nº 1.355/PB, analisado acima no subtópico 4.1.2 deste capítulo, deve ser reconhecida a possibilidade de uma mesma unidade econômica ter suas atividades fracionadas em mais de um estabelecimento, desde que apenas um deles promova a alocação do bem no mercado, destinando-se os demais a fornecer elementos necessários à atuação do estabelecimento produtor.[102]

---

[101] Como, por exemplo, no Estado do Rio de Janeiro, determinou o art. 31, XXV. da Resolução SEFAZ/RJ nº 2.861/97.
[102] STF, Pleno, RP nº 1.355/PB, Rel. Oscar Corrêa, DJU 10/04/87, p. 6417.

Tal entendimento foi esposado pelo voto do Ministro Rafael Mayer na também citada RP nº 1.181[103] em trecho que merece ser reproduzido:

"Não pode, portanto, o Estado considerar como estabelecimento autônomo a unidade empresarial, em determinado estágio produtivo, que não tem por missão promover a saída pois não é saída o simples degrau no processo interno de produção."

Dentro da mesma lógica, é possível também que mais de uma pessoa jurídica, seja por meio de consórcio, seja por meio de outras avenças, desempenhe, de modo coordenado, as atividades inerentes a uma mesma unidade produtiva, sem que essa situação dê ensejo ao surgimento de diferentes elos na cadeia produtiva a permitir a tributação do ICMS quando do deslocamento físico do bem entre elas.

Na verdade, o deslocamento do petróleo da plataforma que o extrai do leito marinho aos terminais aquaviários que armazenarão o produto até a sua destinação a outro elo da cadeia econômica é operação intermediária, que não se confunde nem com a extração, e tampouco com a circulação de mercadoria.

Ademais, ainda não há mercadoria, pois, como vimos no subtópico 4.1.2 neste capítulo, esta só surge como tal quando inserida no âmbito de um estabelecimento mercantil que irá direcioná-la a outras unidades produtivas ou ao consumidor final.

Por outro lado, ainda que não se exija a transmissão de domínio como pressuposto da ocorrência da circulação de mercadoria, é forçoso reconhecer que o deslocamento do petróleo em comento não revela circulação econômica, mas mero deslocamento físico de um estabelecimento para outro contido na mesma unidade produtiva, um vez que ainda não foi concluído o processo produtivo com a colocação do bem no mercado.[104]

É que a operação de circulação de mercadoria, como vimos no subtópico 4.1.2 deste capítulo, pressupõe a evolução da mercadoria de uma unidade produtiva para outra, impulsionando-a em direção ao consumo, comº destaca Hugo de Brito Machado[105]:

"Operações relativas à circulação de mercadorias são quaisquer atos ou negócios, independentemente da natureza jurídica específica de cada um deles, que impliquem

---

[103] STF, Pleno, RP nº 1.181/PA, Rel. Rafael Mayer, DJU 08/11/84, p. 18.765.
[104] RIBEIRO, Ricardo Lodi. *Tributos – Teoria Geral e Espécies*, p. 245.
[105] MACHADO, Hugo de Brito. *Aspectos Fundamentais do ICMS*, p. 25.

na circulação de mercadorias, vale dizer, o impulso destas desde a produção até o consumo, dentro da atividade econômica, as leva da fonte produtora até o consumidor."

No caso concreto, tanto a extração do petróleo, quanto o seu deslocamento da plataforma para os terminais de armazenamento, são atividades intermediárias que, embora sejam necessárias à colocação do produto no mercado, não se traduzem em prestações destinadas à unidade produtiva adquirente do produto, mas ao próprio estabelecimento mercantil. São atividades-meio que não sofrem a incidência dos impostos circulatórios, como destaca Aires Barreto[106]:

> "somente podem ser tomadas, para sujeição ao ISS (e ao ICMS) as atividades entendidas como fim, correspondentes à prestação de um serviço integralmente considerado. No caso específico do ISS, podem decompor um serviço – porque previsto, em sua integridade, no respectivo item específico da lista da lei municipal – nas várias ações-meios que o integram, para pretender tributá-las separadamente, isoladamente, como se cada uma delas correspondesse a um serviço autônomo, independente. Isso seria uma aberração jurídica, além de constituir-se em desconsideração à hipótese de incidência desse imposto."

Essas atividades-meio, que podem ser realizadas por mais de um estabelecimento, são desenvolvidas no âmbito da mesma unidade produtiva que ainda não tenha concluído o processo produtivo necessário a colocar o produto no mercado, a fim de realizar o primeiro elo da cadeia do ICMS.

Deste modo, o estabelecimento extrator, assim definido por ficção jurídica, e o armazenador atuam de forma integrada para a produção do petróleo e do gás, sendo o deslocamento do produto entre eles irrelevante do ponto de vista tributário.

Somente haverá incidência do imposto quando o concessionário ou contratado, proprietário do produto da lavra, aliena tais mercadorias, agora sim há essa qualificação, colocando-as em circulação no mercado, na primeira operação da cadeia circulatória. Antes da alocação desses bens em estabelecimento produtor ou comercial que os destine à mercancia não há que se falar em circulação para fins tributários.

---

[106] BARRETO, Aires F. "ISS – Atividade-meio e Serviço-fim", *Revista Dialética de Direito Tributário nº 5*, p. 83.

É claro que essa incidência referida acima está condicionada à inexistência de regra jurídica que afaste o fato gerador da operação, em casos de imunidade ou isenção, como se dá quando o petróleo é destinado à exportação, operação imunizada pelo artigo 155, §2º, X, *a*, CF, ou à estabelecimento localizado em outro Estado, em que há não incidência constitucional, nos termos do artigo 155, §2º, X, *b*, CF.

4.4. O ICMS e a Partilha da Produção

Fixada no Capítulo 3 a inexistência de transferência de domínio entre a União e a concessionária ou contratada por ocasião da extração, e no subtópico 4.1.3 deste capítulo a insuficiência da mera transferência de domínio, quando desacompanhada de efetiva evolução da mercadoria na cadeia produtiva, para a ocorrência do fato gerador do ICMS, não é difícil perceber a impossibilidade de exigência do imposto na partilha de produção entre os integrantes do consórcio que realizar as atividades de exploração e produção de petróleo e gás.

É que, como já examinado no capítulo 1, no contrato de partilha de produção, as atividades de exploração e produção são desenvolvidas por um consórcio formado pela União, representada pela PPSA, pela Petrobras, se for a operadora do campo por exercício de opção legal, e o consórcio, necessariamente a operadora do campo por imposição legal, e o consórcio ou empresa vencedora do leilão, ou pelas duas primeiras quando a própria sociedade de economia mista operadora for a vencedora do leilão.

De acordo com os critérios fixados no contrato de partilha, cujos parâmetros são definidos pelo resultado do leilão dos blocos de petróleo promovidos pela ANP, há uma divisão percentual do produto da produção de petróleo e gás. Assim, cada integrante do consórcio recebe a quantidade de produtos de acordo com essas regras pré-estabelecidas.

Haveria nesse caso transferência de domínio entre a União e as demais integrantes do consórcio em relação aos barris de petróleo destinados a essas empresas pelo contrato de partilha? A resposta é não, como será demosntrado a seguir.

De acordo com a disciplina dos artigos 278 e 279 da Lei nº 6.404/76[107], o consórcio constitui-se em uma modalidade de associação de empresas

---

[107] "Art. 278. As companhias e quaisquer outras sociedades, sob o mesmo controle ou não, podem constituir consórcio para executar determinado empreendimento, observado o disposto neste Capítulo.

sem personalidade jurídica própria destinada a realizar empreendimento determinado, em que cada uma das prestações específicas a cargo empresas consorciadas, deverá ser prevista no contrato de consórcio, assim como as regras sobre o recebimento de receitas e a partilha de resultados, como leciona Rubens Requião[108]:

> "O consórcio constitui uma modalidade técnica de concentração de empresas. Através dele podem diversas empresas, associando-se mutuamente, assumir atividades e encargos que isoladamente não teriam força econômica e financeira, nem capacidade técnica para executar. (...)
> As companhias e quaisquer outras sociedades, reza o art. 278, sob o mesmo controle ou não, podem constituir consórcio para executar determinado empreendimento, observado o disposto neste capítulo, para afirmar a seguir que "o consórcio não tem personaldiade jurídica e as consorciadas somente se obrigam nas condições previstas no respectivo contrato, respondendo cada uma por suas obrigações, sem presunção de solidariedade."

Do esforço comum realizado para a consecução do empreendimento específico não surgem *operações circulatórias* entre os integrantes do consórcio, assim como também não há na partilha dos resultados do empreendimento consorciado. Nesse regime, cada uma das empresas consorciadas preservará a autonomia de suas obrigações perante terceiros. No caso em

---

§ 1º O consórcio não tem personalidade jurídica e as consorciadas somente se obrigam nas condições previstas no respectivo contrato, respondendo cada uma por suas obrigações, sem presunção de solidariedade.
§ 2º A falência de uma consorciada não se estende às demais, subsistindo o consórcio com as outras contratantes; os créditos que porventura tiver a falida serão apurados e pagos na forma prevista no contrato de consórcio."
" Art. 279. O consórcio será constituído mediante contrato aprovado pelo órgão da sociedade competente para autorizar a alienação de bens do ativo não circulante, do qual constarão: I – a designação do consórcio se houver; II – o empreendimento que constitua o objeto do consórcio; III – a duração, endereço e foro; IV – a definição das obrigações e responsabilidade de cada sociedade consorciada, e das prestações específicas; V – normas sobre recebimento de receitas e partilha de resultados; VI – normas sobre administração do consórcio, contabilização, representação das sociedades consorciadas e taxa de administração, se houver; VII – forma de deliberação sobre assuntos de interesse comum, com o número de votos que cabe a cada consorciado; VIII – contribuição de cada consorciado para as despesas comuns, se houver."
Parágrafo único. O contrato de consórcio e suas alterações serão arquivados no registro do comércio do lugar da sua sede, devendo a certidão do arquivamento ser publicada."
[108] REQUIÃO, Rubens. *Curso de Direito Comercial – 2º Volume*. 17. ed. São Paulo: Saraiva, 1988, p. 244 e 246.

exame, cada uma das integrantes do consórcio receberá o seu quinhão do produto da produção, e comercializará autonomamente no mercado, sem a interferência dos demais integrantes do consórcio.

A inexistência de operações circulatórias na partilha do resultado da produção decorre também do caráter originário da aquisição do produto da lavra por ocasião da extração, como examinado no Capítulo 3, que está presente em todo o montante do resultado da explotação. Se em relação à parcela correspondente ao *óleo-lucro* a atribuição aos contratantes ou concessionários da propriedade dos hidrocarbonetos, desde o momento da extração, é evidenciada pelas razões acima estudadas, assim como ocorre no contrato de concessão, algumas considerações adicionais se fazem necessárias em relação ao *óleo-custo*.

Poder-se-ia considerar essa última parcela como sendo uma remuneração pelas atividades desempenhadas pelas empresas produtoras? A resposta é não, pois o *custo em óleo* nada mais é do que um dos critérios legais, de acordo com os limites, prazos, critérios e condições para o cálculo contratualmente definidos, para a partilha do produto da atividade comum pelos integrantes do consórcio necessariamente existente de acordo com a legislação vigente.

A primeira razão para tal conclusão é a de que as atividades que as empresas integrantes do consórcio desempenham, nos termos previstos no contrato de sua constituição, se traduzem em atividades-meio insuscetíveis de operações ou transmissões entre elas. De fato, quando cada uma das empresas do consórcio formado para a exploração e produção de petróleo e gás natural no regime de partilha desenvolve atividades previstas no instrumento de sua constituição, que, de acordo com o artigo 279, IV da Lei nº 6.404/76, deve estabelecer as prestações específicas de cada um dos seus integrantes, não está oferecendo uma utilidade econômica a outro participante do consórcio, e nem à União, proprietária da jazida de petróleo. Trata-se, na verdade, de um insumo à futura comercialização de bens pelas empresas integrantes do consórcio, e não de prestação de serviços prestados à proprietária da jazida.

A segunda razão pela qual não é lícita a tentativa de descaracterização do quinhão em óleo a que a contratada tem direito no novo modelo regulatório como critério de partilha do esforço comum, é a ausência de onerosidade na atividade por ela prestada, uma vez que o óleo-custo não se traduz na *remuneração* de qualquer atividade, mas de *ressarcimento* dos custos e investimentos incorridos no desenvolvimento desta. É certo que a remuneração de uma prestação de serviços não se limita aos custos e investimentos realizados, mas também engloba a previsão de margem de lucro, a partir de uma fixação prévia pelo contrato, o que nos termos do contrato de partilha, evidentemente não poderia se limitar ao óleo-custo, englobando até mesmo o óleo-lucro. Porém, este, como aquele, tem a natureza incerta, sendo calculado a partir da apuração do resultado positivo da atividade econômica, o que, por si só, já afasta qualquer ideia de remuneração de serviço prestado.

Na verdade, o óleo-custo é uma das parcelas, juntamente com o óleo-lucro, de participação da empresa, definida em contrato, em uma atividade econômica desenvolvida sobre as jazidas da União, que trará, caso exitosa, resultado em produtos para as duas partes. Daí decorre a ideia de esforço comum inerente ao instituto do consórcio preconizado pela Lei nº 12.351/10.

Assim, ainda que o óleo-custo vise a ressarcir as despesas, os custos e os investimentos do contratado, não guarda a natureza de remuneração de serviços prestados, assim como também não guarda o óleo-lucro.

Deste modo, não há que se cogitar ser a parcela de óleo-custo objeto de transferência entre a União e a contratada, sendo, na verdade, como todos os demais componentes que integram o produto da lavra, fruto de aquisição originária que restará indivisa até a partilha da produção, que será efetivada no ponto de partilha.

Sob outro prisma, ainda que se busque a caracterização da circulação de mercadoria sob critérios que não se relacionem com a transferência de domínio, vale destacar que, como verificado no subtópico 4.1.2, a ocorrência do fato gerador do ICMS depende da evolução da mercadoria entre as unidades da cadeia produtiva.

Deste modo, todos os integrantes do consórcio integrado pela União, proprietária da jazida, pela Petrobras, se exercer a opção legal de ser operadora do campo, e pelas empresas vencedoras do leilão, desempenham atividades descritas no ato de constituição do consórcio, que se inserem no âmbito de uma mesma unidade produtiva, não havendo que se falar em circulação de mercadoria entre elas. Somente quando cada uma delas alocar a sua parcela de produção no mercado, é que incidirá o imposto estadual, nos termos que serão analisados no tópico 4.6.

4.5. O ICMS e a Unitização da Produção

A unitização da produção de petróleo e gás natural, segundo Marilda Rosado de Sá Ribeiro[109]:

> "consiste no gerenciamento coordenado de todas ou algumas partes de um reservatório de óleo e gás pelos proprietários das áreas ou blocos situados sobre o reservatório."

É de observância compulsória quando a acumulação de hidrocarbonetos se estende por um bloco vizinho, cuja titularidade pertence a outrem.[110]

A Lei nº 9.478/97, no seu artigo 27, dispunha sobre o fenômeno, tendo-o denominado de individualização da produção. Tal dispositivo foi revogado e substituído pelos artigos 33 a 41 da Lei nº 12.351/10 que estabelecem a necessidade de celebração de acordo de individualização da produção (AIP), quando se identificar que a acumulação dos hidrocarbonetos se estende além do bloco concedido ou contratado sob o regime de partilha, adentrando em áreas concedidas ou contratadas por outras empresas, ou ainda em locais que ainda não foram objeto de licitação.

Assim, no Brasil, a unitização da produção se dá por meio de um acordo de individualização de produção (AIP), entre os concessionários (regime de concessão) ou contratados (regime de partilha) dos dois ou mais blocos, ou ainda entre esses a União, em relação a áreas ainda não licitadas. Caso tais áreas sejam estratégicas ou localizadas no Pré-Sal, a União será representada na celebração desses acordos pela PPSA. Caso contrário pela ANP. Em qualquer caso, o AIP deverá ser aprovado pela ANP.

De acordo com a Resolução ANP nº 25/13, que regula a individualização de produção, o AIP ensejará a *determinação* das participações de cada um dos titulares dos blocos, a partir da elaboração de uma base de dados comum (BDC) sobre a jazida compartilhada entre eles, bem como da definição de critério para o cálculo da distribuição dos volumes, considerando área, volume total de rocha, volume de rocha porosa, volume de hidrocarbonetos, volume de hidrocarbonetos recuperável, reservas etc. É muito

---

[109] RIBEIRO, Marilda Rosado de Sá. *Direito do Petróleo*, p. 236.
[110] Sobre a unitização de produção, vide: BORGES, Camila de Moraes Barbosa. *Análise da unitização produção de petróleo no brasil e seus impactos sobre a política de conteúdo local e receitas extraordinárias*. Tese de doutorado defendida no Programa de Pós-Graduação em Planejamento Estratégico da COPPE, 2014, disponível em http://www.ppe.ufrj.br/ppe/production/tesis/borges_camila.pdf. Acesso em 30/03/2015.

comum nesse processo que uma das partes incorra em despesas superiores a outra, o que poderá ser *equalizado* a partir da compensação entre esses desembolsos adicionais e os hidrocarbonetos produzidos, seja financeiramente, seja por meio dos volumes produzidos, ou das duas formas, o que se denomina de equalização híbrida.

A referida resolução, com fundamento no artigo 34, I, *in fine*, da Lei nº 12.351/10, prevê a possibilidade, em seu artigo 24, de ajustes nas participações anteriormente acordadas, com base em novos dados disponíveis. É a chamada *redeterminação* das participações, que deve ser veiculada por termo aditivo ao AIP, previamente aprovado pela ANP.

Como visto, quando os blocos adjacentes não tiverem sido licitados, a individualização se dará entre o titular do bloco e a União, que, de acordo com o artigo 17 da aludida RANP nº 25/13, deverá ratear os custos da produção e os investimentos relativos à etapa de desenvolvimento da produção, mas não das atividades exploratórias, salvo as decorrentes da avaliação de uma descoberta, desde que tenha havido prévia notificação ao representante federal.

Porém, de acordo com o §3º do mesmo artigo, a União não fará qualquer desembolso para arcar com sua participação no rateio acima aludido, devendo sua parcela nos custos de produção e nos investimentos concernentes à etapa de desenvolvimento ser descontada do quinhão que lhe couber da produção da jazida compartilhada, até o limite, de discutível legalidade, de 20% da produção mensal desta.

Como se extrai do §2º do artigo 36 da Lei nº 12.351/10, o regime de exploração e produção a ser adotado nas áreas em que há a unitização da produção independe do regime vigente nas áreas adjacentes.

Diante desse ambiente normativo, seria a parcela referente à equalização em produtos entre as contratadas e concessionárias objeto de aquisição originária? Ou haveria transmissão de propriedade referente a esses volumes?

Como vimos, no tópico anterior, relativo ao contrato de partilha, a extração é o momento em que ocorre a aquisição originária do hidrocarboneto, seja no regime de concessão, em que o fenômeno é exteriorizado na passagem da produção pelo ponto de medição, seja em relação ao regime de partilha, quando o ponto de partilha marca o fim da indivisibilidade que existia deste a extração dos hidrocarbonetos. E a existência da unitização da produção não altera esse quadro, uma vez que nesta também há uma indivisibilidade da atividade produtiva, que restará cessada com base em critério estabelecido por meio de acordo entre as partes. Assim como vimos em relação aos critérios que definem a divisão entre a União e o contratante da produção de hidrocarbonetos no contrato de partilha, a prévia determinação das participações na individualização da produção não afasta a indivisibilidade por ocasião da sua aquisição originária pela extração do petróleo.

A diferença entre as duas situações está no critério de divisão das parcelas a que cada um dos participantes tem direito em relação à produção comum. No caso dos contratos de partilha, o critério de divisão é definido no instrumento deste, a partir das condições estabelecidas no leilão do bloco. Nesse sentido, vimos que mesmo o óleo-custo não se traduz em transferência de propriedade entre a União e a contratada. Enquanto isso, na individualização da produção, o critério que irá presidir a divisão da produção é o acordo de individualização da produção, pouco importando se a determinação das parcelas a que cada um dos participantes faz jus foi objeto de equalização financeira ou em produtos, uma vez que, também aqui, esta não tem a natureza de transferência de propriedade da produção, mas de critério definidor da participação de cada um no resultado da produção comum.

Também não importa, para a caracterização da aquisição originária destes produtos na extração do petróleo, que estes critérios de distinção sejam preexistentes ou não à produção, uma vez que o regramento jurídico vigente estabelece a possibilidade de superveniência da individualização da produção quando um determinado bloco já esteja em operação, além de admitir a redeterminação da participação de cada interessado em razão de obtenção de novas informações que nem sempre estiveram disponíveis quando do início da produção.

Por isso, a determinação das participações de cada empresa nos casos de unitização de produção é feita sob condição resolutória da existência de aprovação pela ANP de uma redeterminação. Por outro lado, a aquisição da propriedade pelo contratado ou concessionário após a medição, bem como a sua divisibilidade após a partilha da produção, também são titularizadas sob condição resolutória da descoberta de que a jazida se estende por outro bloco, com a necessidade de individualização da produção e a consequente de equalização das despesas já incorridas pelo operador em relação ao titular do bloco adjacente.

O implemento desses eventos futuros e incertos não tem o condão de promover a transmissão do domínio dos hidrocarbonetos, mas de alterar, com caráter *ex-tunc*, a titularidade destes. Em outras palavras, se o concessionário ou contratado descobre que a jazida de hidrocarboneto vai além dos limites do seu bloco, sendo obrigado a efetivar um AIP, não tem a obrigação de transferir a propriedade desses produtos para o titular de outro bloco. Mas de compensar as despesas e hidrocarbonetos produzidos, a partir de critério estabelecido na determinação ou ainda na redeterminação. Longe de traduzirem-se esses fenômenos em transmissão de domínio, têm o efeito de definir, em caráter retroativo, os critérios quantitativos para divisão da propriedade comum, adquirida originariamente.

Quanto às equalizações em produtos estabelecidas pelas determinações e redeterminações efetuadas no âmbito dos acordos de individualização de produção (AIP), sejam essas realizadas entre duas empresas privadas, sejam entre estas e a União, em relação às jazidas que ainda não foram objeto de contratação ou concessão, vimos que não fazem com que a aquisição da propriedade do produto da lavra não perca a natureza originária, não ensejando a caracterização do fato gerador do ICMS.

É que as equalizações em produtos entre os participantes do AIP não se confundem com a transmissão de domínio, constituindo, isto sim, verdadeiro critério de divisão do resultado da produção comum, seja este definido previamente, ou *a posteriori*, em relação ao início das atividades produtivas, desde tais avenças sejam aprovadas pela ANP, o que presume a necessária adequação quantitativa da divisão.

Não é outro o cenário mesmo quando um dos participantes do AIP é a União, ainda que se considere que, de acordo com o artigo 17, §3º da RANP nº 25/13, sua participação nos custos e investimentos é descontada do quinhão que lhe couber na produção da jazida compartilhada, pois, mais uma vez, tal desconto não possui a natureza jurídica de transferência de domínio, mas de alteração do critério de divisão do resultado da produção em face dos desembolsos incorridos pelo contratado.

Porém, a exemplo do que foi exposto em relação ao contrato de partilha, a não incidência do ICMS em relação às equalizações em óleo e à compensação dos custos e investimentos que o contratado tem direito em relação à União, não depende da caracterização dessas situações como aquisição originária. Mesmo que, por amor ao debate, se afastasse essa premissa, não seria possível configurar a redefinição dos quinhões a que têm direito os participantes de um AIP, sejam eles públicos ou privados, como uma operação de circulação de mercadoria, pois não haveria qualquer fumaça de evolução da mercadoria entre as unidades produtivas da cadeia econômica também aqui, já que esta atividade econômica é desenvolvida de forma unitizada, por uma única unidade produtiva integrada pelos participantes do aludido acordo, pois, como vimos no subtópico 4.1.2 deste capítulo, um mesmo elo da cadeia pode ser integrado por mais de uma pessoa jurídica.

4.6. O ICMS e a Saída de Petróleo e Gás pelas Empresas Produtoras

De acordo com as regras definidas pela Lei nº 12.351/10, extraído o petróleo do leito marinho, será ele medido ainda na área de desenvolvimento de cada campo, no chamado ponto de medição (art. 2º, X). Em seguida esses produtos são transportados para o ponto de partilha (art. 2º, XI), onde se encerra o caráter indiviso do produto da lavra, com a apropriação por cada integrante do consórcio do excedente em óleo a que tem direito de acordo com o contrato de partilha (art. 29, VII). O mesmo procedimento ocorre em relação à divisão do produto da lavra nas concessões contratadas por consórcios. Até este momento, como vimos, não há incidência de ICMS.

No entanto, apropriado o montante em petróleo ou gás por cada uma dessas empresas, poderá haver comercialização desses produtos no mercado interno ou internacional. A partir da partilha, tais produtos são considerados mercadorias e, havendo saída dessas no mercado brasileiro, considera-se ocorrido o fato gerador do ICMS, nos termos do artigo 12,I, da LC nº 87/96.

Porém, se tais mercadorias forem destinadas ao mercado internacional não há incidência do ICMS em virtude da imunidade do artigo 155, §2º, X, *a*, da Constituição Federal, não havendo, nesse caso, que se falar em crédito do imposto pelo exportador, uma vez que não houve incidência ou pagamento do imposto em qualquer etapa anterior da cadeia, salvo se considerarmos legítima, o que vimos no tópico 4.2 deste capítulo não ser o caso, a incidência do imposto na extração de petróleo, cujo eventual pagamento ensejará o direito de crédito em razão do disposto no artigo 155, §2º, X, *a*, CF que assegura a manutenção do imposto cobrado na operação anterior no caso de exportação, afastando a determinação do inciso II do mesmo dispositivo constitucional que determina o estorno do crédito do imposto indevido nas operações anteriores a que foi objeto de isenção ou não incidência.

Também não haverá incidência quando a primeira operação de circulação de mercadoria for destinada à estabelecimento localizado em outro Estado, caso em que o fato gerador será afastado pela regra imunizante do art. 155, §2º, X, b, CF, já estudada no subtópico 4.2.2.[111] Porém, se a operação interestadual for destinada ao consumidor final, a LC nº 87/1996, no art. 2º, § 1º, III, esclarece que não há imunidade, cabendo o imposto ao Estado de destino. Desse modo, por exemplo, se a refinaria de petróleo localizada no Rio de Janeiro vende o combustível para uma grande empresa de ônibus localizada em São Paulo, que irá consumir esse combustível, incidirá o ICMS sobre a operação, sendo devido ao Estado de São Paulo, em posicionamento chancelado pelo STF.[112]

4.7. A Comercialização da Produção da União

Como vimos no item anterior, com a extração do petróleo do mar, o produto segue do ponto de medição para o ponte de partilha, local que que se finda o caráter indiviso do produto da lavra, com a apropriação por cada integrante do consórcio do excedente em óleo a que tem direito de acordo com o contrato de partilha, inclusive a parcela destinada à União.

No entanto, apropriado o montante em petróleo ou gás natural por cada uma dessas empresas, poderá haver comercialização desses produtos no mercado interno ou internacional. A partir da partilha, tais produtos são considerados mercadorias e, havendo saída dessas no mercado brasileiro, considera-se ocorrido o fato gerador do ICMS, nos termos do artigo 12, I, da LC nº 87/96.

Dúvidas podem surgir quanto à tributação do petróleo e gás natural comercializado pela União, relativo ao óleo-lucro que lhe coube de acordo com o contrato de partilha, ou ainda em relação ao seu quinhão na jazida compartilhada, após os descontos previstos no artigo 17, §3º da RANP nº 25/13.

Como visto no subtópico 4.2.3 deste capítulo, a Constituição Federal determina, em seu artigo 173,§1º, II, c/c o §2º, que o Estado, ao exer-

---

[111] Sobre o aproveitamento do crédito decorrente da operação interestadual imune, vide: RIBEIRO, Ricardo Lodi; VIEIRA, Carlos Renato. "Interpretação da imunidade prevista pelo art. 155, § 2º, X, b, da Constituição Federal. Possibilidade de manutenção e aproveitamento dos créditos relacionados à aquisição de insumos, serviços de transporte e de bens ao ativo imobilizado". In: CARNEIRO, Daniel Dix; PEIXOTO, Marcelo Magalhães (Coord.). *Aspectos Tributários Relacionados à Industria do Petróleo e Gás*. São Paulo: MP, p. 19-38, 2011.
[112] STF, Pleno, RE nº 198.088/SP, Rel. Min. Ilmar Galvão, DJU 05/09/2003, p. 32.

cer a atividade econômica, deverá ter o mesmo tratamento dispensado às empresas privadas. De acordo com essa diretriz, o artigo 45 da Lei nº 12.351/10 estabelece que a comercialização do petróleo e gás pela União deverá seguir as normas de direito privado, o que, à luz do referido mandamento constitucional, envolve necessariamente o regime tributário das empresas privadas.[113] Dessa disciplina não discrepa também o artigo 3º da Lei nº 12.304/10 que estabelece que a "PPSA sujeitar-se-á ao regime jurídico próprio das empresas privadas, inclusive quanto aos direitos e obrigações civis, comerciais, trabalhistas e tributários."

Por essa razão, não há que se cogitar em aplicação da imunidade tributária recíproca, prevista no artigo 150, VI, *a*, da Constituição à alocação do petróleo e do gás, que a essa altura, conforme tudo que já foi exposto neste capítulo, já podem ser considerados como *mercadorias*, no ciclo mercantil.

Porém, vale destacar que a União e a PPSA não estão autorizadas por lei a promover, direta ou indiretamente, a execução da comercialização desses bens. De acordo o artigo 4º, II, da Lei nº 12.304/2010, que criou a PPSA, cabe à referida empresa pública representar a União junto aos agentes comercializadores de petróleo, gás natural e outros hidrocarbonetos.[114] Por sua vez, o parágrafo único do artigo 45 da Lei nº 12.351/2010 autoriza a PPSA a contratar a Petrobras, sem licitação, como agente comercializadora,[115] sem prejuízo da possibilidade de contratação, mediante licitação, de outra empresa privada para a comercialização desses produtos.

Em qualquer caso, a incidência do ICMS se dará no momento em que a Petrobras, ou outra empresa privada que exerça o agenciamento comercial, promova a aproximação com os adquirentes, dando, em nome da União, representada pela PPSA, saída nas mercadorias do seu estabelecimento comercial, uma vez que tais operações se darão sob o pálio do direito pri-

---

[113] "Art. 45. O petróleo, o gás natural e outros hidrocarbonetos fluidos destinados à União serão comercializados de acordo com as normas do direito privado, dispensada a licitação, segundo a política de comercialização referida nos incisos VI e VII do art. 9º."

[114] Lei nº 12.304/2010: "Art. 4º. Compete à PPSA: II – praticar todos os atos necessários à gestão dos contratos para a comercialização de petróleo, de gás natural e de outros hidrocarbonetos fluidos da União, especialmente: a) celebrar os contratos com agentes comercializadores, representando a União;"

[115] "Art. 45. Parágrafo único. "A empresa pública de que trata o § 1º do art. 8º, representando a União, poderá contratar diretamente a Petrobras, dispensada a licitação, como agente comercializador do petróleo, do gás natural e de outros hidrocarbonetos fluidos referidos no caput."

vado, de acordo com os dispositivos legais em comento, bem como a diretriz constitucional acima aludida, que estabelecem que o exercício da atividade econômica pelo Estado, bem como por suas empresas públicas e sociedades de economia mista, ocorrerá de acordo com as obrigações fiscais a que estão submetidas as empresas privadas.

Vale destacar que, embora a PPSA não execute direta ou indiretamente a comercialização, é em nome da União, por ela representada, que a operação será realizada, pois a figura do agenciador comercial nada mais significa do que o prestador de serviços em um contrato de agenciamento, como leciona Fábio Ulhoa Coelho[116]:

> *"O contrato de agência é aquele em um dos contratantes (o agente) assume, em caráter não eventual e sem dependência, a obrigação de promover a realização de certos negócios do interesse do outro contratante (o proponente), numa zona determinada (CC-02, art. 710). Trata-se de colaboração por aproximação, em que o agente é remunerado pelo proponente normalmente por um percentual sobre o valor dos contratos que ajuda a concretizar. O agente não possui poderes de representação do proponente, de modo que os seus atos não obrigam este último."*

Ainda que o agente comercializador represente a União na celebração dos contratos, como permite o parágrafo único do artigo 710 do Código Civil, não praticará fatos geradores do ICMS, já que não age em nome próprio e só terá a função de recolher o tributo cujo fato gerador foi praticado pela União e cumprir as obrigações acessórias daí decorrentes se assim for previsto na legislação estadual. Nada impede que a lei estadual, desde que o faça de modo expresso, introduza, em relação ao agenciador comercial, a sujeição passiva indireta nas figuras da substituição tributária ou da solidariedade. Ou ainda o cumprimento de obrigações acessórias relacionados com a operação. Porém, inexistindo tais previsões na lei estadual, a obrigação de recolher o ICMS decorrente da operação de circulação do excedente em óleo da União, bem como do seu quinhão relativo à jazida não licitada, é da própria PPSA, em nome do ente federativo central, assim como o cumprimento das obrigações acessórias daí decorrentes.

Por outro lado, a transferência desses produtos da União, via PPSA, para o agente comercializador não sofre a incidência do ICMS, uma vez

---

[116] COELHO, Fábio Ulhoa. *Curso de Direito Comercial*, Vol. 3. 3 ed. São Paulo: Saraiva, 2012, p. 113-114.

que, nos termos já apresentados, não há operação de circulação de mercadoria na operação, por não existir transferência de domínio do bem – o agente não adquire a propriedade do bem –, ou qualquer saída física ou econômica que justifique a incidência do imposto. Vale notar ainda que o parágrafo único do artigo 2º da Lei nº 12.304/2010[117] estabelece que a PPSA não será responsável pela execução direta ou indireta da comercialização de petróleo, gás natural e hidrocarbonetos fluidos. Estando vedada a praticar a comercialização desses bens, não há que se falar em atividade mercantil habitual que caracterize a operação de circulação de mercadoria nos termos já estudados.

Deste modo, sendo o agente comercializador responsável pela execução da comercialização, aproximará o vendedor (União, representada pela PPSA) do comprador, empresa adquirente desses produtos, não praticando, em nome próprio, qualquer obrigação principal ou acessória relativa ao ICMS, salvo previsão expressa em sentido contrário na legislação estadual ou em convênio do CONFAZ nos termos acima definidos.

No Estado do Rio de Janeiro, por exemplo, o Regulamento do ICMS, aprovado pelo Decreto nº 27.427/00, Livro I, artigo 20, II[118], estabelece a responsabilidade solidária pelo pagamento do imposto do representante, mandatário ou gestor de negócio, em relação à operação realizada por seu intermédio. Embora a situação do agente de comercialização não se identifique com o mandado, se caracteriza como representação comercial expressão sinônima do agenciamento mercantil, como esclarece Fran Martins[119]:

> "O contrato de representação é também chamado de contrato de agência, donde representante e agente comercial terem o mesmo significado." (Grifos no original).

Deste modo, de acordo com a legislação fluminense, o agente comercializador é considerado responsável tributário por solidariedade, sobre o imposto incidente nas operações praticadas sob a sua intermediação.

---

[117] "Parágrafo único. A PPSA não será responsável pela execução, direta ou indireta, das atividades de exploração, desenvolvimento, produção e comercialização de petróleo, de gás natural e de outros hidrocarbonetos fluidos."
[118] "Art. 20. Respondem solidariamente pelo pagamento do imposto:
II – o representante, mandatário ou gestor de negócio, em relação à operação realizada por seu intermédio;
Parágrafo único – A solidariedade referida neste artigo não comporta benefício de ordem."
[119] MARTINS, Fran. *Contratos e Obrigações Comerciais*. 8. ed. Rio de Janeiro: Forense, 1986, p. 318.

Porém, a despeito dos agentes comercializadores serem inseridos na sujeição passiva da obrigação principal relativa ao ICMS incidente sobre o excedente em óleo e a parcela da jazida compartilhada pertencentes à União, a obrigação de emitir os documentos fiscais relativos a essas operações continua sendo do contribuinte que, como vimos, será a União por meio da PPSA, salvo disposição em contrário que venha a ser estabelecida na legislação.

Capítulo 5
A Tributação do ISS na Exploração e Produção de Petróleo e Gás

5.1. O ISS e a Constituição Federal
5.1.1. Breve Histórico

De acordo com Aliomar Baleeiro,[120] a tributação sobre as atividades profissionais é registrada em Roma de Calígula, incidindo sobre várias classes, inclusive das prostitutas e dos seus intermediários. Na França, no período feudal, grava-se, por meio da *taille personelle*, pequenos lavradores e todos os indivíduos por seus meios e faculdades. Em Portugal, o exercício de profissões era tributado pelas *fintas*, destinadas a finalidades especiais como guerras, a reedificação após o terremoto de Lisboa, dotes para princesas etc. No Brasil, em 1642, na Bahia, foi cobrado para sustento de soldados que protegiam as demais profissões. Em 1808, com a criação do primeiro Banco do Brasil, é cobrado como imposto do banco, para formar o capital social daquela casa bancária. Em 1812 passa a ser denominado imposto sobre indústrias e profissões, por ato de D. João VI.[121]

A Constituição de 1891 o atribui aos Estados, já com a denominação de *imposto sobre indústrias e profissões*. A Constituição de 1934 assim o manteve, destinando, porém, metade de sua arrecadação ao Município, situação que não sofre alteração na vigência da Constituição de 1937. No regime constitucional de 1946 passa à competência do Município.

---

[120] BALEEIRO, *Uma Introdução À Ciência das Finanças*, p. 382-383.
[121] TORRES, Ricardo Lobo. *Tratado de Direito Constitucional Financeiro e Tributário, Vol. IV – Os Tributos na Constituição*, p. 357.

A EC nº 18/65 extingue o imposto sobre indústrias e profissões, substituindo-o pelo imposto sobre serviços de qualquer natureza – ISS, da competência municipal, como o tripé referente aos serviços na tributação sobre o valor agregado trazida pela Reforma Tributária de 1965. E assim continua até hoje, passando sem grandes alterações pelas Constituições de 1967, 1969 e 1988.

Foi regulado pelo CTN de 1967 a 1968, quando entrou em vigor do DL nº 406/68, diploma que fez as vezes de lei de normas gerais do ISS até o advento da Lei Complementar nº 116/03.

5.1.2. A incidencia do ISS

A competência do Município para a instituição do ISS é conferida pelo artigo 156, III, CF,[122] que admite a instituição do imposto sobre *serviços de qualquer natureza* definidos em lei complementar, desde que não compreendidos na competência estadual para tributar o ICMS. Deste modo, não pode incidir sobre os serviços de comunicação e de transporte interestadual e intermunicipal.[123] Também não pode incidir outras figuras tributárias atribuídas à União e aos Estados como a circulação de mercadorias ou de produtos industrializados, as operações financeiras e os serviços agregados à operação de circulação de mercadorias fora dos limites demarcados constitucionalmente,[124] sendo, em função da maior vagueza da competência constitucional prevista no artigo 156, II, um imposto residual em relação ao ICMS, IPI e IOF.[125] Daí a necessidade de definir os serviços tributados em lei complementar.

Nestes termos, o Texto Maior estabelece que sobre as operações em que haja prestação de serviços juntamente com fornecimento de mercadorias, as chamadas *operações mistas*, a incidência do ISS englobará o valor total da operação quando o serviço estiver inserido na competência muni-

---

[122] "Art. 156 – Compete aos Municípios instituir impostos sobre: III – serviços de qualquer natureza, não compreendidos no art. 155, II, definidos em lei complementar;"
[123] No regime constitucional passado, tais serviços já eram excluídos da competência municipal, sendo tributados pela União.
[124] TORRES, Ricardo Lobo. *Tratado de Direito Constitucional Financeiro e Tributário, Vol. IV – Os Tributos na Constituição,* p. 359.
[125] TORRES, Ricardo Lobo. *Tratado de Direito Constitucional Financeiro e Tributário, Vol. IV – Os Tributos na Constituição,* p. 359; MORAES, Bernardo Ribeiro. *Doutrina e Prática do Imposto Sobre Serviços.* São Paulo: Revista dos Tribunais, 1984, p. 101.

cipal definida em lei complementar. Caso contrário, será o ICMS que incidirá sobre o valor total. Existe ainda a possibilidade de a lei complementar incluir o serviço na competência do Município, mas ressalvar a cobrança do ICMS pelo Estado sobre o valor das mercadorias. Nestas situações, o contribuinte deve discriminar na nota fiscal o valor das mercadorias e serviços para que o Estado possa tributar as primeiras e o Município os últimos, uma vez que nenhum dos dois pode, diante desse quadro, tributar o valor total da operação.[126]

Em relação aos potenciais conflitos com o IPI, haverá incidência do ISS quando o serviço empregado na transformação do produto for cumulativamente:

a) personalizado ou customizado, a partir de encomenda do cliente;
b) os materiais empregados forem meros elementos integrantes da prestação de serviço como atividade-fim, e não bens destinados à comercialização ou à industrialização;
c) os materiais inerentes à operação forem fornecidos exclusivamente pelo tomador, ressalvados aqueles que constituírem meros insumos da prestação de serviços;
d) a prestação for destinada a usuário final.

A jurisprudência tem prestigiado tais critérios, reconhecendo a incidência do ISS quando o serviço empregado na transformação do produto for individualizado, sob encomenda, como reconheceu o STJ na confecção

---

[126] A Lista de serviços anexa À LC nº 116/03 só prevê essa possibilidade em cinco subitens: *a)* 7.02 – Execução, por administração, empreitada ou subempreitada, de obras de construção civil, hidráulica ou elétrica e de outras obras semelhantes, inclusive sondagem, perfuração de poços, escavação, drenagem e irrigação, terraplanagem, pavimentação, concretagem e a instalação e montagem de produtos, peças e equipamentos (exceto o fornecimento de mercadorias produzidas pelo prestador de serviços fora do local da prestação dos serviços, que fica sujeito ao ICMS); *b)* 7.05 – Reparação, conservação e reforma de edifícios, estradas, pontes, portos e congêneres (exceto o fornecimento de mercadorias produzidas pelo prestador dos serviços, fora do local da prestação dos serviços, que fica sujeito ao ICMS); *c)* 14.01 – Lubrificação, limpeza, lustração, revisão, carga e recarga, conserto, restauração, blindagem, manutenção e conservação de máquinas, veículos, aparelhos, equipamentos, motores, elevadores ou de qualquer objeto (exceto peças e partes empregadas, que ficam sujeitas ao ICMS);d) 14.03 – Recondicionamento de motores (exceto peças e partes empregadas, que ficam sujeitas ao ICMS); e *e)* 17.11 – organização de festas e recepções; bufê (exceto o fornecimento de alimentação e bebidas, que fica sujeito ao ICMS).

gráfica de produtos individualizados,[127] como os cartões magnéticos para uso dos bancos.[128] Nos casos em que há industrialização a partir de procedimentos padronizados, há incidência do imposto federal. Porém, tratando-se o ISS de um imposto residual em relação ao IPI, pode ser que a industrialização por encomenda[129] seja realizada sem o fornecimento dos materiais pelo usuário do bem, limitando-se o usuário a adquirir um produto industrializado que atenda as suas especificações, como ocorre na aquisição de móveis por encomenda, quando não incidirá o imposto municipal[130]. Caracterizada a preponderância da operação de industrialização, sendo a prestação de serviços um mero acessório desta, haverá incidência do IPI e/ou do ICMS, e não do ISS.[131] Logo, na industrialização por encomenda, tem sido exigido que a incidência do ISS pressuponha que as matérias-primas, produtos intermediários e material de embalagem sejam fornecidos pelo usuário do bem, limitando a atuação do prestador aos serviços ao labor de alterar, sob as especificações de terceiro, o material por este fornecido.[132] Assim, quando uma empresa vendedora monta ou instala máquinas produzidas por ela ou industrializa por encomenda a partir de materiais por ela produzidos não há incidência do ISS, sendo a eventual prestação de serviços elemento integrante do processo de industrialização[133], como ocorre na construção de plataformas de petróleo.[134] A destinação ao usuário final também foi reconhecido pelo STF como critério de distinção entre o ISS e o IPI em caso onde a Corte Maior considerou não incidir o ISS sobre os serviços gráficos inerentes

---

[127] STJ: Súmula nº 156: "A prestação de serviço de composição gráfica, personalizada e sob encomenda, ainda que envolva fornecimento de mercadorias, está sujeita, apenas, ao ISS."
[128] STJ, 2ª Turma, REsp nº 437.324/RS, Rel. Min. Franciulli Netto, DJU 22/09/03, p. 295.
[129] Sobre a incidência do IPI ou do ISS na industrialização por encomenda, vide: RIBEIRO, Ricardo Lodi; LOPES, Lívia Pinheiro. "A industrialização por encomenda e os conflitos de competência entre o IPI e o ISS". *Revista Fórum de Direito Tributário, nº 54*, p. 113-155, 2011.
[130] STJ, 2ª Turma, REsp nº 395.633/RS, Min. Eliana Calmon, DJ 17/03/03, p. 212.
[131] STJ, 2ª Turma, REsp nº 725.246/PE, Rel. Min. Teori Zavascki, DJe 14/11/05, p. 215.
[132] STJ, 1ª Turma, REsp nº 888.9852/ES, Rel. Min. Luiz Fux, DJe 01/12/08; STJ, 2ª Turma, REsp nº 959.258/ES, Rel. Min. Herman Benjami, DJe 27/08/09.
[133] MORAES, Bernardo Ribeiro. *Doutrina e Prática do Imposto Sobre Serviços*, p. 362.
[134] A respeito da incidência do IPI, e não do ISS, sobre a fabricação de plataformas de petróleo, vide: RIBEIRO, Ricardo Lodi e TAVARES, Adriana Clemente de Souza. "A não incidência de ISS sobre a fabricação de módulos para plataformas de petróleo", *Revista Dialética de Direito Tributário nº 195*, p. 124-137, 2011.

à fabricação de embalagens sob encomenda destinadas ao processo de industrialização.[135]

Por outro lado, a conformação da competência constitucional para a tributação dos serviços que irá limitar a definição do fato gerador pela lei complementar e pela lei municipal não parte da formatação que a lei civil confere ao *contrato de prestação de serviços*. Como salientou Bernardo Ribeiro de Moraes[136], o conceito de serviço nos vem da economia, do trabalho como produto:

> *"Da fato, o trabalho, aplicado à produção, pode dar como resultado duas classes de bens: bens materiais, denominados material, produto e mercadoria; e bens imateriais, conhecidos como serviços. Serviço, assim, é expressão que abrange qualquer bem imaterial., tanto atividades consideradas de "prestação de serviços" (v.g.: atividade do médico, do advogado, do engenheiro, do corretor, etc.) como as demais vendas de bens imateriais (v.g.: atividade do locador de bens móveis, do transportador, do albergueiro, do vendedor de bilhete da Loteria Federal, etc.)."*

Assim, a expressão constitucional *serviços de qualquer natureza* não se esgota em uma *obrigação de fazer*, englobando também a colocação pelo prestador de bens à disposição de outrem, como aliás, reconhecia expressamente o artigo 71, §1º do CTN,[137] contemporâneo à EC nº 18/65 que criou o imposto. A revogação do dispositivo da nossa lei de normas gerais pelo

---

[135] STF, Pleno, ADI MC nº 4.389/DF, Rel. Min. Joaquim Barbosa, DJe 25/05/11.
[136] MORAES, Bernardo Ribeiro. *Doutrina e Prática do Imposto Sobre Serviços*, p. 98.
[137] CTN: "Art. 71. O imposto, de competência dos Municípios, sobre serviços de qualquer natureza tem como fato gerador a prestação, por empresa ou profissional autônomo, com ou sem estabelecimento fixo, de serviço que não configure, por si só, fato gerador de imposto de competência da União ou dos Estados. § 1º Para os efeitos deste artigo, considera-se serviço: I – locação de bens móveis;II – locação de espaço em bens imóveis, a título de hospedagem ou para guarda de bens de qualquer natureza. III – jogos e diversões públicas. IV – beneficiamento, confecção, lavagem, tingimento, galvanoplastia, reparo, conserto, restauração, acondicionamento, recondicionamento e operações similares, quando relacionadas com mercadorias não destinadas à produção industrial ou à comercialização. V – execução, por administração ou empreitada, de obras hidráulicas ou de construção civil, excluídas as contratadas com a União, Estados, Distrito Federal e Municípios, autarquias e empresas concessionárias de serviços públicos assim como as respectivas subempreitadas. VI – demais formas de fornecimento de trabalho, com ou sem utilização de máquinas, ferramentas ou veículos (Redação dada pelo Ato Complementar nº 34, de 30.1.1967 e alterado pelo Ato Complementar nº 35, de 28.2.1967).

DL nº 406/68 não promoveu a alteração na configuração constitucional do imposto, o que não poderia ser feito por lei complementar como o referido diploma foi recepcionado pela Constituição Federal de 1969, máxime quando a expressão *serviços de qualquer natureza* se manteve inalterada no plano constitucional desde a EC nº 18/65 até os dias atuais. Como se vê, a alteração da sistemática legal de definição do fato gerador do imposto não modificou o seu conteúdo constitucional, tendo apenas promovido a mutação do modelo que definia genericamente o alcance da expressão *serviços de qualquer natureza* pela adoção de uma enumeração taxativa de todos os serviços a serem tributados.

Em outro giro, o reconhecimento de uma obrigação de fazer não revela, necessariamente, a incidência do ISS, uma vez que os processos de industrialização e comercialização também podem envolver, e quase sempre o fazem, elementos laboratovios.

Deste modo, não se confundindo com o contrato de prestação de serviços previsto na lei civil,[138] a expressão constitucional *serviços de qualquer natureza* envolve o oferecimento de uma utilidade econômica para outrem, a partir da atividade imaterial, o que, não raras vezes, abarca a utilização de bens do prestador pelo usuário.[139]

Embora a jurisprudência do STF tenha sumulado o entendimento de haver incidência do ISS sobre a locação de bens móveis, com base na percepção de que a exigência do imposto municipal teria como pressuposto uma *obrigação de fazer*, e não uma *obrigação de dar*,[140] vale registrar que nossa Corte Maior, em julgados posteriores, vem superando a influência do direito privado sobre a definição de *serviços de qualquer natureza*. Em julgamento em que decidiu pela incidência do ISS sobre o *leasing financeiro*, o Plenário do STF, em acórdão relatado pelo Min. Eros Grau, em que votou vencido apenas o Ministro Marco Aurélio, considerou que a incidência

---

[138] Contra: BARRETO, Aires F. *O ISS na Constituição e na Lei*. 3. ed. São Paulo: Dialética, 2009, p. 35, para quem o conceito de prestação de serviços deve ser extraído do direito privado.

[139] MORAES, Bernardo Ribeiro. *Doutrina e Prática do Imposto Sobre Serviços*, p. 98; TORRES, Ricardo Lobo. *Tratado de Direito Constitucional Financeiro e Tributário, Vol. IV – Os Tributos na Constituição*, p. 360; BALEEIRO, Aliomar. *Direito Tributário Brasileiro*, p. 497. Contra: DERZI, Misabel Abreu Machado. Notas de Atualização de BALEEIRO, Aliomar. *Direito Tributário Brasileiro*, p. 491; MELO, José Eduardo Soares de. *ISS – Aspectos Teóricos e Práticos*. 3. ed. São Paulo: Dialética, 2003, p. 40 e segs; BARRETO, Aires F. *O ISS na Constituição e na Lei*, p. 42-45.

[140] STF, Súmula Vinculante nº 31: "É inconstitucional a incidência do imposto sobre serviços de qualquer natureza – ISS sobre operações de locação de bens móveis."

do imposto municipal não se restringe às obrigações de dar, muitas vezes envolvendo um fazer.[141] Na verdade, como ressaltou o Ministro Cezar Peluso na decisão acima referida, a complexidade dos negócios desenvolvidos no mundo moderno não mais pode se explicar pelas categorias jurídicas definidas pelo direito romano, que classificava as obrigações em dar, fazer ou não fazer. Também no julgamento da ADI MC nº 4.389 – onde o Tribunal deferiu a medida liminar para fazer uma interpretação conforme a Constituição em relação ao item 13.05 da Lista de Serviços anexa à LC nº 116/03, estabelecendo que a incidência do ISS sobre os serviços de composição gráfica não ocorre quando esta é elemento integrante do processo de industrialização e comercialização –, o STF, em votação unânime, considerou que as distinções entre as obrigações de dar e fazer não se mostram mais suficientes para delimitar o fato gerador do ICMS e do ISS.[142]

A dinâmica atual parte de uma racionalidade mais complexa, onde a incidência do ISS não se confunde com as obrigações de fazer, mas em utilidades econômicas oferecidas pelo prestador, a partir da atividade imaterial, podendo envolver a disponibilização de bens ao usuário, mas não a circulação econômica destes pelas etapas da cadeia produtiva.

Contudo, uma eventual modificação no STF em relação à posição assumida da Súmula Vinculante nº 31[143] não leva à exigência de ISS sobre a locação de bens móveis. É que, embora o projeto de lei que deu origem à Lei Complementar nº 116/03 previsse a incidência do imposto sobre a locação de bens móveis (Item 3.01), o Presidente da República vetou o dispositivo em respeito à posição do STF. Por isso, hoje, independentemente de eventual mudança pretoriana sobre a matéria, não há incidência de ISS sobre a locação de bens móveis por falta de previsão em lei complementar.

Por outro lado, cumpre destacar que as atividades que podem gerar a incidência do ISS não se confundem com a prestação de serviços de comunicação e de transporte interestadual e intermunicipal, com a circulação de mercadorias e de produtos industrializados, e nem com as operações

---

[141] STF, Pleno, RE nº 592.905/SC, Rel. Min. Eros Grau, DJe 05/03/10.
[142] STF, Pleno ADI MC nº 4.389/DF, Rel. Min. Joaquim Barbosa, DJe 25/05/11.
[143] Sobre a aplicabilidade da Súmula Vinculante nº 31 do STF às operações mistas, em que a locação de bens móveis é acompanhada do fornecimento de mercadorias, vide: RIBEIRO, Ricardo Lodi. "As Operações de Locação de Bens Acompanhadas de Prestação de Serviços e a Súmula Vinculante nº 31 do STF". In: *Revista Fórum de Direito Tributário nº 72*, p. 105-122, 2014.

financeiras.[144] Nesse sentido, no plano da repartição constitucional das competências tributárias, é um imposto residual.[145]

Porém, a despeito de inexistir em determinadas situações a incidência de outro tributo sobre a operação de serviços e da amplitude da expressão *serviços de qualquer natureza*, há também limitações positivas derivadas do dispositivo do artigo 156, III, CF, a saber:

a) *prestação a terceiros*: é vedada a tributação de atividades prestadas ao próprio contribuinte; sendo um imposto circulatório, envolve a prestação de serviços a outrem;[146] por isso, não são tributadas também as atividades-meio, pois não são prestadas ao usuário, mas traduzem-se em etapas cumpridas pelo prestador a si mesmo como requisitos necessários à prestação de serviço a terceiro,[147] ou à industrialização ou comercialização de bens;

b) *habitualidade*: não incidindo sobre a prestação eventual e esporádica;[148]

c) *onerosidade*: a prestação de serviços gratuita constitui mera gentileza, irrelevante para o Direito Tributário;[149] porém, não há gratui-

---

[144] Sobre as fronteiras do exercício da competência para a instituição dos tributos sobre a circulação de bens e serviços, vide: RIBEIRO, Ricardo Lodi. "Os Conflitos de Competência entre o IPI, o ICMS e o ISS". In: Borja, Célio e RIBEIRO, Ricardo Lodi. *Temas de Direito Público – Estudos em Homenagem ao Professor Flávio Bauer Novelli – Volume 1 – Constituição e Cidadania*. Rio de Janeiro: Multifoco, p. 473-506, 2015.

[145] TORRES, Ricardo Lobo. *Tratado de Direito Constitucional Financeiro e Tributário, Vol. IV – Os Tributos na Constituição*, p. 359; MORAES, Bernardo Ribeiro. *Doutrina e Prática do Imposto Sobre Serviços*, p. 101.

[146] MORAES, Bernardo Ribeiro. *Doutrina e Prática do Imposto Sobre Serviços*, p. 102; TORRES, Ricardo Lobo. Tratado de Direito Constitucional Financeiro e Tributário, Vol. IV – Os Tributos na Constituição, p. 359-360; DERZI, Misabel Abreu Machado. Notas de Atualização de BALEEIRO, Aliomar. *Direito Tributário Brasileiro*, p. 491; BARRETO, Aires F. *O ISS na Constituição e na Lei*, p. 29.

[147] BARRETO, Aires. "ISS e IOF: estremação da incidência: descontos como elementos adjetivos", *Revista Dialética de Direito Tributário nº163/109*.

[148] TORRES, Ricardo Lobo. *Tratado de Direito Constitucional Financeiro e Tributário, Vol. IV – Os Tributos na Constituição*, p. 360; DERZI, Misabel Abreu Machado. Notas de Atualização de BALEEIRO, Aliomar. *Direito Tributário Brasileiro*, p. 491 MORAES, Bernardo Ribeiro. *Doutrina e Prática do Imposto Sobre Serviços*, p. 118;

[149] MORAES, Bernardo Ribeiro. *Doutrina e Prática do Imposto Sobre Serviços*, p. 121; TORRES, Ricardo Lobo. *Tratado de Direito Constitucional Financeiro e Tributário, Vol. IV – Os Tributos na Constituição*, p. 360; DERZI, Misabel Abreu Machado. Notas de Atualização de BALEEIRO,

dade na prestação de serviço aparentemente sem pagamento, mas subordinada ao cumprimento de obrigação pelo usuário ou à utilização de outro serviço paralelo;[150]

d) *efetividade*: não sendo tributado o serviço posto à disposição, mas o efetivamente prestado;[151]

e) *autonomia*: deve ser prestado sem subordinação, em nome próprio por empresa ou profissional autônomo, e não por empregados, sócios, membros de conselhos, pois estes prestam serviços às empresas prestadoras de serviços.[152]

Há quem diga que os serviços públicos não podem ser objeto de ISS, mas apenas de taxa.[153] Outros alegam haver imunidade recíproca em relação aos serviços públicos.[154] No entanto, não há óbice à tributação quando os serviços públicos são concedidos, autorizados, permitidos, delegados, ou, por qualquer outra forma, atribuídos aos particulares, uma vez que nesses casos há atividade econômica lucrativa a ser tributada pelo ISS, como o STF decidiu em relação aos serviços prestados pelos notários.[155] O próprio Estado quando explorar diretamente o serviço mediante pagamento de tarifa pelo usuário não goza de imunidade, conforme prevê o artigo 150, §3º, CF. Com mais razão não são imunes os serviços explorados por particulares e remunerados pelos usuários. Porém, nossa Corte Maior considerou serem imunes ao ISS os serviços públicos prestados pela Infraero[156] e pela ECT.[157] No sentido da tributação dos serviços públicos, o §3º do artigo 1º da LC nº 116/03 estabelece que o imposto incidirá sobre os servi-

---

Aliomar. *Direito Tributário Brasileiro*, p. 491; BARRETO, Aires F. *O ISS na Constituição e na Lei*, p. 36.

[150] TORRES, Ricardo Lobo. *Tratado de Direito Constitucional Financeiro e Tributário, Vol. IV – Os Tributos na Constituição*, p. 360.

[151] MORAES, Bernardo Ribeiro. *Doutrina e Prática do Imposto Sobre Serviços*, p. 113

[152] DERZI, Misabel Abreu Machado. Notas de Atualização de BALEEIRO, Aliomar. *Direito Tributário Brasileiro*, p. 491 MORAES, Bernardo Ribeiro. *Doutrina e Prática do Imposto Sobre Serviços*, p. 116; BARRETO, Aires F. *O ISS na Constituição e na Lei*, p. 36.

[153] Por todos: BARRETO, Aires F. *O ISS na Constituição e na Lei*, p. 62-63.

[154] ÁVILA, Humberto. "O Imposto sobre Serviços e a Lei Complementar nº 116/03", in: ROCHA, Valdir de Oliveira. *O ISS e A LC 116*. São Paulo: Dialética, 2003, p. 175.

[155] STF, Pleno, ADI nº 3.089/DF, Rel. Min. Carlos Britto, DJe 01/08/08.

[156] STF, 2ª Turma, 524.615 AgRg/BA, Rel. Min. Eros Grau, DJe 03/10/08.

[157] STF, 1ª Turma, RE nº 357.291/AgRg/PR, Rel. Min. Cezar Peluso, DJU 02/06/06, p. 12.

ços prestados mediante a utilização de bens e serviços públicos explorados economicamente mediante autorização, permissão ou concessão, com o pagamento de tarifa, preço ou pedágio pelo usuário final.

Cabendo à lei complementar definir os serviços a serem tributados pelos Municípios, o artigo 1º do LC nº 116/03 definiu como fato gerador do imposto a prestação de serviço constante da lista a ela anexa, ainda que a atuação não constitua a atividade preponderante do prestador. De fato, não há necessidade de o serviço tributado constituir a principal atividade do prestador, que pode se dedicar mais intensamente à prestação de outro serviço, ou à industrialização e comercialização de produtos ou mercadorias. Contudo, para haver incidência é preciso que o serviço prestado seja a *atividade-fim*, tendo como destinatário o usuário, e não o próprio prestador como ocorre nos *serviços-meio*, meras etapas, passos ou tarefas intermediárias promovidas para o próprio prestador, e não para terceiros, ainda que estes os aproveitem no bojo do resultado final,[158] como várias vezes reconhecido pelo STJ nos casos de serviço de secretária eletrônica na radiochamada por meio de *pager*,[159] locação de aparelhos telefônicos para os serviços de telecomunicação,[160] habilitação de aparelhos, despertador automático, também acessórios a esses serviços.[161] Também não sofrem a incidência do ISS os serviços desenvolvidos como atividade-meio para a industrialização e/ou circulação de mercadorias, quando não incidirá o imposto municipal como reconheceu o STJ na entrega de gás GLP a domicílio, considerado meio para a realização da operação mercantil,[162] máxime quando o frete integra a base de cálculo do ICMS.[163]

Muito se discutiu se a Lista de Serviços é exemplificativa ou taxativa.[164] Como sedimentado na doutrina majoritária[165] e na jurisprudência do

---

[158] BARRETO, Aires. "ISS e IOF: estremação da incidência: descontos como elementos adjetivos", *Revista Dialética de Direito Tributário* 163/109.
[159] STJ, 2ª Turma, REsp nº 848.490/RJ, Rel. Min. Eliana Calomon, DJe 21/10/08.
[160] STJ, 1ª Turma, EDcl nos EDcl no REsp 883254 / MG, Rel. Min. Benedito Gonçalves, DJe 24/08//10.
[161] STJ, 1ª Turma, REsp nº 883.254/MG, Rel. Min. José Delgado, DJU 28/02/08, p. 74.
[162] STJ, 2ª Turma, REsp nº 612.490/MA, Rel. Min. Castro Meira, DJe 04/08/08.
[163] STJ, 1ª Turma, REsp nº 616.041/MA, Rel. Min. José Delgado, DJU 13/09/04, p. 179.
[164] Para acompanhar o histórico dessa discussão: MORAES, Bernardo Ribeiro. *Doutrina e Prática do Imposto Sobre Serviços*, p. 108-111.
[165] MORAES, Bernardo Ribeiro. *Doutrina e Prática do Imposto Sobre Serviços*, p.111; BALEEIRO, Aliomar. *Direito Tributário Brasileiro*, p. 501; TORRES, Ricardo Lobo. *Tratado de Direito*

STF,[166] a lista é taxativa, mas cada um dos seus itens comporta uma interpretação extensiva. Não há que se falar aqui em analogia, vedada pelo artigo 108, § 1º do CTN para a incidência não prevista em lei, uma vez que não há lacuna legal, mas em interpretação extensiva, onde o intérprete extrai de um dos sentidos possíveis oferecidos pela literalidade do texto, uma solução hermenêutica menos usual, porém mais adequada ao caso concreto. Deste modo, não há possibilidade de agregar novas classes de serviços por analogia. Mas quando a redação de cada um dos subitens se abre à interpretação extensiva, não há vedação à sua utilização. Tal abertura é revelada não só pelo uso da expressão *congêneres* em muitos dos serviços listados, mas pela própria ambiguidade das palavras utilizadas pelo legislador. Assim, entre os sentidos possíveis oferecidos pelo item da lista, caberá a interpretação extensiva se assim recomendarem os demais elementos hermenêuticos.[167] Cada item da lista comporta certas atividades ali inseridas de forma genérica, sem caráter específico rigoroso. Porém, se determinado serviço não está definido na lista, não poderá haver incidência. Bernardo Ribeiro de Moraes[168] sintetiza a questão com grande felicidade:

> *"Embora taxativa, limitativa, a lista de serviços admite interpretação extensiva, para diversas atividades que enuncia. Cada item da lista de serviços abrange certas atividades, ali contidas de forma genérica, sem caráter específico rigoroso. Ao prever médicos, a lista está abrangendo com tal termo todas as especialidades (cardiologista, psiquiatra, neurologista, etc.). Ao prever a lubrificação, está incluindo na lista os diversos tipos de lubrificação. Embora aceita a taxatividade da lista de serviços, não podemos desconhecer que os itens ali estabelecidos podem se referir, quando assim for proposto, a uma generalidade de serviços. São os serviços congêneres e correlatos a que alude a própria lista. Todavia, se determinado serviço não vem definido ou estabelecido em lei complementar (na lista de serviços), jamais poderá constituir fato imponível do ISS, por não*

Constitucional Financeiro e Tributário, Vol. IV – Os Tributos na Constituição, p. 362; MELO, José Eduardo Soares de. *ISS – Aspectos Teóricos e Práticos*, p. 53. Contra, defendendo o caráter exemplificativo da lista: BARRETO, Aires. *ISS na Constituição e na Lei*, p. 115-116; RIBEIRO FILHO, Alexandre da Cunha e HENRIQUES, Vera Lucia Ferreira de Mello. *O Imposto Sobre Serviços Comentado*. Rio de Janeiro: Líber Juris, 1977, p. 63.

[166] STF, 2ª Turma, RE nº 75.952/SP, Rel. Min. Thompson Flores, DJU de 02/10/74; STF, 2ª Turma, RE nº 361.829/RJ, Rel. Min. Carlos Velloso, DJU 24/02/06, p. 51..

[167] Sobre o tema da interpretação extensiva, vide: RIBEIRO, Ricardo Lodi. *Justiça, Interpretação e Elisão*. Rio de Janeiro: Lumen Juris, 2003, p. 96-99.

[168] MORAES, Bernardo Ribeiro. *Doutrina e Prática do Imposto Sobre Serviços*, p. 111.

ser da competência municipal sua oneração. Estão incluídos no campo de incidência do ISS os serviços previstos na aludida lista. O procedimento é o de numerus clausus."

Com a edição da LC nº 116/03, a Lista de Serviços, que até então era composta somente por *itens*, passou a comportar também os *subitens*. Hoje são 40 itens formados de 1 a 24 subitens. Nesse novo panorama legal, a incidência é extraída do *subitem*,[169] restando ao item apenas a função de intitular a relação de vários subitens que compõem espécies do seu gênero, a fim de facilitar a consulta da Lista de Serviços e orientar a sua adequada interpretação. Tal afirmação torna-se indiscutível quando se verifica que o legislador reproduziu a redação do item no subitem mesmo nos casos onde o primeiro é gênero composto por apenas uma espécie. Ou seja, no caso de item com apenas um subitem o legislador considerou ser necessária a reprodução do texto daquele neste.[170]

Se a tributação decorresse do item, seria inútil tal reprodução. No entanto, a interpretação dos subitens é realizada de acordo com a indexação contida no item. Essa conclusão é extraída, por exemplo, do item 14, dedicado a *serviços relativos a bens de terceiros*. Embora o legislador não tenha previsto expressamente em todos os subitens que a incidência dependerá do fornecimento de material por terceiros, como esclarecido pelo item 14.06, a conclusão é a mesma em todos os demais subitens, evitando a invasão de competência da União em relação ao IPI. Outro exemplo é o item 7, dedicado à construção civil, tributando os *serviços relativos a engenharia, arquitetura, geologia, urbanismo, construção civil, manutenção, limpeza, meio ambiente, saneamento e congêneres*. Em seu subitem 7.02 prevê a tributação de instalação e montagem de produtos, peças e equipamentos, atividades que somente serão tributadas caso estejam associadas aos serviços contidos na indexação do item, a fim de restringir a dedução dos materiais produzidos pelo prestador fora do local da prestação a essas atividades, e de evitar a confusão com a montagem como modalidade de industrialização, sujeita à competência federal do IPI.

A nomenclatura dada ao serviço pelo seu prestador não tem relevância para a configuração do fato gerador, cuja existência depende apenas

---

[169] TORRES, Ricardo Lobo. *Tratado de Direito Constitucional Financeiro e Tributário, Vol. IV – Os Tributos na Constituição*, p. 362; BARRETO, Aires. *ISS na Constituição e na Lei*, p. 123.
[170] Como ocorre nos itens 2, 16, 18, 19, 21, 23, 24, 26, 27, 28, 29, 30, 31, 32, 33, 34, 35, 36, 37, 38, e 40.

da realização do serviço no plano fático, como estabelece o §4º do artigo 1º da LC nº 116/05.

As leis municipais, que só podem tributar os serviços previstos na lista anexa à LC nº 116/03 como se viu, costumam reproduzir a lista nacional, como foi feito pela Lei nº 691/84 do Município do Rio de Janeiro, cuja lista de serviços foi alterada pela Lei nº 3.691/03; e pela Lei nº 13.701/03 do Município de São Paulo.

Não é demais lembrar que a incidência de ISS sobre serviços prestados em águas marinhas só poderá ocorrer com a definição em lei nacional das projeções municipais do mar territorial, da plataforma continental e da zona econômica exclusiva, como visto no Capítulo 3. Superada essa premissa, seja pela edição da referida lei, ou por posicionamento do STF em regime de repercussão geral que ignore tal necessidade, é preciso verificar, à luz da disciplina constitucional do imposto, se no âmbito do contrato de partilha de produção há prestação de serviços entre os integrantes do consórcio contratado.

5.2. A Inexistência de Prestação de Serviços entre os Integrantes do Consórcio de Empresas de Exploração e Produção e a União

Com a edição da Lei nº 12.351/2010, poderia-se perquerir se as empresas integrantes do consórcio responsável pela exploração e produção de petróleo e gás natural estariam prestando serviços à União. Tal indagação se dirigiu em especial à parcela relativa ao óleo-custo, que, de acordo com o artigo 2º, II, da referida lei se refere "aos custos e aos investimentos realizados pelo contratado na execução das atividades de exploração, avaliação, desenvolvimento, produção e desativação das instalações".

Seria o óleo-custo uma remuneração aos serviços prestados pelo contratado à União? À luz de tudo o que já foi estudado no Capítulo 1 em relação ao modelo de contratação, no subtópico 4.4 no que tange ao tratamento tributário dos consórcios e no subtópico, 4.1.2 na parte relativa à contornos de incidência do ICMS, ambos do Capítulo 4, e ainda no tópico 5.1.2 deste Capítulo dedicado à estrutura constitucional do ISS, a resposta só pode ser negativa.

A primeira razão para tal conclusão é a que, como visto, não se presta serviços a si próprio, como adverte Aires Barreto[171]:

---

[171] BARRETO, Aires F. *O ISS na Constituição e na Lei*, p. 29.

"É lícito afirmar, pois, que serviço é um espécie de trabalho. É o esforço humano que se volta para outra pessoa; é fazer desenvolvido para outrem. O serviço é, assim, um tipo de trabalho que alguém desempenha para terceiros. Não é esforço desenvolvido em favor do próprio prestador, mas de terceiros."

Tal conclusão também é a mesma em relação às atividades dos integrantes do consórcio no que se refere aos objetivos deste. Sendo o ISS um imposto sobre a circulação de serviços, as atividades que as empresas integrantes do consórcio desenvolvem nos termos previstos no contrato de sua constituição, constituem atividades-meio que não são suscetíveis de tributação, uma vez que não se destinam ao usuário, mas caracterizam-se insumo da comercialização de bens por cada um dos integrantes do consórcio.

De fato, quando cada uma das empresas do consórcio formado para a exploração e produção de petróleo e gás natural no regime de partilha desenvolve atividades previstas no instrumento de constituição do consórcio, que, de acordo com o artigo 279, IV da Lei nº 6.404/76, deve estabelecer as prestações específicas de cada um dos seus integrantes, não está oferecendo uma utilidade econômica a outro integrante do consórcio, e nem à União, proprietária da jazida de petróleo. Trata-se, na verdade de um insumo à comercialização de bens pelas empresas integrantes do consórcio, e não de prestação de serviços a usuário final, como estudado no subtópico 4.4 do Capítulo anterior.

A segunda razão para não haver incidência do ISS entre as atividades desenvolvidas pelos contratados é a a ausência de onerosidade na prestação, uma vez que o óleo-custo não se traduz na remuneração da atividade, mas de ressarcimento dos custos e investimentos incorridos no desenvolvimento desta.

Como é sabido, em uma economia de livre mercado, a remuneração do contrato de prestação de serviços não está limitada ao custos e investimentos realizados pelo prestador. Como contraprestação da atividade por ele desenvolvida, o preço do serviço envolve toda a margem agregada pelo prestador, inclusive o lucro decorrente da sua atuação. Enquanto isso, o óleo-custo está limitado ao ressarcimento dos custos e investimentos que forem realizados pelas empresas produtoras, nos termos previstos no contrato de partilha, sem qualquer possibilidade de agregar qualquer outro elemento.

Por outro lado, as parcela relativas ao óleo-custo e ao óleo-lucro não se caracterizam como qualquer contraprestação relativa à atividade desenvolvida pelas empresas produtoras que, aliás, podem nada receber em virtude do contrato caso não seja produzidos hidrocarbonetos em decorrência da sua atuação.

Na verdade, o óleo-custo é uma das parcelas, juntamente com o óleo-lucro, de participação da contratada, definida em contrato, em uma atividade econômica desenvolvida sobre as jazidas da União, que trará, caso exitosa, resultado em produtos para as duas partes. Daí a ideia de esforço comum que caracteriza o consórcio.

Assim, ainda que o óleo-custo vise a ressarcir as despesas os custos e investimentos do contratado, não tem a natureza de remuneração de serviços prestados, assim como também não têm o óleo-lucro.

Tampouco guarda a natureza de prestação de serviços, pelos mesmos motivos acima expostos, as atividades desempenhadas pelas empresas integrantes de consórcio no âmbito do contrato de concessão, que não prestam serviços à União ou aos demais membros do consórcio, mas exercem atividade-meio para o esforço comum por todos desenvolvido.

5.3. Incidência do ISS sobre Serviços Prestados ao Consórcio por Terceiros e o seu Aspecto Espacial

É claro que não há óbice que o consórcio contrate a prestação de serviço de terceiros em apoio à atividade de exploração e produção. E assim sempre foi. Também não é incomum que uma das empresas que compõem o consórcio seja contratada para a prestação de serviço estranho às atividades por ela assumidas como obrigação inerente à sua participação como consorciada, como por exemplo, se dá com a contratação pelo consórcio do serviço de transporte do petróleo e do gás junto a uma das empresas o que integram. Aqui não há que se falar em contratação consigo próprio, figurando a empresa contratada como terceiro em relação ao consórcio uma vez que a prestação não está inserida entre as obrigações por ela assumidas no contrato que o constituiu.

Para analisar se tais casos ensejam a incidência do imposto, é preciso pesquisar se há definição do aspecto espacial do fato gerador. Vimos no capítulo 2 que se tais serviços forem prestados nas plataformas de petróleo localizadas nas projeções municipais em águas marinhas não havendo adequada definição em lei a respeito da divisão de tais áreas entre Estados e Municípios, é gerado um potencial conflito de competência a ser dirimido em lei complementar. Inexistindo tais definições quanto ao aspecto espacial da tributação, não é possível a tributação desses serviços pelo ISS.[172]

Superada essa questão, seja pela produção legislativa que supra tal lacuna, ou pela desconsideração dessa deficiência normativa pelos Tribunais Superiores, existe ainda a preocupação quanto ao local da prestação de serviços prestados nessa região.

Como vimos no Capítulo 2, o artigo 3º, §3º da LC nº 116/03 considera ocorrido o fato gerador do imposto no estabelecimento prestador. Por sua vez, o artigo 4º da mesma lei esclarece que estabelecimento prestador é o local onde o contribuinte desenvolva a atividade de prestar serviços de modo permanente ou temporário, e que configure unidade econômica ou profissional.

Tratando-se de uma regra que busca, ainda que de modo vago, repartir competências tributárias entre Municípios, não é permitido a cada um deles que obrigue ao prestador a fixação de estabelecimento no seu território quando nele não mantém, ainda que temporariamente, uma unidade econômica de prestação de serviços, sob pena de esvaziar a regra de competência, gerando a pluritributação municipal.

Aires F. Barreto[173] procura reunir os requisitos para a configuração do estabelecimento prestador:

> *"Diante da dificuldade de definir estabelecimento prestador, a maioria dos Municípios, nas leis instituidoras de ISS, tem preferido listar uma série de indicadores que, conjugadamente, de modo parcial ou total, caracterizam a existência de um "estabelecimento prestador".*
>
> *Em regra, os elementos indicados são:*
>
> a) *manutenção, nesse lugar, de pessoal, material, máquinas, instrumentos e equipamentos necessários à execução dos serviços;*
> b) *existência de estrutura gerencial, organizacional e administrativa compatível com as atividades desenvolvidas;*

---

[172] Nesse sentido: RIBEIRO, Ricardo Lodi e PENCAK, Nina da Conceição. "A Competência Tributária Municipal para Tributação dos Serviços Prestados no Mar territorial, Zona Econômica Exclusiva e Plataforma Continental ".In: GOMES, Marcus Livio e RIBEIRO, Ricardo Lodi (org.). A Tributação na Indústria do Petróleo e Gás Natural. São Paulo: Almedina, p. 49-69, 2016.

[173] BARRETO, Aires F. *ISS na Constituição e na Lei*, p. 328-329.

c) ter havido, ali, inscrição na Prefeitura Municipal e nos órgãos previdenciários;
d) informação desse local como domicílio fiscal, para efeito de outros tributos;
e) divulgação do endereço desse lugar em impressos, formulários, correspondência, ou conta de telefone, de energia elétrica, de água, ou gás, em nome do prestador.
f) Disso se pode concluir que, se esses elementos estiverem presentes no estabelecimento considerado, é razoável supor que este, em tese, estará qualificado para ser o "estabelecimento prestador" de serviços."

Tais requisitos são uteis para a caracterização do local como estabelecimento prestador, embora não possa a lei municipal estabelecer uma presunção absoluta nesse sentido.

Contudo, não se pode olvidar que a atividade de exploração e produção de petróleo e gás natural não é considerada prestação de serviços como já visto. Em consequência, o fato gerador do ISS é praticado por empresas que prestem serviços de apoio às atividades de exploração e produção. Por isso, são essas as empresas que são as contribuintes do imposto, e não as empresas integrantes do consórcio. Porém, é muito comum a lei municipal considerar as empresas de E&P como responsáveis pela retenção do ISS na fonte, com base do artigo 6º da LC nº 116/03, que autoriza que a lei municipal estabeleça a substituição tributária a cargo do tomador do serviço, independentemente de retenção na fonte.

A retenção do imposto na fonte é necessária quando o aspecto espacial do fato gerador não guarda identidade territorial com o estabelecimento prestador, como se dá nos casos das exceções previstas nos incisos I a XII do artigo 3º da LC nº 116/03, uma vez que os Municípios em que a prestação é realizada teriam extrema dificuldade de fiscalizar o contribuinte cujo estabelecimento é localizado em outra municipalidade, fora de sua jurisdição fiscal. Por isso, a responsabilidade é atribuída ao tomador que, estabelecido no território da entidade tributante, é facilmente localizável por ela. No entanto, como adverte Ricardo Lodi Ribeiro[174], tal disciplina não é aplicável nos serviços submetidos à regra do caput do artigo 3º da LC nº 116/03, que são tributados no local do estabelecimento prestador, sob pena do ISS ser exigido na fonte por Município que não possui a competência tributária:

---

[174] RIBEIRO, Ricardo Lodi. *Tributos – Teoria Geral e Espécies*, p. 335-336.

"*Porém, deve-se advertir que, nos casos em que o serviço é tributado no local do estabelecimento prestador (regra geral do artigo 3º, caput, da LC nº 116/2003) é ilegítima a retenção do imposto na fonte pelo Município onde ocorreu o fato gerador, uma vez que este não tem competência tributária, não podendo, portanto, impor responsabilidade de terceiros ou a obrigação de retenção do imposto na fonte. Nem poderá nestes casos impor ao prestador tributado por outro Município obrigações acessórias que resultem no pagamento do ISS por este ou pelo tomador domiciliado ou estabelecido no seu território, como pretendeu fazer o artigo 14-A da Lei nº 691/84, com redação dada pela Lei nº 4.452/06, que determinou responsabilidade do tomador quando o prestador estabelecido em outro município não presta informações exigidas pelo regulamento. Admitir tal disciplina seria permitir que ente federativo que não tem competência tributária pudesse criar obrigação de pagar tributo para o tomador em virtude da prática de ato praticado por terceiro, a partir da configuração de ilicitude da situação por norma não aplicável à operação. Ou seja, um tríplice absurdo. A mesma disciplina foi estabelecida em São Paulo pelo artigo 9º-A da Lei nº 13.701/03, com redação dada pela Lei nº 14.256/06.*

Deste modo, em casos de operações intermunicipais em que o prestador é estabelecido ou domiciliado em Município diverso do que ocorreu a prestação de serviços, só é legítima a responsabilização tributária e a imposição de retenção na fonte nos serviços previstos nos incisos do artigo 3º da LC nº 116/03, pois só nesses a competência tributária é atribuída ao ente federativo em que se domicilia o tomador de serviços, responsável pela retenção."

Sendo os serviços prestados em apoio à atividade de E&P executados em águas marinhas, a regra de competência, já vimos, aponta para o local do estabelecimento prestador, caso em que, como acima se viu, não há possibilidade de exigência do ISS retido na fonte em relação ao tomador do serviço, sob pena de se pavimentar o caminho para a bitributação municipal, já que o imposto seria retido no Município em que o serviço foi prestado, quando a competência pertence à outra municipalidade, onde se localiza o estabelecimento prestador.

Capítulo 6
A Tributação da Renda Auferida pelos Integrantes dos Consórcios de Exploração e Produção

6.1. O IRPJ, a CSLL e a Constituição Federal
6.1.1. Breve Histórico

A origem do Imposto de Renda foi o imposto de guerra na Inglaterra (1798) para custear as guerras napoleônicas e nos Estados Unidos, a Guerra de Secessão (1861-1865).[175] De imposto de guerra passa a ser o principal imposto com a finalidade arrecadatória dos Estados modernos, fenômeno que começa a ser verificado especialmente no período compreendido entre a 1ª e 2ª Guerras Mundiais, como importante instrumento que o Estado Social do século XX utilizou para a elevação das receitas públicas, a fim de atender às demandas por prestações sociais positivas. No Brasil, é criado pela Lei nº 4.625, de 1922, de iniciativa do mineiro Antônio Carlos, sendo arrecadado inicialmente de forma tímida,[176] até se consolidar aos poucos como principal imposto do país, superando o IPI em termos de arrecadação a partir de 1975. Não previsto expressamente na Constituição de 1891, o IR figura na competência da União desde a Constituição de 1934 até hoje.

A Contribuição Social sobre o Lucro Líquido foi criada com a promulgação da Constituição de 1988, quando foram ampliadas enormemente as fontes de custeio da seguridade social pelo artigo 195, CF. Dois meses após a promulgação da Constituição é instituída, com base no novo permissivo constitucional, a Contribuição Social sobre o Lucro Líquido (CSLL), pela

---
[175] BALEEIRO, Aliomar. *Uma Introdução À Ciência das Finanças*, p. 307.
[176] BALEEIRO, Aliomar, *Direito Tributário Brasileiro*, p. 282.

MP nº 22, de 06 de dezembro de 1988, logo convertida na Lei nº 7.689/88, de 15 de dezembro de 1988, em vigor até hoje, com algumas alterações.

A instituição da CSLL inaugurou o festival de contribuições que não se relacionam com o princípio do custo-benefício, traduzindo-se, por isso, em verdadeiros impostos afetados.

6.1.2. A Incidência do IRPJ e da CSLL

Sendo o conceito de renda indeterminado, há discussão se a sua definição nos é dada pela própria Constituição Federal ou pelo artigo 43 do CTN. A despeito deste artigo da nossa lei de normas gerais estabelecer os contornos do fato gerador do IR, há um conceito constitucional de renda implícito no Texto Maior, a partir do próprio artigo 153, III, CF, que está associado à ideia de riqueza em movimento (riqueza dinâmica), auferida em determinado período de tempo, que acresce à realidade patrimonial já consolidada em períodos anteriores (riqueza estática revelada pelo patrimônio), mas que com ela não se confunde,[177] como reconhecem de forma pacífica a nossa doutrina[178] e jurisprudência,[179] sendo impossível ao legislador infraconstitucional alargá-lo. Não podendo onerar o patrimônio, mas apenas os seus frutos, a competência constitucional para a instituição do IR se identifica com o *acréscimo patrimonial*.

Deste modo, o artigo 43 do CTN apenas declara e explicita o conceito de renda, ficando o legislador ordinário limitado a tributar o que se traduza em *acréscimo patrimonial*. O imposto está, portanto, associado à percepção dos rendimentos em certo lapso de tempo.[180] Esse acréscimo patrimonial equi-

---

[177] PEREZ DE AYALA, Jose Luis. *Derecho Tributario I*, p. 89; TIPKE, Klaus e LANG, Joachim. *Direito Tributário – Vol. I*. Tradução da 18. ed. alemã da obra Steuerrecht por Luiz Dória Furquim. Porto Alegre: Sergio Antonio Fabris, 2008, p. 210.

[178] OLIVEIRA, Ricardo Mariz. *Fundamentos do Imposto de Renda*. São Paulo: Quartier Latin, 2008, p. 40-42; DERZI, Misabel Abreu Machado. Notas de Atualização de BALEEIRO, Aliomar. *Direito Tributário Brasileiro*, p. 284-291; TORRES, Ricardo Lobo. *Tratado de Direito Constitucional Financeiro e Tributário, Vol. IV – Os Tributos na Constituição*, p. 117; MACHADO, Hugo de Brito. *Curso de Direito Tributário*. 33. ed.. São Paulo: Malheiros, 2012, p. 321; QUEIROZ, Luís Cesar Souza. "Imposto sobre a Renda. Perfil Constitucional". In: GOMES, Marcus Lívio e ANTONELLI, Leonardo Pietro. *Curso de Direito Tributário Brasileiro, Vol. 1*. 2 ed. São Paulo: Quartier Latin, 2010, p. 477; ANDRADE FILHO, Edmar Oliveira. *Imposto de Renda das Empresas*. 4. ed. São Paulo: Atlas, 2007, p. 23.

[179] STF, Pleno, RE nº 117.887/SP, Rel. Min. Carlos Velloso, DJU 23/04/93, p. 6.923.

[180] PEDREIRA, José Luiz Bulhões. *Imposto de Renda – Pessoa Jurídica – Vol. I*. Rio de Janeiro: Justea, 1971, p. 2-3; DERZI, Misabel Abreu Machado. Notas de Atualização de BALEEIRO, Aliomar. *Direito Tributário Brasileiro*, p. 287.

vale à *renda líquida*,[181] o que na pessoa jurídica traduz-se na renda líquida, representada pelo lucro, o que pressupõe, necessariamente, a dedução das despesas necessárias à produção do resultado.[182]

De acordo com o artigo 43 do CTN, o fato gerador do IR é a aquisição da disponibilidade econômica ou jurídica da renda e dos proventos de qualquer natureza.[183] Na acepção do referido dispositivo legal, que, como vimos, deriva da própria Constituição Federal, a expressão *renda e proventos de qualquer natureza* equivale à ideia de acréscimo patrimonial, conforme pacificamente assentado na doutrina[184] e na jurisprudência.[185]

Segundo o dispositivo do artigo 43 do CTN, a renda é o produto do capital, do trabalho ou da combinação de ambos. Entende-se como produto do trabalho o resultado auferido pela atividade laborativa, seja esta desempenhada pelo trabalhador empregado, autônomo, avulso, servidor público, agentes políticos, independentemente da denominação dos rendimentos auferidos. Assim, tem a natureza de renda o salário, a remuneração, os subsídios, as verbas e gratificações que não tenha natureza indenizatória. É uma manifestação da renda da exclusivamente verificada na pessoa física.

O conceito de capital está associado ao conjunto de bens do contribuinte cujos frutos são renovados periodicamente,[186] sem associação ao trabalho. São assim considerados como produtos do capital os ganhos de

---

[181] TIPKE, Klaus e LANG, Joachim. *Direito Tributário – Vol. I.*, P. 408.

[182] De acordo com o artigo 47 da Lei nº 4.506/64 são necessárias as despesas incorridas para a realização de operação ou transação exigidas pela atividade da empresa, sendo usuais ou normais a esse tipo de atividade. No mesmo sentido o artigo 299 do RIR.

[183] "Art. 43. O imposto, de competência da União, sobre a renda e proventos de qualquer natureza tem como fato gerador a aquisição da disponibilidade econômica ou jurídica: I – de renda, assim entendido o produto do capital, do trabalho ou da combinação de ambos; II – de proventos de qualquer natureza, assim entendidos os acréscimos patrimoniais não compreendidos no inciso anterior."

[184] OLIVEIRA, Ricardo Mariz. *Fundamentos do Imposto de Renda*, p. 284; DERZI, Misabel Abreu Machado. Notas de Atualização de BALEEIRO, Aliomar. *Direito Tributário Brasileiro*, p. 291; TORRES, Ricardo Lobo. *Tratado de Direito Constitucional Financeiro e Tributário, Vol. IV – Os Tributos na Constituição*, p. 117; MACHADO, Hugo de Brito. *Curso de Direito Tributário*, p. 321; QUEIROZ, Luís Cesar Souza. "Imposto sobre a Renda. Perfil Constitucional". In: GOMES, Marcus Lívio e ANTONELLI, Leonardo Pietro. *Curso de Direito Tributário Brasileiro, Vol. 1*, p. 477; COÊLHO, Sacha Calmon Navarro. *Curso de Direito Tributário Brasileiro*. 10 ed. Rio de Janeiro: Forense, 2009, p. 447; ANDRADE FILHO, Edmar Oliveira. *Imposto de Renda das Empresas*, p. 23.

[185] STF, Pleno, RE nº 117.887/SP, Rel. Min. Carlos Velloso, DJU 23/04/93, p. 6.923. STJ, 1ª Seção. EREsp nº 571.886-RS, Rel. Min. Humberto Martins, DJU 11/09/2006, p. 222.

[186] BALEEIRO, Aliomar. *Direito Tributário Brasileiro*, p. 283.

capital auferidos na alienação de bens por valor superior ao de aquisição, os rendimentos das aplicações financeiras, os juros, rendimentos decorrentes de aluguéis de bens. Deste modo, a renda acumulada no ano passado, neste será tributada. Sendo ela poupada, dá origem ao capital ou ao patrimônio, que não serão tributados pelo IR. Apenas os frutos auferidos por esse capital em determinado período de tempo é que podem ser tributados pelo imposto.[187] Os bens que produzem os rendimentos de capital quando sujeitos ao desgaste levam ao decréscimo patrimonial. Logo, a sua depreciação deve ser levada em consideração pelo legislador ao estabelecer a base de cálculo do imposto sob pena de ser tributar o próprio capital e não os seus rendimentos.[188] A tributação sobre os rendimentos do capital é verificada tanto nas pessoas físicas quanto nas pessoas jurídicas.

A combinação de trabalho e capital dá origem ao lucro, que constitui uma modalidade de manifestação de renda tipicamente encontrada na pessoa jurídica, muito embora as pessoas físicas dos sócios das empresas também aufiram lucros e dividendos por elas distribuídos. Desde 1º/01/96, os lucros e dividendos são isentos na forma do artigo 10 da Lei nº 9.249/95. De todo modo, ainda que estes fossem tributados (como eram no passado), a sua incidência deveria ser somada à tributação das pessoas jurídicas que os distribuem para fins de mensuração do limite superior da Capacidade Contributiva à luz do princípio do não confisco. Tal conclusão deriva da ideia de que a tributação sobre a empresa e aquela exercida sobre o seu sócio constituem uma mesma fonte de riqueza, cuja tributação, quer seja unificada em uma única incidência sob responsabilidade da empresa (ou ainda do seu sócio), quer repartida entre esses dois contribuintes (sociedade + sócio), deve levar ao mesmo resultado tributário, já que a manifestação de capacidade contributiva é uma só.

No entanto, o imposto não incide apenas sobre a renda, mas ainda sobre os proventos de qualquer natureza, assim entendidos como sendo outros acréscimos patrimoniais não previstos no conceito de renda. A expressão proventos utilizada pelo artigo 43 do CTN, bem como pelo artigo 153, III, CF, não tem o mesmo sentido que o vocábulo possui no capítulo constitucional relativo à Administração Pública onde designa a remuneração do

---

[187] PEDREIRA, José Luiz Bulhões. *Imposto de Renda – Pessoa Jurídica – Vol. I*, p. 22; DERZI, Misabel Abreu Machado. Notas de Atualização de BALEEIRO, Aliomar. *Direito Tributário Brasileiro*, p. 287.

[188] PEDREIRA, José Luiz Bulhões. *Imposto de Renda – Pessoa Jurídica – Vol. I*, p. 18.

servidor público aposentado. É mais ampla que essa, englobando qualquer acréscimo patrimonial que não derive do capital, do trabalho ou da combinação de ambos. Isso ocorre com os frutos de uma atividade que já cessou, mas que ainda produz rendimentos, como, por exemplo, as aposentadorias e pensões. Outro exemplo de proventos de qualquer natureza são os prêmios obtidos em sorteios e loterias. E ainda os recursos provenientes de origem ilícita, tributados com base no princípio do *non olet*. Ou seja, algo que acresce o patrimônio jurídico do contribuinte como elemento novo e positivo sem contraprestação no passivo, mas que não deriva do capital e tampouco do trabalho.

Da combinação dos incisos I e II do artigo 43 do CTN fica explicitada a incidência do IR sobre os acréscimos patrimoniais, sejam eles *renda* ou *proventos de qualquer natureza*. Não tem esta natureza, e por isso não sofrem a incidência do IR, os pagamentos obtidos a título indenizatório, pois nestes não há acréscimo patrimonial, mas a recomposição de perda verificada anteriormente.

Por acréscimo patrimonial deve ser considerado algo que represente novo elemento no patrimônio jurídico do contribuinte, o que engloba seus bens imateriais. Assim, não incide imposto de renda sobre a indenização por dano moral,[189] ainda que esta acresça o patrimônio material do contribuinte.

A sistemática adotada pelo artigo 43 do CTN define como fato gerador do IR *a aquisição da disponibilidade econômica ou jurídica* da renda e proventos de qualquer natureza. Há disponibilidade econômica quando a renda efetiva e atualmente está na posse do seu titular. A disponibilidade jurídica se dá quando este, embora não tendo ainda a posse dos recursos, já detém o poder de adquiri-las,[190] mediante a tomada de iniciativa ou prática de ato que esteja no seu arbítrio.[191] Neste caso, o contribuinte já tem o direito ao crédito relativo a essa renda, que encontra-se à sua disposição.

O artigo 44 do CTN estabelece que a base de cálculo do imposto de renda é o montante real, arbitrado ou presumido da renda ou dos proventos.

---

[189] STJ, Súmula nº 498: "Não incide imposto de renda sobre a indenização por danos morais."
[190] PEDREIRA, José Luiz Bulhões. *Imposto de Renda – Pessoa Jurídica – Vol. I*, p. 120-121.
[191] CANTO, Gilberto de Ulhôa. "A Aquisição de Disponibilidade e o Acréscimo Patrimonial no Imposto sobre a Renda". In: MARTINS, Ives Gandra da Silva (Coord.). *Estudos Sobre o Imposto de Renda (Em Memória de Henry Tibery)*. São Paulo: Resenha Tributária. 1994, p. 33.

Em relação às pessoas jurídicas, a regra geral é o cálculo do imposto pelo *lucro real*, onde a renda é efetivamente calculada a partir da apuração de receitas e despesas da empresa. É o mais aproximado retrato da Capacidade Contributiva das pessoas jurídicas. Segundo o artigo 6º do DL nº 1.598/77, o lucro real é o resultado do lucro líquido, ajustado pelas adições, exclusões e compensações admitidas em lei.

Nessa equação, o *lucro líquido* é definido de acordo com a legislação societária, arts. 189 a 191 da Lei nº 6.404/76, como o resultado (positivo ou negativo) do exercício, calculado conforme os livros comerciais e normas contábeis, a partir da apuração das receitas e dos custos e despesas legalmente dedutíveis.

Porém, a lei ordinária não está livre para determinar restrição ao aproveitamento de despesas necessárias à atividade da empresa, devendo ater-se ao conceito de acréscimo patrimonial. De acordo com o artigo 299 do Regulamento do Imposto de Renda (RIR/99), reproduzindo a disposição do artigo 47 da Lei nº 4.506/64, são dedutíveis do lucro bruto os custos e as despesas operacionais necessárias à atividade da empresa e à manutenção da fonte produtora, sendo elas normais ou usuais ao tipo de operação por ela desenvolvida.[192]

Nesse sentido todo o dispêndio ou obrigação assumida para a aquisição de bens, serviços e utilidades relacionados ao funcionamento da atividade produtiva da empresa é considerada necessária, desde que usual ou útil, devendo ser deduzidas.[193] A dedutibilidade dos custos e das despesas necessárias está umbilicalmente ligada ao conceito constitucional de renda, que acabaria por ser violado caso o legislador ordinário a limitasse, uma vez que a renda da pessoa jurídica não se confunde com a sua receita bruta ou o seu patrimônio, traduzindo-se, ao contrário, no lucro, assim entendido como o resultado positivo da atividade econômica. Deste

---

[192] "Art. 299. São operacionais as despesas não computadas nos custos, necessárias à atividade da empresa e à manutenção da respectiva fonte produtora (Lei nº 4.506, de 1964, art. 47).
§ 1º São necessárias as despesas pagas ou incorridas para a realização das transações ou operações exigidas pela atividade da empresa (Lei nº 4.506, de 1964, art. 47, § 1º).
§ 2º As despesas operacionais admitidas são as usuais ou normais no tipo de transações, operações ou atividades da empresa (Lei nº 4.506, de 1964, art. 47, § 2º).
§ 3º O disposto neste artigo aplica-se também às gratificações pagas aos empregados, seja qual for a designação que tiverem."
[193] ANDRADE FILHO, Edmar Oliveira. *Imposto de Renda das Empresas*. 4 ed. São Paulo: Atlas, 2007, p. 151.

modo, impedir a dedução das despesas necessárias à atividade empresarial acaba por tributar o próprio patrimônio, e não o acréscimo patrimonial, violando o conceito constitucional de renda, que é estabelecido no artigo 153, III, CF, e explicitado pelo artigo 43 do CTN.[194]

Em razão desses contornos constitucionais estabelecidos para o imposto, as previsões legais destinadas a limitar e impedir a dedutibilidade de despesas somente se legitimam para preservar a legitimidade dessas, e não para atender outros interesses almejados pelo legislador, estejam eles relacionados com a arrecadação tributária ou com objetivos extrafiscais.[195]

Por estas razões, não se justificam as limitações que o artigo 11 da Lei nº 12.973/2014 impõe à dedutibilidade das despesas pré-operacionais ou pré-industriais, bem como das relacionadas com a expansão das atividades industriais, postergando-as para o início das atividades a elas relacionadas em quotas fixas mensais em um prazo de cinco anos.[196] Trata-se de uma injustificável dilação de dedutibilidade constitucionalmente obrigatória, tendo em vista que a atuação pré-operacional é indispensável à atividade da empresa.

Do cálculo do lucro líquido devem ser deduzidos, de acordo com a lei societária, os prejuízos acumulados, a provisão para o imposto de renda e as participações estatutárias de empregados, administradores e partes beneficiárias. O objetivo buscado pela lei societária no cálculo do lucro líquido não está relacionado com o pagamento do IR, mas com a destinação a ser dada pela assembleia-geral dos acionistas ao lucro, como a distribuição de

---

[194] MACHADO, Brandão. "Multas Administrativas e Imposto de Renda". In NOGUEIRA, Ruy Barbosa (coord.). *Direito Tributário Atual*. São Paulo: IBDT/Resenha Tributária, 1990, vol. 10, p. 2.745. MACHADO, Hugo de Brito. "A Supremacia Constitucional e o Imposto de Renda". In: MARTINS, Ives Gandra da silva (coord.). *Estudos sobre o Imposto de Renda – Em Memória de Henry Tilbery*. São Paulo: Resenha Tributária/CEU, 2000, p. 241.

[195] OLIVEIRA, Ricardo Mariz. *Fundamentos do Imposto de Renda*. São Paulo: Quartier Latin, 2008, p. 412.

[196] "Art. 11. Para fins de determinação do lucro real, não serão computadas, no período de apuração em que incorridas, as despesas:
I – de organização pré-operacionais ou pré-industriais, inclusive da fase inicial de operação, quando a empresa utilizou apenas parcialmente o seu equipamento ou as suas instalações; e
II – de expansão das atividades industriais.
Parágrafo único. As despesas referidas no caput poderão ser excluídas para fins de determinação do lucro real, em quotas fixas mensais e no prazo mínimo de cinco anos, a partir:
I – do início das operações ou da plena utilização das instalações, no caso do inciso I do caput; e
II – do início das atividades das novas instalações, no caso do inciso II do caput."

dividendos ou a formação de reservas. No entanto, a lei tributária utiliza-se do lucro líquido como ponto de partida para o cálculo do lucro real, dando-lhe nova composição associada à ideia de acréscimo patrimonial. Nesse sentido, o art. 6º do DL nº 1.598/1977 estabelece critérios para o seu cálculo, a partir da soma do *lucro operacional*, resultado das atividades, principais ou acessórias, ligadas ao objeto social da empresa (art. 11 do DL nº 1.598/1977), dos *resultados não operacionais*, a ele estranhos, como os ganhos de capital ou as atividades esporádicas da empresa desvinculadas do seu objeto social, por exemplo, e das *participações* dedutíveis relativas às debêntures e aos empregados (art. 58 do DL nº 1.598/1977). Como se vê, a lei fiscal não admite a dedução ao lucro líquido dos prejuízos acumulados e da provisão para o imposto de renda, como estabelecido pela lei societária.[197] Quanto às participações estatutárias, cuja dedução é assegurada pelo art. 190 da Lei nº 6.404/76, o art. 58 do DL nº 1.598/1977 só admitiu as relativas às debêntures e as destinadas aos empregados, tornando indedutíveis as relativas aos administradores e as partes beneficiárias, que serão adicionadas ao lucro líquido (Parágrafo único do art. 58 do DL nº 1.598/1977).

Calculado o lucro líquido, a lei fiscal estabelece ajustes a fim de transformá-lo em lucro real, base de cálculo do imposto de renda, por meio de adições, exclusões e compensações, objetivando aproximá-lo do fato gerador do artigo 43 do CTN (acréscimo patrimonial).

São adicionados ao lucro líquido, de acordo com o § 2º do artigo 6º do DL nº 1.598/77, os valores que foram dele deduzidos (ou que deixaram de ser nele incluídos), em desacordo com legislação que rege o lucro real, como as despesas não relacionadas com a atividade operacional da empresa e as participações estatutárias dos administradores, por exemplo. Porém, a adição pelo legislador ordinário de despesa necessária à atividade da empresa viola o conceito constitucional de renda, por fazer o imposto incidir sobre o patrimônio e não o lucro.

Por outro lado, são excluídos do lucro líquido, nos termos do §3º do mesmo artigo, os montantes cuja dedução seja autorizada pela legislação de apuração do lucro real (ou que segundo esta não sejam nele computados), mas que foram incluídos no cálculo do lucro líquido, como os benefícios fiscais e aqueles que não se inserem no conceito de acréscimo patrimonial, do que são exemplos as indenizações por desapropriação.

---

[197] ANDRADE FILHO, Edmar Oliveira. *Imposto de Renda das Empresas*, p. 28.

Em nome da apreciação da capacidade contributiva em uma perspectiva de continuidade da empresa,[198] podem ainda ser deduzidos os prejuízos fiscais acumulados nos exercícios anteriores, de acordo com as condições e os limites estabelecidos em lei. Segundo Ricardo Mariz de Oliveira "prejuízo fiscal é o resultado negativo a que se chega após os ajustes feitos no lucro contábil para apuração do lucro real, ou seja, é o lucro real negativo apurado ao final de qualquer período-base da pessoa jurídica, o qual, segundo a lei, pode ser compensado com os lucros tributáveis dos períodos-base subsequentes",[199] não se confundindo com o prejuízo contábil, "pois este é o saldo negativo do lucro líquido apurado na contabilidade, antes dos ajustes para mais ou para menos necessários à quantificação do lucro real, que é a base de cálculo do IRPJ quando resultar positivo, e que se constitui no prejuízo fiscal quando resultar negativo."[200]

Atualmente, o artigo 42 da Lei nº 8.981/95 e o artigo 15 da Lei nº 9.065/95 limitam a compensação dos prejuízos apurados nos exercícios anteriores a 30% do lucro líquido ajustado pelas adições e exclusões no exercício em que se pretenda compensar. No passado, não tínhamos essas limitações quantitativas, mas temporais, como verificada no artigo 64 do DL nº 1.598/77, que limitava o aproveitamento do prejuízo aos quatro exercícios subsequentes; ou relacionadas à manutenção do controle acionário ou ramo de atividade da empresa que apurou os prejuízos fiscais, como estabelecia o artigo 32 do DL nº 2.341/87. Hoje tais limitações temporais e societárias não existem mais, mas apenas a de natureza quantitativa.

6.2. A Tributação da Renda no Contrato de Consórcio

Como já se viu, o artigo 1º da Lei 12.402/2011, estabelece que cada uma das empresas integrantes do consórcio responde pelos tributos devidos em relação às operações praticadas pelo consórcio na proporção de sua participação no empreendimento.[201]

---

[198] TILBERY, Henry. *Imposto de Renda das Pessoas Jurídicas: integração entre sociedade e sócios*. São Paulo: Atlas, 1995, p. 125-126.
[199] OLIVEIRA, Ricardo Mariz. *Fundamentos do Imposto de Renda*, p. 859.
[200] OLIVEIRA, Ricardo Mariz. *Fundamentos do Imposto de Renda*, p. 860.
[201] "Art. 1º. As empresas integrantes de consórcio constituído nos termos do disposto nos arts. 278 e 279 da Lei no 6.404, de 15 de dezembro de 1976, respondem pelos tributos devidos, em relação às operações praticadas pelo consórcio, na proporção de sua participação no empreendimento, observado o disposto nos §§ 1º a 4º." (Grifamos).

Porém, tal disciplina tem pouco aplicação no consórcio advindo do contrato de partilha de produção, pois neste, de acordo com a Lei nº 12.351/2010, cada um dos seus participantes tem direito a determinado percentual do óleo-lucro, bem como do valor correspondente ao óleo-custo, conforme definido no contrato de partilha. Tais percentuais serão pagos em produtos que serão comercializados por cada uma das empresas integrantes do consórcio, e não por este. É evidente que o simples recebimento desses produtos não vai gerar, por si só, a receita que irá integrar a base de cálculo do IRPJ e da CSLL. Apenas com a venda desses por cada uma das empresas do consórcio, é que haverá que se falar em receita que irá compor a base de cálculo de cada um dos contribuintes.

Assim, o consórcio não realizará atividade de comercialização de petróleo e gás e por isso não irá auferir receita com esta atividade, o que só ocorrerá em relação a cada uma das empresas que o integram, por ocasião da comercialização desses produtos.

Não tendo o consórcio personalidade jurídica própria, e nem havendo o recebimento de receitas por este, não há qualquer pluralidade de sujeitos no polo passivo da obrigação tributária, não podendo se falar em solidariedade ou em qualquer espécie de responsabilidade tributária entre os integrantes do consórcio, salvo quando o próprio consórcio realizar contratação em nome próprio de pessoas jurídicas ou físicas, caso em que ficará responsável pela retenção dos tributos incidentes na fonte, nos termos do §1º do artigo 1º, da Lei nº 12.402/2011,[202] sendo os seus integrantes solidariamente responsáveis pelo pagamento do tributo retido ou que deveria ter sido retido.

Deste modo, cada uma das empresas integrantes do consórcio levará à base de cálculo do IRPJ e da CSLL as receitas auferidas pela comercialização dos produtos a que fez jus na partilha para o cálculo do seu lucro operacional.

Por essas razões, não são aplicáveis às receitas decorrentes da comercialização do petróleo e do gás que foram partilhados entre as empresas integrantes do consórcio, as obrigações acessórias previstas na IN nº 1.199/2011, que obrigam o líder do consórcio a manter registro contábil

---

[202] "§1º. O consórcio que realizar a contratação, em nome próprio, de pessoas jurídicas e físicas, com ou sem vínculo empregatício, poderá efetuar a retenção de tributos e o cumprimento das respectivas obrigações acessórias, ficando as empresas consorciadas solidariamente responsáveis."

das operações do consórcio por meio de escrituração segregada na sua contabilidade (artigo, 3º, §2º).

É óbvio que em relação às receitas auferidas pela União com a comercialização do seu quinhão na partilha, não há que se falar em tributação por ela própria, uma vez que inexiste a autotributação.

6.3. As Despesas Necessárias e o Óleo-Custo

De acordo com o artigo 2º, II, da Lei nº 12.351/2010, como já estudado, o custo em óleo ou óleo-custo correspondente aos custos e aos investimentos realizados pelo contratado na execução das atividades de exploração, avaliação, desenvolvimento, produção e desativação das instalações.

Por outro lado, conforme demonstrado no item 6.1.2, na apuração do Imposto de Renda Pessoa Jurídica pelo Lucro Real, para o cálculo do lucro operacional é necessária a subtração dos custos e das despesas operacionais do montante da receita líquida.

Em consequência, surge a indagação se as possibilidades de dedução dos custos e das despesas operacionais do consorciado estariam limitadas ao óleo-custo, ou se, nos termos da legislação do Imposto de Renda, poderiam contemplar outros valores que não integraram, de acordo com o contrato de partilha, o montante daquele, uma vez que o artigo 15, V da Lei nº 12.351/2010 estabelece que os limites, prazos, critérios e condições para o cálculo da referida parcela serão definidos no edital de licitação

Poderiam o referido dispositivo legal e o edital elaborado com fundamento nele limitarem a dedução dos custos e despesas operacionais? Para responder a tal indagação, é necessária a inserção da disciplina legal das despesas operacionais no conceito constitucional de renda.

De acordo com o artigo 299 do Regulamento do Imposto de Renda (RIR/99), reproduzindo a disposição do artigo 47 da Lei nº 4.506/64, são dedutíveis do lucro bruto os custos e as despesas operacionais necessárias à atividade da empresa e à manutenção da fonte produtora, sendo elas normais ou usuais ao tipo de operação por ela desenvolvida.[203]

---

[203] "Art. 299. São operacionais as despesas não computadas nos custos, necessárias à atividade da empresa e à manutenção da respectiva fonte produtora (Lei nº 4.506, de 1964, art. 47).

§ 1º São necessárias as despesas pagas ou incorridas para a realização das transações ou operações exigidas pela atividade da empresa (Lei nº 4.506, de 1964, art. 47, § 1º).

§ 2º As despesas operacionais admitidas são as usuais ou normais no tipo de transações, operações ou atividades da empresa (Lei nº 4.506, de 1964, art. 47, § 2º).

Para Edmar Oliveira Andrade Filho,[204] ao comentar o disposto no artigo 299 do RIR:

"Todo dispêndio feito pela empresa – ou toda obrigação assumida –, para a aquisição de bens, serviços ou utilidades, deve ser considerado dedutível se for feito com o propósito de manter em funcionamento a fonte produtora dos rendimentos. O RIR/99 adota esse critério quando, no art. 299, estabelece que são operacionais as despesas não comutadas nos custos, necessárias à atividade da empresa e à manutenção da respectiva fonte produtora. São necessárias as despesas pagas ou incorridas para a realização de transações ou operações exigidas pela atividade da empresa. De outro lado, as despesas operacionais admitidas são as usuais ou normais no tipo de transação, operações ou atividades da empresa. Assim, despesa operacional dedutível é toda aquela que é necessária, normal ou usual."

A dedutibilidade dos custos e das despesas necessárias está umbilicalmente ligada ao conceito constitucional de renda, que acabaria por ser violado caso o legislador ordinário a limitasse, uma vez que a renda da pessoa jurídica não se confunde com a sua receita bruta ou o seu patrimônio, traduzindo-se, ao contrário, no lucro, assim entendido como o resultado positivo da atividade econômica. Deste modo, impedir a dedução das despesas necessárias à atividade empresarial acaba por tributar o próprio patrimônio, e não o acréscimo patrimonial, violando o conceito constitucional de renda, que é estabelecido no artigo 153, III, CF, e explicitado pelo artigo 43 do CTN.

Nesse sentido, Brandão Machado:[205]

"Em se tratando, como se trata, de um imposto que, segundo a Constituição Federal, há de incidir sobre 'renda e proventos de qualquer natureza', é induvidoso que a liberdade que tem o legislador para prescrever a indedutibilidade de despesas é exatamente aquela decorrente da relativa vaguidade do conceito de renda. A liberdade do legislador vai até o ponto em que suas regras sobre ajustes da renda do contribuinte não desnaturem o próprio conceito de renda, que se caracteriza essencialmente pelo acréscimo patrimonial."

---

§ 3º O disposto neste artigo aplica-se também às gratificações pagas aos empregados, seja qual for a designação que tiverem."

[204] ANDRADE FILHO, Edmar Oliveira. *Imposto de Renda das Empresas*. 4 ed. São Paulo: Atlas, 2007, p. 151.

[205] MACHADO, Brandão. "Multas Administrativas e Imposto de Renda". In NOGUEIRA, Ruy Barbosa (coord.). *Direito Tributário Atual*. São Paulo: IBDT/Resenha Tributária, vol. 10, 1990, p. 2.745.

E também Hugo de Brito Machado:[206]

"É admissível, outrossim, a liberdade do legislador para estabelecer normas reguladoras da determinação do montante da renda, tendentes a evitar práticas fraudulentas. Não pode ele, porém, a esse pretexto, criar ficções legais absolutas. Nem pode, de qualquer outro modo, regular de tal forma a determinação da base de cálculo do imposto, que este termine por ser devido sem que tenha ocorrido o fato gerador, vale dizer, acréscimo patrimonial."

Em razão desses contornos constitucionais estabelecidos para o imposto, as previsões legais destinadas a limitar e impedir a dedutibilidade de despesas somente se legitimam para preservar a legitimidade dessas, e não para atender outros interesses almejados pelo legislador, estejam eles relacionados com a arrecadação tributária ou com objetivos extrafiscais, como esclarece Ricardo Mariz de Oliveira:[207]

"No mais, as simples indedutibilidades de custos e despesas legitimamente incorridos para a produção do lucro ou as limitações aos seus valores dedutíveis não se justificam em absoluto perante o ordenamento constitucional e a sua lei complementar.

Quanto às disposições que condicionam a dedutibilidade, somente se justificam se forem para impor critérios ou formas de comprovação da efetividade do gasto e do seu valor, mas não para atender outras conveniências fiscais ou serem meios indiretos de prevenir dedução."

Por essas razões, todos os custos e despesas necessárias das empresas consorciadas devem ser deduzidas, independentemente de terem integrado o óleo-custo, de acordo com o contrato de partilha, uma vez que este, bem como o edital que o rege, e mesmo a Lei nº 12.351/2010, não podem restringir a dedutibilidade de despesas operacionais, salvo se estas não forem necessárias, normais ou usuais.

A mesma disciplina é aplicável em relação aos consórcios formados por empresas de exploração e produção no âmbito dos contratos de concessão, seara em que, de acordo com o art. 279 da Lei nº 6.404/76, o contrato formador do consórcio deverá estipular a divisão quando ao resultado da pro-

---

[206] MACHADO, Hugo de Brito. "A Supremacia Constitucional e o Imposto de Renda". In: MARTINS, Ives Gandra da silva (coord.). *Estudos sobre o Imposto de Renda – Em Memória de Henry Tilbery*. São Paulo: Resenha Tributária/CEU, 2000, p. 241.
[207] OLIVEIRA, Ricardo Mariz. *Fundamentos do Imposto de Renda*, p. 412.

dução. Partilhada a produção entre as empresas do consórcio, cada poderá alienar o seu quinhão para terceiros, o que gerará uma renda que lhe é própria e que não se confunde com a de outras empresas que o compõe.

6.4. O IRRF e o Arrendamento Mercantil das Plataformas de Petróleo

Discute-se a exigência do imposto de renda retido na fonte (IRRF) sobre os pagamentos realizados pelas empresas de exploração e produção de petróleo em contrapartida ao arredamento mercantil de plataformas de petróleo ao abrigo da alíquota zero estabelecida pelo artigo 691 do Regulamento do Imposto de Renda (RIR/99), com base no artigo 1º da Lei nº 9.481/97, com redação dada pela Lei nº 9.532/97.

A Secretaria da Receita Federal do Brasil (RFB) tem manifestado o entendimento de que tais operações não estariam abrigadas pelo benefício fiscal em fundamentação que podem ser sintetizadas em dois argumentos principais:

a) os contratos em questão não podem ser considerados como sendo de afretamento, por serem parte integrante e inseparável de contratro de prestação de serviços técnicos, sofrendo a incidência do IRRF;

b) sendo as normas que concedem benefícos fiscais interpretadas literalmente, de acordo com o artigo 111 do CTN, as plataformas de petróleo não podem ser consideradas *embarcações*, para os fins do artigo 1º da Lei nº 9.481/97, por não se inserirem no conceito legal do artigo 2º, V, da Lei nº 9.532/97, que exige que estas se destinam ao transporte de pessoas e cargas, o que não seria o caso das plataformas.

Para o dislinde da questão é fundamental o exame de cada uma das duas fundamentações fazendárias.

6.4.1. Os Contratos de Afretamento e de Prestação de Serviços

Na verdade, não procede a alegação da Receita Federal de que o afretamento é parte integrante e indissolúvel da contratação de serviços técnicos, uma vez que as duas prestações se traduziriam em contratos coligados, como, aliás, admitido expressamente na legislaçao do REPETRO.

Por outro lado, o artigo 2º, I a III, da Lei nº 9.432/97 estabelece a possibilidade do afretamento se dar:

(i) a casco nu: contrato em virtude do qual o afretador tem a posse, o uso e o controle da embarcação, por tempo determinado, incluindo o direito de designar o comandante e a tripulação;
(ii) por tempo: contrato em virtude do qual o afretador recebe a embarcação armada e tripulada, ou parte dela, para operá-la por tempo determinado;
(iii) por viagem: contrato em virtude do qual o fretador se obriga a colocar o todo ou parte de uma embarcação, com tripulação, à disposição do afretador para efetuar transporte em uma ou mais viagens.

Assim sendo, não restaria desvirtuada a sua natureza de contrato de afretamento em razão deste ser acompanhado da prestação de serviços técnicos avençada em contrato coligado.

Ademais, a contratação do afretamento e dos serviços técnicos constituem duas prestações diferentes, em geral entre pessoas jurídicas diversas, ainda que estejam no mesmo grupo, com preços diversos. É claro que seria possível que a Fazenda Pública procurasse demonstrar a existência de planejamento fiscal abusivo em casos em que tais operações não tivessem existência no plano fático, o que não pode, porém, ser presumido.

Vale destacar que a argumentação de existência de autonomia entre as prestações de afretamento de bens e prestação de serviços encontra boa acolhida na jurisprudência, já tendo sido reconhecida pela Segunda Turma do Supremo Tribunal Federal no Recurso Extraordinário nº 107.363-2/SP[208], relatado pelo Ministro Francisco Rezek:

"ISS. CONTRATO DE LOCAÇÃO DE BEM MOVEL. MOTORISTAS CEDIDOS PELA LOCADORA. NÃO DESNATURA O CONTRATO DE LOCAÇÃO A CIRCUNSTANCIA DE A EMPRESA LOCADORA POR A DISPOSIÇÃO DA LOCATARIA MANOBRISTAS PARA O MELHOR APROVEITAMENTO DOS VEÍCULOS CEDIDOS. RECURSO EXTRAORDINÁRIO NÃO CONHECIDO."

No mesmo sentido, há precedentes do Superior Tribunal de Justiça, como se pode verificar do exame da ementa do acórdão da Segunda Turma no Recurso Especial nº 1.194.999/RJ[209], relatado pela Ministra Eliana Calmon:

---

[208] STF, 2ª Turma, RE nº 107.363-2/SP, Rel. Min. Francisco Rezek, DJU 01/08/86, p. 12.892.
[209] STJ, 2ª Turma, REsp nº 1.194.999/RJ, Rel. Min. Eliana Calmon, DJe 22/09/2010.

> *"TRIBUTÁRIO – IMPOSTO SOBRE SERVIÇO DE QUALQUER NATUREZA – LOCAÇÃO DE*
> *BENS MÓVEIS – SÚMULA VINCULANTE 31/STF – CONTRATO DE LOCAÇÃO CONJUGADO COM PRESTAÇÃO DE SERVIÇO DE ASSISTÊNCIA TÉCNICA.*
> *1. Segundo a Súmula Vinculante 31/STJ, "é inconstitucional a incidência do Imposto sobre Serviços de Qualquer Natureza – ISS sobre operações de locação de bens móveis".*
> *2. É válida a tributação de ISS sobre os serviços de manutenção e de assistência técnica, em razão de expressa previsão na lista anexa à Lei Complementar 116/2003 (item que 14.02 – "assistência técnica").*
> *3. O STF ainda não tratou definitivamente da questão envolvendo a conjugação de locação bem móvel e serviços acessórios, como a prestação de assistência técnica.*
> *4. A existência de prestação de serviço de assistência técnica, em caráter acessório ao contrato de locação de bem móvel, não justifica a incidência do ISS sobre o valor total da operação, sob pena de ofensa à Súmula Vinculante 31/STF.*
> *5. Recurso especial provido."*

Porém, a maior demonstração de acolhimento desta tese foi dada pelo próprio legislador que, reconhecendo a possibilidade de execução simultânea do contrato de afretamento de embarcações marítimas e do contrato de prestação de serviços, relacionados à prospecção e exploração de petróleo ou gás natural, celebrados com pessoas jurídicas vinculadas entre si, estabelecendo percentuais para o valor do aluguel, a fim de evitar o planejamento fiscal abusivo concernente em tornar irrisório o valor da prestação de serviços:

> "Art. 1º A alíquota do imposto de renda na fonte incidente sobre os rendimentos auferidos no País, por residentes ou domiciliados no exterior, fica reduzida para zero, nas seguintes hipóteses: (Redação dada pela Lei nº 9.532, de 10.12.97)
>
> I – receitas de fretes, afretamentos, aluguéis ou arrendamentos de embarcações marítimas ou fluviais ou de aeronaves estrangeiras ou motores de aeronaves estrangeiros, feitos por empresas, desde que tenham sido aprovados pelas autoridades competentes, bem como os pagamentos de aluguel de contêineres, sobrestadia e outros relativos ao uso de serviços de instalações portuárias; (Redação dada pela Lei nº 13.043, de 2014)

§ 2º No caso do inciso I do caput deste artigo, quando ocorrer execução simultânea do contrato de afretamento ou aluguel de embarcações marítimas e do contrato de prestação de serviço, relacionados à prospecção e exploração de petróleo ou gás natural, celebrados com pessoas jurídicas vinculadas entre si, do valor total dos contratos a parcela relativa ao afretamento ou aluguel não poderá ser superior a: (Redação dada pela Lei nº 13.043, de 2014).

I – 85% (oitenta e cinco por cento), no caso de embarcações com sistemas flutuantes de produção e/ou armazenamento e descarga (Floating Production Systems – FPS); (Incluído pela Lei nº 13.043, de 2014).

II – 80% (oitenta por cento), no caso de embarcações com sistema do tipo sonda para perfuração, completação, manutenção de poços (navios-sonda); e (Incluído pela Lei nº 13.043, de 2014).

III – 65% (sessenta e cinco por cento), nos demais tipos de embarcações. (Incluído pela Lei nº 13.043, de 2014)."

Embora o dispositivo acima tenha tido a redação dada pelo artigo 106 da Lei nº 13.043/14, cuja vigência se deu a partir de 1º de janeiro de 2015, de acordo com o artigo 113, II, da referida norma legal, é forçoso reconhecer a sua força interpretativa em relação à redação do artigo 1º da Lei nº 9.481/97 dada pelo artigo 20 da Lei nº 9.532/97, no sentido de declarar, a partir de uma interpretação autêntica, que os contratos de afretamento de embarcações marítimas podem ser executados simultaneamente com os referentes à prestação de serviços relacionados à prospecção e exploração de petróleo ou gás natural, ainda que celebrados entre pessoas jurídicas vinculadas entre si. Para evitar a elisão abusiva, impôs norma antielisiva específica, com vigência em relação ao exercício de 2015. Nesta parte seus efeitos são prospectivos, mas sua eficácia interpretativa retroage à data da lei interpretada, nos termos do artigo 106 do Código Tributário Nacional – CTN.

Deste modo, não prospera a argumentação da Receita Federal de que o afretamento é parte do contrato de prestação de serviços, ainda que se trate de fatos geradores ocorridos antes da vigência da Lei nº 13.043/14, dada a sua natureza também interpretativa.

6.4.2. As Plataformas de Petróleo e o Conceito de Embarcação da Lei nº 9.481/97

A alegação fazendária de que as plataformas de petróleo não se subsumem no conceito de embarcação parte do pressuposto inicial de que as isenções, bem como as demais normais desonerativas, devem ser interpretadas literalmente, de acordo com o artigo 111 do CTN, o que resultaria a interpretação restritiva do conceito de embarcação previsto no artigo 1º da Lei nº 9.481/97.

Alie-se a isso, na argumentação fazendária, a previsão, pelo artigo 2º da Lei nº 9.537/97, norma que dispõe sobre a segurança do tráfego aquaviário, de dispositivos diversos para definir *embarcação*, o inciso V, e para conceituar *plataforma*, no inciso, XIV. Em decorrência, se procura extrair um elemento finalístico da norma a partir da definição da destinação ao transporte de pessoas e cargas como seu elemento normativo essencial.

Embora a referida lei não estabeleça qualquer distinção do seu campo normativo entre as embarcações e plataformas, vale analisar a redação dos aludidos dispositivos legais para verificar se há distinção entre os dois conceitos.

> *"Art. 2º Para os efeitos desta Lei, ficam estabelecidos os seguintes conceitos e definições:*
>
> *V – Embarcação – qualquer construção, inclusive as plataformas flutuantes e, quando rebocadas, as fixas, sujeita a inscrição na autoridade marítima e suscetível de se locomover na água, por meios próprios ou não, transportando pessoas ou cargas;*
>
> *XIV – Plataforma – instalação ou estrutura, fixa ou flutuante, destinada às atividades direta ou indiretamente relacionadas com a pesquisa, exploração e explotação dos recursos oriundos do leito das águas interiores e seu subsolo ou do mar, inclusive da plataforma continental e seu subsolo;"*

Nota-se, desde logo, que as plataformas estão inseridas no conceito legal de embarcação por expressa previsão legal, tanto as plataformas flutuantes quando as rebocáveis. Não convence a identificação do transporte de pessoas e cargas da expressão final "transportando pessoas ou cargas" como elemento finalístico essencial do tipo, uma vez que este não exclui as plataformas, que nada mais são do que navios com capacidade para processar e armazenar o petróleo e prover a transferência do petróleo ou gás natural para uma segunda embarcação, como destacado por Ricardo Lodi Ribeiro e Adriana Clemente de Souza Tavares[210], em obra que trata especificamente dos aspectos tributários da fabricação das plataformas de petróleo:

---

[210] RIBEIRO, Ricardo Lodi e TAVARES, Adriana Clemente de Souza. "A não incidência de ISS sobre a fabricação de módulos para plataformas de petróleo", *Revista Dialética de Direito Tributário nº 195*, 2011, p. 135.

"Como se vê, as plataformas de petróleo não se enquadram no conceito de bem imóvel. Tal conclusão ainda é mais forte em relação aos módulos para plataformas de petróleo objetos da presente análise que foram desenvolvidos para as plataformas do tipo flutuante, que nada mais são do que navios ou conveses convertidos.

Exemplos de plataformas flutuantes são as plataformas tipo FPSO – Floating, Production, Storage & Offloading, que significa Unidade Flutuante de Produção, Armazenamento e Transferência de petróleo, como o próprio nome sugere, são navios com capacidade para processar e armazenar o petróleo e prover a transferência do petróleo ou gás natural para uma segunda embarcação."

Na verdade, como navios convertidos que são, as plataformas de petróleo são capazes de transportar pessoas e cargas, o que atende ao conceito regulatório do artigo 2º, V, da Lei nº 9.481/97, como fica claro com a análise do dispositivo legal que deu origem à norma atual, o artigo 10 do Decreto nº 87.648/82 (Regulamento para o Tráfego Marítimo), com redação dada pelo Decreto nº 511/92 que esclarece:

"Art. 10. O termo "embarcação", para efeito deste Regulamento, significa qualquer construção, capaz de transportar pessoas ou coisas, suscetível de se locomover na água por meios próprios ou não."

Nota-se que a norma acima descrita não estabelece como sendo *embarcação* a contrução *destinada* a transporte, mas apenas que seja *capaz* de fazê-lo, o que é plenamentre atendido pelas plataformas de petróleo.

A despeito do conceito legal de embarcação da Lei nº 9.537/97 não excluir a ideia de plataformas de petróleo, é forçoso reconhecer que a lei regulatória não deve ser utilizada para impor uma interpretação restritiva da norma desonerativa, uma vez que a primeira não estabelece diferenças de tratamento entre embarcações e plataformas.

Por outro lado, a interpretação no Direito Tributário não é subordinada pelos contornos regulatórios, cujos objetivos e princípios não são os mesmos que foram almejados pelo legislador fiscal. Nesse sentido, não se pode extrair do ordenamento jurídico que a intenção reguladora do legislador tributário fosse o fomento ao transporte de cargas e passageiros. Muito pelo contrário. A norma fiscal estabeleceu outros requisitos para que a embarcação gozasse da fruição do benefício tributário: o contrato ser relacionado ao afretamento de embarcações marítimas ou fluviais, e que estas sejam autorizadas pelas autoridades competentes, nada dispondo sobre a finalidade de transportar cargas ou pessoas.

Também não prospera o entendimento fazendário de que as normas que conferem benefícios fiscais devam ser interpretadas restritivamente, à luz do artigo 111 do CTN. Na verdade, o que o referido dispositivo de nossa lei de normas gerais veda é a integração analógica, que se faz fora dos sentidos possíveis oferecidos pela literalidade do texto, como destaca Ricardo Lodi Ribeiro[211]:

> *"Deste modo, não há qualquer óbice a uma interpretação extensiva da lei de isenção, desde que esta, como atividade hermenêutica que é, não transmute o propósito regulador do legislador.*
>
> *Nesse sentido, deve ser compreendida a regra contida no artigo 111, II, do CTN, segundo a qual as leis de isenção devem ser interpretadas literalmente. Não se pode daí procurar extrair a opção exclusiva pelo o método literal, pois nenhum processo hermenêutico pode a ele se limitar. Também não é lícito compreender a expressão literalmente como se fosse restritivamente, não só pelas razões expostas a partir dos argumentos de Larenz, mas também porque a interpretação restritiva fica aquém das possibilidades oferecidas pela literalidade da norma.*
>
> *Na verdade, o dispositivo em tela tem o condão de vedar a integração da norma de isenção, ao limitar a atividade de seu o aplicador ao sentido literal possível. Ou seja, sendo a literalidade do texto um limite da interpretação, o dispositivo do art. 111, II, do CTN, ao prescrever a interpretação literal, está afastando a analogia, que ultrapassa o sentido literal possível, prestigiando o valor da segurança jurídica."*

Deste modo, não há que se interpretar restritivamente a norma do artigo 1º da Lei nº 9.481/97, que concedeu alíquota zero para os rendimentos decorrentes de afretamento de embarcações, e tampouco o próprio conceito de embarcação previsto no artigo 2º, V, da Lei nº 9.537/97.

Esse entendimento já vem sendo reconhecido pela jurisprudência, inclusive do Supremo Tribunal Federal, de que é exemplo o acórdão da Segunda Turma do Supremo Tribunal Federal, no Recurso Extraordinário nº 76.133/RJ[212], relatado pelo Ministro Antonio Neder, e assim ementado:

---

[211] RIBEIRO, Ricardo Lodi. *Justiça, Interpretação e Elisão Tributária*, p. 129-130.
[212] STF, 2ª Turma, RE nº 76.133/RJ, Rel. Min. Antônio Neder, DJU 17/10/74, p. 7.670.

"1. Plataforma auto-elevadora para perfuração submarina. Constitui embarcação e está isenta do IPI, como expressa o art. 10, XXXIX, do Regulamento aprovado pelo Decreto n. 61.514-67.
2. Recursos extraordinários providos pela 2ª Turma do STF."

Vale destacar que, embora a decisão seja anterior à edição da Lei nº 9.537/97, que conferiu a definição regulatória de embarcação, enfrenta a definição sobre o conceito desta à luz do marco regulatório então vigente, o Decreto nº 50.114/61, que estabelecia definição semehante à espécie, além de considerar a inaplicabilidade do artigo 111 do CTN para restringir o conceito de embarcação no caso concreto.

Mais recente, e mais específico em relação ao caso concreto, é o acórdão da 3ª Turma Especializada do Tribunal Regional Federal da 2ª Região[213] na apelação cível nº 0007040.83.2008.4.02.5101, onde o conceito de embarcação do artigo 1º da Lei nº 9.481/97 foi examinado à luz do artigo artigo 2º, V, da Lei nº 9.537/97:

"TRIBUTÁRIO. IMPOSTO DE RENDA RETIDO NA FONTE. REMESSA DE NUMERÁRIO AO EXTERIOR. PAGAMENTO DE AFRETAMENTO DE PLATAFORMAS MÓVEIS. LEI Nº 9.481/97. ISENÇÃO. ENQUADRAMENTO NO CONCEITO DE EMBARCAÇÃO. HONORÁRIOS.

1. A Lei nº 9.481/97, com a redação dada pelo art. 20 da lei nº 9.532/97 contempla os pagamentos efetuados a título de "fretes, afretamentos, aluguéis ou arrendamentos de embarcações" com o benefício da alíquota zero para fins de IRRF.

2. Como a norma tributária, ao tratar das operações de fretamento para fins de imposto de renda retido na fonte não modificou expressamente o conceito de embarcação, apenas se referindo aos seus efeitos tributários, este deverá ser buscado na seara privada, nos termos do art. 109 do CTN.

3. Pela leitura e interpretação sistemática dos incisos V e XIV do art. 2º da Lei nº 9.537/97, que regula a segurança do tráfego aquaviário em águas sob jurisdição nacional, depreende-se que enquanto o elemento estrutural do conceito de embarcação é dado pela idéia de construção de qualquer natureza, no qual o único exemplo dado pela lei consiste nas plataformas, o elemento funcional consiste na suscetibilidade de locomoção na água, ou seja, de navegabilidade, seja qual for a forma de locomoção (por meios próprios ou não), o que afasta, de plano, as plataformas fixas que não podem ser rebocadas.

---

[213] TRF2, 3ª Turma Especializada, Apelação Civel nº 0007040.83.2008.4.02.5101, DJU 27/06/2012.

4. Dentro de uma interpretação literal ou gramatical, a alusão ao transporte de pessoas ou cargas não constitui elemento finalístico da norma, pois o verbo foi utilizado no gerúndio, significando tão apenas a suscetibilidade do transporte de pessoas ou cargas, e não a efetividade do mesmo ou a sua utilização como única finalidade econômica.

5. A análise do elemento histórico da hermenêutica do conceito de embarcação também aponta no sentido de que o emprego ou destino no transporte de pessoas ou de cargas também não constitui seu elemento essencial. Precedente do STF.

6. As plataformas petrolíferas autuadas são todas móveis e encontram-se inscritas junto à autoridade marítima, conforme comprovam as cópias dos atestados de inscrição temporária de embarcação estrangeira emitidos pela Marinha do Brasil, às fls. 36/44.

7. A suscetibilidade de movimentação na água, ou navegabilidade, e a possibilidade de transporte de pessoas ou cargas também se encontra atestada pelos pareceres acostados às fls. 77/92, inclusive de acordo com o parecer da Diretoria de Portos e Costas da Marinha do Brasil.

8. A própria Ré não contesta que as plataformas em questão apresentam as características acima enumeradas, fundamentando a legitimidade da autuação no fato de que tais características teriam natureza acessória, pois as plataformas não se destinariam ao transporte de pessoas ou cargas, mas sim à prospecção de petróleo.

9. A destinação para o transporte de pessoas ou cargas não constitui elemento essencial para o enquadramento das plataformas móveis no conceito de embarcação, impondo-se, deste modo, o reconhecimento da subsunção destas na alíquota zero do Imposto sobre a Renda Retido na Fonte prevista no art. 1º da Lei nº 9.481/97, com a redação dada pelo art. 20 da Lei nº 9.532/97.

10. Ainda que o princípio da capacidade contributiva seja um vetor na interpretação das leis tributárias, não se pode ignorar os demais métodos de hermenêutica e a opção do legislador ordinário.

11. O que se verifica é que a aplicação da alíquota zero às operações de afretamento de plataformas móveis foi uma opção legislativa, e, como tal, somente pode ser alterada pelo próprio legislador, na medida em que, apesar de implicar em grande renúncia fiscal por parte do governo, encontra-se em perfeita consonância com o ordenamento jurídico em vigor.

12. Redução dos honorários advocatícios, em apreciação equitativa, nos termos do disposto no art. 20, §4º, do CPC.

13. Recurso e remessa parcialmente providos."

No mesmo sentido, acórdão da 4ª Turma Especializada do referido TRF-2 na apelação cível nº98.02.30093-4[214]:

> *TRIBUTÁRIO. PLATAFORMAS FLUTUANTES. EMBARCAÇÃO. LEI Nº9537/97. SEGURANÇA DO TRÁFEGO AQUAVIÁRIO EM ÁGUAS SOB JURISDIÇÃO NACIONAL. ISENÇÃO PREVISTA NO ARTIGO 2º INCISO II, ALÍENEA J DA LAEI 8032/90. PEÇAS E COMPONENTES DESTINADOS AO SEU REPARO. I- A Lei nº 9.537, de 11 de dezembro de 1997, que dispõe sobre a segurança do tráfego aquaviário em águas sob jurisdição nacional, inclui expressamente as plataformas flutuantes no conceito de embarcação. II- Pacificada, portanto, a questão da conceituação da plataforma como embarcação, infere-se que as partes, peças e componentes destinados ao seu reparo, revisão e manutenção fazem jus à isenção prevista no artigo 2º, inciso II, aliena "j" da Lei nº 8.032/90, ao revés do afirmado pela autoridade impetrada quando da negativa ao desembaraço aduaneiro sem o pagamento 4 IV – APELACAO CIVEL 176769 98.02.30094-2 de tributos, merecendo ser mantida a sentença ora guerreada. III- A Turma, por unanimidade, negou provimento à apelação cível.*

Aqui nessa seara também, a edição da Lei nº 13.043/14 constitui a interpretação autência de que as plataformas de petróleo com sistemas flutuantes de produção e/ou armazenamento de e descarga (Floating Production Systems – FPS) e com sistema do tipo sonda para perfuração, completação, manutenção de poços (navios-sonda) são embarcações, ao estabelecer, como vimos, os percentuais que serão considerados como sendo relacionados ao valor do afretamento, para fins do artigo 1º da Lei nº 9.481/97.

Por essas razões que demonstram ser as plataformas de petróleo consideradas como embarcações para fins fiscais, a remessa de recusos para o pagamento do seu arrendamento mercantil goza da alíquota zero estabelecida pelo artigo 691 RIR/99.

---

[214] TRF2, 4ª Turma Especializada, Apelação Cível nº 98.02.30093-4, DJU 03/10/2010.

Capítulo 7
A Tributação sobre a Receita Bruta na Exploração e Produção de Petróleo e Gás

7.1. O PIS, a COFINS e a Costituição Federal
7.1.1. Breve Histórico
O PIS foi criado pela Lei Complementar nº 7/70 como contribuição destinada a financiar o Programa de Integração Social, cujo objetivo era, de acordo com o artigo 1º da referida norma, a promoção da integração do empregado na vida e no desenvolvimento das empresas. A contribuição ao PIS no regime da LC nº 7/70 era composta de duas partes. A primeira era feita com recursos da própria empresa, com base no seu faturamento, assim entendido como resultado da venda de mercadorias. Era o chamado PIS-Faturamento. A outra parte, de responsabilidade da União, era resultante de uma dedução do imposto de renda das empresas, sendo denominada PIS-Dedução. As instituições financeiras, e outras empresas que não possuíam faturamento, que na época traduzia-se no resultado da venda de mercadorias, substituíam o PIS-Faturamento pelo PIS-Repique, que representava a reprodução do valor do PIS-Dedução, a partir de recursos próprios da empresa. Tais recursos eram destinados a contas individualizadas dos trabalhadores, a fim de constituir o seu patrimônio. Deste modo, os titulares das contas individualizadas poderiam sacar os recursos do PIS para a aquisição da casa própria, por ocasião do casamento, aposentadoria ou invalidez, assim como os seus sucessores em caso de morte.

Por sua vez, a Lei Complementar nº 8/70 instituiu o PASEP, destinado à formação do patrimônio do servidor público, a partir das receitas correntes da União, Estados, Distrito Federal e Municípios, bem como das receitas orçamentárias das autarquias, fundações públicas, empresas públicas e sociedades de economia mista, a fim de atingir, em relação ao servidor público, finalidades análogas às do PIS.

Antes da Constituição de 1988, o PIS e o PASEP não tinham natureza tributária, uma vez que não se constituíam em receita pública, mas patrimônio de cada trabalhador.[215]

Os Decretos-Lei nºs 2.445/88 e 2.449/88 procuraram fixar a receita operacional bruta como base de cálculo das referidas contribuições, mas tiveram sua inconstitucionalidade declarada pelo STF,[216] por vício formal, uma vez que no regime anterior à Constituição de 1988, o PIS e o PASEP, por não terem natureza tributária, não se inseriam no conceito de finanças públicas, estando, portanto, fora do âmbito do pressuposto para edição do decreto-lei pelo artigo 55 da Constituição Federal de 1969 (EC nº 1/69). Com a promulgação da Constituição de 1988, as contribuições ao PIS e ao PASEP são recepcionadas, com base no artigo 239, CF, como contribuições sociais da seguridade social, adquirindo natureza tributária. Com fundamento no novo texto constitucional, os recursos arrecadados a partir da sua cobrança deixaram de ser destinados às contas individualizadas dos trabalhadores e passaram ao orçamento da seguridade social com a finalidade específica de financiar o seguro-desemprego e o abono anual de um salário mínimo pago ao trabalhador que recebe menos de dois salários mínimos por mês.

A partir da EC nº 20/98, que alargou a competência constitucional para a instituição das contribuições sobre o faturamento, passando a englobar a receita, o PIS passou a ter uma disciplina infraconstitucional bastante semelhante à da COFINS, especialmente com a edição das Leis nºs 9.715/98 e 9.718/98.

Com o advento da Lei nº 10.637/02, passa a comportar uma sistemática não cumulativa. A partir da promulgação da EC nº 42/03, a Constituição previu a competência federal para instituir contribuição sobre a importação, o que o legislador tributário acabou por unificar com o PIS e com a COFINS, com base na Lei nº 10.865/04.

Por sua vez, a COFINS, que foi criada pela Lei Complementar nº 70/91, tem como antecedente histórico o FINSOCIAL – Fundo de Investimento

---

[215] STF, Pleno, RE nº 148.754/RJ, Rel. Min. Francisco Rezek, DJU 04/03/94, p. 3.290.
[216] STF, Pleno, RE nº 148.754/RJ, Rel. Min. Francisco Rezek, DJU 04/03/94, p. 3.290.

Social, instituído pelo Decreto-Lei nº 1.940/82, incidente sobre o faturamento das empresas, assim entendido como o resultado da venda de mercadorias e serviços; e sobre a receita das instituições financeiras. Sua destinação era o custeio de investimentos de caráter assistencial em alimentação, habitação popular, saúde, educação, justiça e amparo ao pequeno agricultor. Embora no regime constitucional pretérito as contribuições parafiscais não possuíssem natureza tributária, o STF considerou o FINSOCIAL como imposto residual incidente sobre a receita bruta, uma vez que o sistema tributário nacional então vigente não previa a figura de uma contribuição social que não estivesse destinada à previdência social. O artigo 56 do ADCT da Constituição de 1988 recepcionou expressamente o FINSOCIAL como contribuição social destinada à seguridade social. Porém, em razão dos questionamentos quanto às alterações na legislação pretérita à promulgação da Constituição, face à alegada cristalização desta pelo artigo 56 do ADCT, o legislador acabou criando nova contribuição nos mesmos moldes, com base na competência prevista no artigo 195, I, CF: a COFINS.

O uso da lei complementar para tal desiderato acabou sendo uma demasia, uma vez que o tributo não mais vinha instituído na competência residual. Por isso, o STF reconheceu que a LC nº 70/91, que instituiu a COFINS, é materialmente uma lei ordinária, podendo ser alterada por este diploma.[217] O STJ chegou a sumular entendimento em sentido contrário, negando a possibilidade da isenção de COFINS estabelecida pelo artigo 6º da LC nº 70/91 para as sociedades civis de prestação de serviços ser revogada por lei ordinária.[218] No entanto, o STF[219] acabou por fazer prevalecer o entendimento esposado na ADC nº 1/DF, reconhecendo que a LC nº 70/91 pode ser alterada por lei ordinária.[220]

A partir da EC nº 20/98, e da legislação que a seguiu, passa a COFINS a incidir sobre a receita bruta. Com a edição da Lei nº 10.833/03, surge a

---

[217] STF, ADC nº 1/DF, Rel. Min. Moreira Alves, DJU 16/06/95, p. 18.213.
[218] STJ, Súmula nº 276: "As sociedades civis de prestação de serviços profissionais são isentas da Cofins, irrelevante o regime tributário adotado."
[219] STF, Pleno, RE nº 377.457/PR, Rel. Min. Gilmar Mendes, DJe 14/11/08.
[220] Para exame da questão, inclusive quanto à discussão sobre a necessidade da modulação dos efeitos da decisão em razão da proteção à confiança legítima do contribuinte, vide: RIBEIRO, Ricardo Lodi. *Limitações Constitucionais ao Poder de Tributar*. Rio de Janeiro: Lumen Juris, 2010, p. 111-113.

sistemática não cumulativa. Com base na EC nº 42/03, que previu competência da União para instituir contribuição social sobre a importação, a Lei nº 10.865/04 instituiu a COFINS incidente sobre importação.

7.1.2. A Incidência de PIS/COFINS

A COFINS e o PIS incidem sobre o faturamento ou receita, nos termos do artigo 195, I, *b*, CF, com redação dada pela EC nº 20/98.[221] Em sua versão original, o artigo 195, I, previa a incidência apenas sobre o faturamento.

A alteração constitucional destinou-se a ampliar a competência federal para a instituição do tributo, uma vez que a definição legal anterior de faturamento estava associada à venda de mercadorias e serviços, o que deixava de fora outras receitas como as relativas a operações financeiras, as referentes a aluguéis etc.

A regulamentação da alteração da EC nº 20/98 deu-se pela Lei nº 9.718/98. O problema é que a lei regulamentadora entrou em vigor antes do dispositivo constitucional regulamentado, o que levou à declaração pelo STF de inconstitucionalidade por vício formal do §1º do artigo 3º da referida lei, que promovera o alargamento da base de cálculo do PIS e da COFINS.[222] Porém, a legislação editada posteriormente à vigência da EC nº 20/98, pode validamente utilizar a ideia de *receita* como limite à instituição da COFINS e do PIS.[223]

A questão é saber qual o sentido das expressões constitucionais *faturamento ou receita*. Se há consenso sobre a sinonímia entre elas após a edição da EC nº 20/98, não mais restringindo-se ao resultado das vendas de mercadorias e serviços, duas questões ainda merecem um acurado exame. A primeira delas diz respeito ao conceito de faturamento anterior à EC nº 20/98, haja vista que a declaração de inconstitucionalidade do §1º do artigo 3º da Lei nº 9.718/98 não resolve todos os problemas, na medida em que há setores, como as instituições financeiras, cuja base legal ainda é anterior à EC nº 20/98.

---

[221] "Art. 195. A seguridade social será financiada por toda a sociedade, de forma direta e indireta, nos termos da lei, mediante recursos provenientes dos orçamentos da União, dos Estados, do Distrito Federal e dos Municípios, e das seguintes contribuições sociais: I – do empregador, da empresa e da entidade a ela equiparada na forma da lei, incidentes sobre: *c*) a receita ou o faturamento"
[222] STF, Pleno, RE nº 357.950/MG, Rel. Min. Marco Aurélio, DJU 15/08/06, p. 25.
[223] STF, 2ª Turma, RE nº 379.243 ED/PR, Rel. Min. Gilmar Mendes, DJU 09/06/06, p. 39.

A segunda é relativa aos limites da expressão *receita bruta*, e da sua distinção em relação aos meros ingressos contábeis.

No que se refere ao primeiro tema, sempre entendemos que a expressão faturamento, como prevista na redação original do artigo 195, I, CF, não era restrita ao conceito legal estabelecido pelo artigo 2º da LC nº 70/91, o resultado das vendas de mercadorias e serviços.[224] E vale registrar que há vários precedentes do STF no mesmo sentido, extraídos de contextos normativos anteriores à edição da EC nº 20/98 e da Lei nº 9.718/98.[225] Porém, no julgamento do RE nº 390.840/MG, o STF, embora considerando serem sinônimas as expressões *faturamento* e *receita* mesmo antes da EC nº 20/98, não admitiu o alargamento deste conceito a ponto de abrigar qualquer ingresso, independentemente da classificação contábil.[226] Mas vale destacar que, embora a leitura apressada da ementa do acórdão o esconda, não houve consenso sobre a limitação da expressão ao resultado da venda de mercadorias e serviços. Note-se, por exemplo, no voto do Ministro Cezar Peluso, que acompanhou a maioria pela inconstitucionalidade do §1º do artigo 3º da Lei nº 9.718/98, a expressão faturamento é considerada como sendo "produto do exercício de atividades empresariais típicas", incluindo-se as receitas das instituições financeiras. É bem verdade que a maioria representada pelo voto do relator, Ministro Marco Aurélio, não examinou essa questão, pois não estava em discussão a incidência da COFINS sobre as instituições financeiras, como o relator afirmou expressamente, ao justificar o seu alheamento em relação a esse ponto.

Posteriormente, como não poderia deixar de ser, a questão voltou ao STF, tendo a 2ª Turma, em decisão unânime relatada pelo Ministro Cezar Peluso, considerado que a expressão *faturamento* prevista no artigo 195, I, CF, com redação anterior à EC nº 20/98, equivale ao produto da atividade objeto da empresa, englobando as receitas auferidas pelas seguradoras, que não são derivadas da venda de mercadorias e serviços.[227]

---

[224] Nesse sentido nos manifestamos antes da declaração de inconstitucionalidade do §1º do artigo 3º da Lei nº 9.718/98 pelo STF: RIBEIRO, Ricardo Lodi. "A constitucionalidade das alterações introduzidas na COFINS pela Lei nº 9.718/98" *Revista Dialética de Direito Tributário* 53, p. 67-76, 2000.

[225] STF, Pleno, ADC nº1/DF, Rel. Min. Moreira Alves, DJU 16/06/95, p. 18.213; STF, Pleno, RE nº 150.755/PE, Rel. p/acórdão: Min. Sepúlveda Pertence, DJU 11/12/98, p. 1.290.

[226] STF, Pleno, RE nº 390.840/MG, Rel. Min. Marco Aurélio, DJ 15/08/06, p. 25.

[227] STF, 2ª Turma, RE nº 400.479/AgR/RJ, Rel. Min. Cezar Peluso, DJ 06/11/06, p. 45. Com a interposição de embargos declaratórios pelo contribuinte, a questão foi afetada ao Pleno

De qualquer forma, a expressão faturamento, sem a permissão da tributação da receita pela EC nº 20/98, está limitada à atividade associada ao objeto social da empresa, como já estabelecido pelo STF.[228] Com a referida emenda, a Constituição passou a admitir a tributação de receitas oriundas de atividades eventuais e estranhas ao objeto social, tais quais as decorrentes de aplicações financeiras para entidades não financeiras.

A segunda questão, relacionada ao limite da expressão receita, deve ser apreciada à luz do princípio da capacidade contributiva que, aliás, não é prestigiado pela tributação da receita bruta, uma vez que esta não revela, necessariamente, signo de manifestação de riqueza. É claro que tendo a competência tributária relativa ao *faturamento* sido introduzida pelo constituinte originário, é inviável a consideração sobre sua inconstitucionalidade. Porém, a interpretação da expressão *faturamento*, e com mais razão, por ter sido introduzida por emenda constitucional, da palavra *receita*, dentre os vários sentidos possíveis oferecidos pela literalidade do texto constitucional, deve prestigiar as que estejam harmonizadas com o artigo 145, §1º, CF, em nome da unidade da ordem constitucional. Por isso, não se pode admitir que a tributação com base no artigo 195, I, *b*, CF, ocorra sobre tudo o que a escrituração contábil admite que seja tratado como receita, independentemente do seu auferimento financeiro.[229] Não estamos dizendo com isso que a COFINS e o PIS sejam incompatíveis com a adoção do regime de competência, a permitir a tributação das receitas de acordo com o surgimento do crédito a ela relativas. Contudo, é preciso lembrar que a adoção do regime de competência é uma técnica de simplificação administrativa destinada a facilitar a apuração e fiscalização tributárias, o que não afasta

---

onde o relator reiterou o seu posicionamento no sentido de que o conceito constitucional de faturamento anterior à EC nº 20/98 é aquilo que decorre do exercício das atividades próprias e típicas da empresa, estando fora deste as receitas não operacionais em geral, as receitas financeiras atípicas e outras do mesmo gênero, desde que, não constituíssem elemento principal da atividade. Por outro lado, estariam abrangidas na noção de faturamento as receitas tipicamente empresariais colhidas por bancos, seguradoras e demais empresas que, não se dediquem à venda de mercadorias e serviços. Em 19/08/09, pediu vista o Ministro Marco Aurélio.

[228] STF, Pleno, RE nº 527.602/SP, Rel. p/acórdão: Min. Marco Aurélio, DJe 13/11/09.

[229] Nesse sentido: PAULSEN, Leandro. *Direito Tributário – Constituição e Código Tributário à Luz da Doutrina e da Jurisprudência*. 11. ed. Porto Alegre: Livraria do Advogado, 2009, p. 184; MINATEL, José Antônio. *Conteúdo do Conceito de Receita e Regime Jurídico para sua Tributação*. São Paulo: MP, 2005, p. 253.

a aplicação do princípio da capacidade contributiva. Ao contrário, deve ser com ele ponderada de modo a não permitir que os contribuintes sejam tributados em situações que não revelem manifestação de riqueza.[230] Por isso, o legislador, ao estabelecer o regime de competência, deverá, em nome da preservação do conceito constitucional de receita balizado pelo princípio da capacidade contributiva, prever cláusulas de exclusão, a fim de permitir que os ingressos contábeis que não se coadunam com este conceito não sejam tributados. É o caso das exclusões da base de cálculo da COFINS e do PIS estabelecidas pelo § 2º do artigo 3º da Lei nº 9.718/98, como por exemplo, as vendas canceladas e os descontos incondicionados. Porém, deixou a lei de excluir as vendas inadimplidas, o que vem provocando grande polêmica doutrinária e jurisprudencial.

De fato, pelo regime de competência, as vendas inadimplidas geram a contabilização de receitas e o direito de crédito por parte do devedor. Porém, não podem ser consideradas como receitas auferidas para fins de incidência da COFINS e do PIS, nos termos do artigo 195, I, b, CF, pelos motivos já expostos. Deste modo, como pressuposto da constitucionalidade da base de cálculo definida pelo caput do artigo 3º da referida lei, devem ser excluídas do faturamento a receita das vendas inadimplidas.[231] No entanto, o STF[232] e o STJ[233] não acolheram tal exclusão a partir de argumentos formalistas, baseados na interpretação restritiva da lei que não prestigia o princípio da capacidade contributiva e o conceito constitucional de receita.

Também não se confundem as receitas com os ingressos que circulam pela contabilidade da empresa, mas que não incrementam o seu patrimônio como elemento novo e positivo,[234] como as receitas de terceiro, e como

---

[230] Sobre a ponderação entre as técnicas de simplificação administrativa e a capacidade contributiva, vide: RIBEIRO, Ricardo Lodi, *Limitações Constitucionais ao Poder de Tributar*, p. 59 e segs.

[231] Nesse sentido: PAULSEN, Leandro e VELLOSO, Andrei Pitten. *Contribuições – Teoria Geral e Contribuições em Espécie*. Porto Alegre: Livraria do Advogado, 2010, p. 184; GUERREIRO, Rutnéia Navarro. "Tributação de receita não recebida". *Revista Dialética de Direito Tributário* 160/106, 2009.

[232] STF, Pleno, RE nº 586.482/PR, DJe 01/12/11.

[233] STJ, 1ª Turma. REsp nº 1.029.434/CE, Rel. Min. Luiz Fux, DJe 18/06/08; STJ, 2ª Turma, AgReg no REsp nº 1.055.056/RJ, Rel. Min. Mauro Campbell Marques, DJe 30/03/10.

[234] BARRETO, Aires. "ISS – Atividade-meio e Serviço-fim" *Revista Dialética de Direito Tributário* 5/1985.

o IPI e o ICMS cobrados como substitutos tributários em respeito ao conceito constitucional de receita, assim como a restituição de tributos pagos indevidamente,[235] os reembolsos e as indenizações.[236]

Nada obstante a redação atual da Constituição admitir a tributação por lei de receitas que vão além do *faturamento*, ainda que não estejam diretamente relacionadas com o objeto social da empresa, a mesma não admite a exigência da COFINS e do PIS sobre receitas que embora contabilizadas não sejam financeiramente auferidas, e nem os ingressos que não integram o patrimônio das empresas, como as receitas pertencentes a terceiros.

Com a edição da EC nº 42/03, foi introduzido o §12 ao artigo 195, CF, estabelecendo que a lei definirá os setores de atividade econômica em que as contribuições sobre a receita serão não cumulativas. Note-se que tal disposição constitucional é posterior à introdução da sistemática na legislação infraconstitucional pela Lei nº 10.637/02, em relação ao PIS, e pela MP nº 135, que foi convertida na Lei nº 10.833/03. Na verdade, não havia óbice a que o legislador ordinário estabelecesse tal sistemática sem previsão constitucional. No entanto, com a entrada em vigor da EC nº 42/03, foi constitucionalizada a disciplina não cumulativa da COFINS e do PIS. Nesse novo cenário, a Constituição não obriga que todos os contribuintes sejam tributados com base no aludido regime. Ao contrário. Ela defere à lei a decisão sobre quais setores econômicos serão tributados desta forma. É claro que não há aqui um cheque em branco para o legislador, mas o reconhecimento de que nem todos os segmentos podem ser submetidos a uma sistemática não cumulativa, em razão de suas características intrínsecas. Cuidado análogo teve o legislador da EC nº 18/65 que, reconhecendo que a prestação de serviços não envolve o desenvolvimento da atividade econômica por muitas etapas da cadeia econômica, não estabeleceu a não cumulatividade para o ISS, apenas para o ICM e o IPI.

Outra consequência da constitucionalização do regime não cumulativo das contribuições sobre o faturamento e a receita é a adequação da sistemática ao fato gerador desses tributos, que possuindo uma dinâmica

---

[235] MINATEL, José Antônio. *Conteúdo do Conceito de Receita e Regime Jurídico para sua Tributação*, p. 218-219; PAULSEN, Leandro e VELLOSO, Andrei Pitten *Contribuições – Teoria Geral e Contribuições em Espécie*, p. 185.

[236] SEHN, Sólon. "Não incidência de Pis/Pasep e da COFINS sobre reembolsos e indenizações." *Revista Dialética de Direito Tributário 162/58*, 2009; PAULSEN, Leandro, VELLOSO, Andrei Pitten. *Contribuições – Teoria Geral e Contribuições em Espécie*, p. 185.

própria, não seguem as molduras adotadas no IPI e no ICMS, tributos incidentes sobre a circulação de bens pela cadeia econômica. Por isso, o modelo neles adotado leva em conta o débito relativo aos bens que saem do estabelecimento, e o crédito considera os insumos que nele ingressam. Na COFINS e no PIS, ao revés, a não cumulatividade, que é um conceito vazio que não se pode conhecer sem o exame do fato gerador do tributo, deve levar em conta, para apuração de créditos e débitos uma lógica que, se desprendendo da circulação de bens e serviços, guarde harmonia com a tributação da receita. Deste modo, tendo em vista que a tributação dá-se sobre toda a receita auferida, o creditamento deve tomar por base as despesas necessárias para a sua obtenção.[237] Assim, a sistemática não cumulativa da COFINS e do PIS não aproxima essas contribuições do IPI e do ICMS, como pretendeu a regulamentação dada pelo legislador ordinário, mas do IR e da CSLL. É claro que o legislador deve, com os cuidados acima vistos, identificar os setores que podem suportar a sistemática não cumulativa, considerando, especialmente, o tamanho e a complexidade da cadeia econômica envolvida. Mas uma vez estabelecida tal sistemática pela lei, seus contornos devem se dar de acordo com o fato gerador e a base de cálculo delineados pela Constituição Federal, com a adoção de um regime de creditamento das despesas necessárias, sob pena de restar violada a competência estabelecida pelo artigo 195, I, *b*, CF. Vale destacar que, com base nesse posicionamento, a jurisprudência administrativa já vem reconhecendo que os insumos adquiridos pelos contribuintes no regime não cumulativo de PIS e de COFINS que podem gerar créditos, devem ser interpretados como sendo aquelas despesas necessárias para a produção da receita auferida.[238]

---

[237] GRECO, Marco Aurélio. "Não-cumulatividade no PIS e na COFINS". In: Leandro Paulsen. (Org.). *Não-cumulatividade do PIS/PASEP e da COFINS*. Porto Alegre: Thomson/IOB, 2004, v. 1, p. 101-122. RIBEIRO, Ricardo Lodi. "A Não-cumulatividade das Contribuições sobre o Faturamento na Constituições e nas Leis". *Revista Dialética de Direito Tributário* 111/100-110. MINATEL, José Antônio. *Conteúdo do Conceito de Receita e Regime Jurídico para sua Tributação*, p. 180. MARTINS, Natanael. "O Conceito de Insumos na Sistemática Não-Cumulativa do PIS e da COFINS." In: PEIXOTO, Marcelo Magalhães e FISCHER, Octávio Campos. *PIS-COFINS – Questões Atuais e Polêmicas*. São Paulo: MP, 2005, p. 203-204.
[238] CARF, 3ª Seção, 2ª Câmara, 2ª Turma Ordinária, Proc. Nº 11020. 001952/2006-22, Rel. Cons. Gilberto de Castro Moreira Júnior, j. 08/12/10.

7.2. As Receitas Oriundas dos Contratos de Partilha de Produção

Como se viu na parte deste estudo relativa ao IR, o consórcio formado nos termos da Lei nº 12.351/2010 não gera receitas com a comercialização do petróleo e gás no âmbito do modelo de partilha de produção, já que cada um dos seus integrantes receberá a sua participação em produtos.

É de se depreender do estudo da parte constitucional das contribuições sobre a receita que o recebimento de produtos como resultado do contrato de partilha não gera receita capaz de ensejar o exercício da competência atribuída à União pelo artigo 195, I,*b*, CF. Por esta razão não há incidência de PIS e de COFINS por ocasião da partilha do petróleo e do gás.

Caso o produto recebido pela empresa integrante do consórcio seja destinado ao comércio exterior, não haverá tributação das receitas decorrentes da sua exportação em razão da imunidade prevista no artigo 149, §2º, I, CF. Tal dispositivo, que foi introduzido pela EC nº 33/01, tem como fundamento o fomento ao comércio exterior, estendendo às contribuições sociais e interventivas a imunidade nas exportações que já era reconhecida pelo constituinte originário em relação ao IPI (art. 153, § 3º, III, CF) e ao ICMS (art. 155, §2º, X, *a*, CF).[239]

No entanto, se os produtos forem destinados ao mercado interno, as receitas decorrentes de suas vendas integrarão a base de cálculo do PIS e da COFINS de cada uma das empresas do consórcio, não havendo que se cogitar em solidariedade entre elas, ou ainda de tributação de acordo com o percentual que cada uma possui no consórcio, como preconiza a Lei nº 12.402/2011 e a IN nº 1.199/2011 (artigo 5º), uma vez que este não realiza operação de comercialização, como vimos.

A mesma disciplina é aplicável em relação aos consórcios de empresa de exploração e produção que exercem suas atividades regidas pelo contrato de concessão.

---

[239] Em relação ao ICMS o constituinte originário imunizou as exportações de produtos industrializados, ficando a cargo da lei complementar isentá-los em relação ao não industrializados e semi-elaborados (art. 155, §2º, XII, *e*, CF). Porém, a EC nº 42//03, alterando a redação do art. 155, §2º, X, *a*, CF, acabou por imunizar o ICMS sobre a exportação de todos os produtos.

Capítulo 8
A Tributação sobre a Importação no Âmbito da Exploração e Produção de Petróleo e Gás

Para os fins do presente estudo, tão ou mais importante quanto à importação do petróleo e do gás em si, é a entrada no Brasil de equipamentos essenciais à exploração desses hidrocarbonetos em nosso país, cuja relevância é reconhecida pelo próprio legislador federal com a introdução do regime aduaneiro especial de exportação e de importação de bens destinados às atividades de pesquisa e lavra das jazidas de petróleo e gás natural (REPETRO), cujo estudo será objeto do tópico 8.4.

8.1. Os Tributos Sobre a Importação e a Constituição Federal
8.1.1. Breve Histórico

Segundo noticia Aliomar Baleeiro,[240] o imposto sobre a importação é conhecido desde a Antiguidade quando gregos e romanos cobravam tributos aduaneiros dos navios que cruzavam suas águas. Mas é na Idade Média que os impostos aduaneiros se destacam como importante fonte de receita dos Estados e dos feudos medievais. Em Portugal, o imposto é encontrado a partir do Século XIII, com as organizações aduaneiras ou alfandegárias.[241]

A partir do Século XVI e, sobretudo no Século XVII, o imposto sobre a importação passa a ter a função de proteger os produtos nacionais contra a concorrência estrangeira, consagrando os impostos aduaneiros como instrumentos de política protecionista.

---

[240] BALEEIRO, Aliomar. *Uma Introdução À Ciência das Finanças*, p. 284.
[241] MARTÍNEZ, Soares. *Direito Fiscal*. Coimbra: Almedina, 2007, p. 603.

No Brasil, onde foi introduzido, em 1808, por D. João VI, com a abertura dos portos às nações amigas, o imposto de importação foi durante muito tempo a principal fonte de arrecadação do Tesouro Imperial, preponderando a sua função fiscal.[242] Com a promulgação da Constituição de 1891 e a introdução do federalismo, ele foi inserido na competência da União, onde sempre permaneceu. Somente no final da primeira metade do Século XX, com a consolidação do Imposto de Renda como instrumento de arrecadação de recursos por parte da União, é que os impostos aduaneiros perdem a sua função arrecadatória, tornando-se predominantemente extrafiscais.

8.1.2. A Incidência do II, do IPI, do ICMS e do PIS/COFINS na Importação

Embora o fenômeno da importação seja comum a vários tributos e constitua expressão que guarda uma unidade de conteúdo em todos eles, é forçoso reconhecer que a competência constitucional relativa a cada uma dessas exações possui traços de distinção. Verificar essas identidades e distinções é o objetivo deste subtópico, com o exame do II, do IPI, do ICMS e do PIS/COFINS Importação.

8.1.2.1. Imposto de Importação – II

A Constituição Federal de 1988 conferiu competência para União instituir o imposto sobre a importação de produtos estrangeiros. A *importação* pressupõe a entrada do bem no território nacional pela transposição de quaisquer das suas fronteiras e por qualquer via de acesso,[243] pelo ingresso real ou presumido.

O ingresso do bem no Brasil independe da transferência de sua propriedade. Assim, não há necessidade da introdução do bem ser revestida de determinada forma jurídica como a compra e venda. Pouco importa o negócio jurídico, basta a introdução do bem que tenha significação econômica. O ingresso real se dá pela efetiva entrada física para fins de uso, comercialização, industrialização ou consumo. Porém, poderá o legislador estabelecer ficções, por meio de fatos geradores supletivos, para combater as fraudes e elisões abusivas, desde que não desnaturando a competência

---

[242] AMED, Fernando José, e NEGREIROS, Plínio José Labriola de Campos. *História dos Tributos no Brasil*. São Paulo: Sinafresp, 2000, p. 179.
[243] BALEEIRO, Aliomar. *Direito Tributário Brasileiro*, p. 212.

constitucional para tributar a importação. É o caso do § 2º do artigo 1º do DL nº 37/66 que considera ocorrido o fato gerador do imposto de importação quando apurada pela autoridade aduaneira a falta da mercadoria que conste ter sido importada.[244]

Porém, não basta o mero ingresso físico do bem, sendo indispensável a sua inserção permanente na economia nacional com destino à industrialização, comercialização ou consumo, acrescentando algo de novo à economia nacional. Assim, os bens que transitam pelo país com destino a outra nação não sofrem incidência, bem como os que apenas entram por tempo determinado, para serem utilizadas em feiras, eventos artísticos ou esportivos, como as telas de um pintor estrangeiro a serem exibidas em uma exposição, por exemplo. É também o caso do regime de admissão temporária, em que o bem ingressa no país com finalidade específica e por determinado tempo. Nesses casos, ocorre a não incidência, o que na legislação infraconstitucional será reconhecido pelos regimes aduaneiros especiais com a suspensão do imposto.

A expressão *produtos* tem o sentido bem amplo, englobando qualquer bem móvel e corpóreo, seja ele destinado ao comércio e industrialização (mercadoria), seja destinado ao consumo e ativo fixo de pessoas físicas ou jurídicas. Deste modo, quando a legislação aduaneira alude à expressão *mercadoria* não está se referindo ao conceito mais estreito utilizado na legislação do ICMS, vinculado à sua destinação mercantil, mas sim como sinônimo de produto.[245]

Porém, apenas o ingresso de produtos *estrangeiros* justifica a tributação. Deste modo, produtos de origem nacional que já estejam no exterior não sofrem a incidência por ocasião do seu novo ingresso no Brasil. Apenas os produtos que tenham origem em países estrangeiros podem ser tributados. Por isso, são inconstitucionais ficções jurídicas que tratam o produto brasileiro que foi internalizado em outro país como produto estrangeiro, como pretendeu fazer o §1º do artigo 1º do DL nº 37/66.[246] O STF[247] já teve

---

[244] DERZI, Misabel Abreu Machado. Notas de Atualização de BALEIRO, Aliomar. *Direito Tributário Brasileiro*, p. 215.

[245] TORRES, Ricardo Lobo. *Tratado de Direito Constitucional Financeiro e Tributário, Vol. IV – Os Tributos na Constituição*, p. 106.

[246] DERZI, Misabel Abreu Machado. Notas de Atualização de BALEIRO, Aliomar. *Direito Tributário Brasileiro*, p. 215.

[247] STF, Pleno, RE nº 104.306-7/SP, Rel. Min. Octávio Gallotti, DJU 18/04/86, p. 5.993.

oportunidade de declarar a inconstitucionalidade de dispositivo análogo que era previsto na redação original do artigo 93 da mesma norma, o que acabou por levar à suspensão da sua eficácia pela Resolução nº 436/87 do Senado Federal.

Em nome da extrafiscalidade do imposto, o § 1º do artigo 153, CF autoriza que suas alíquotas possam ser alteradas pelo Poder Executivo, observados os limites estabelecidos em lei. Deste modo, é essencial que a lei fixe a alíquota, para só então o Poder Executivo alterá-la, servindo este percentual legal como limite máximo. Essa faculdade mitiga o princípio da legalidade nos impostos previstos no § 1º do artigo 153, que além do II, são o IE, o IPI e o IOF. Ao contrário da Constituição Federal anterior, a atual Carta não mais admite a alteração da base de cálculo por ato do Poder Executivo, mas somente da alíquota.

Pelas mesmas razões extrafiscais que justificam essa mitigação da legalidade, os impostos previstos no § 1º do artigo 153 da CF, entre eles o II, como vimos, não se submetem ao princípio da anterioridade clássica nem à noventena constitucional, podendo a sua majoração ou instituição ser aplicadas imediatamente (§ 1º do artigo 150, CF).

O ato do Poder Executivo que modifica a alíquota não precisa ser necessariamente do Presidente da República, que pode delegar essa função aos seus ministros e auxiliares. A motivação econômica que justifica o aumento de alíquota não precisa estar prevista no decreto ou ato normativo que promoveu a alteração, podendo constar de procedimento administrativo de sua formação.[248]

Segundo o artigo 19 do CTN, o fato gerador do imposto de importação é a entrada do bem no território nacional. Diante da vagueza da expressão do CTN, a sua maior precisão pela lei instituidora do imposto tem gerado alguma controvérsia. A despeito do artigo 1º do DL nº 37/66 ter fixado, a exemplo do CTN, a entrada da mercadoria no país como o fato gerador do tributo, o seu artigo 23 determina que, quando se tratar de mercadoria destinada a consumo, considera-se ocorrido o fato gerador na data do registro na repartição aduaneira competente da declaração de importação (DI).[249]

---

[248] STF, Pleno, RE nº 224.285/CE, Rel. Min. Maurício Correa, DJ de 28/05/99, p. 1.795.
[249] "Art. 23. Quando se tratar de mercadoria despachada para consumo, considera-se ocorrido o fato gerador na data do registro, na repartição aduaneira, da declaração a que se refere o artigo 44." De acordo com o art. 73 do Regulamento Aduaneiro, quando a mercadoria não for despachada para consumo, o aspecto temporal do fato gerador será o dia do lançamento

Segundo o artigo 44 do DL nº 37/66[250] o registro da declaração de importação dar-se-á por ocasião do despacho aduaneiro, o que hoje é efetuado junto ao SISCOMEX – Sistema Integrado de Comércio Exterior. Assim, a combinação dos dois dispositivos indica que o aspecto temporal do fato gerador quando a mercadoria for despachada para consumo é o despacho aduaneiro, que irá promover o *desembaraço aduaneiro da mercadoria*. A expressão *mercadoria despachada para consumo* deve ser interpretada extensivamente, não se limitando ao bem destinado a consumo ou ativo fixo, mas englobando também os destinados à comercialização e industrialização. A expressão refere-se aos produtos que serão absorvidos pelo aparelho produtivo nacional.[251] É que quando o produto não se destina a ingressar na economia brasileira, a entrada não tem relevância para o Direito Tributário, como ocorre, por exemplo, com o ingresso de mercadorias destinadas a outros países ou que se destinem a algum evento episódico, sendo, após o esgotamento do prazo deferido pela autoridade aduaneira, exportados. Nesses casos, haverá suspensão do imposto com base nos regimes aduaneiros especiais.

É apenas aparente a contradição entre as normas do artigo 19 do CTN e do artigo 23 do DL nº 37/66, pois há compatibilidade entre os dois dispositivos, descrevendo o primeiro o aspecto material da hipótese de incidência do imposto e o segundo o seu aspecto temporal.[252] A compatibilidade entre

---

do correspondente crédito tributário, quando se tratar de: *a)* bens contidos em remessa postal internacional não sujeitos ao regime de importação comum; *b)* bens compreendidos no conceito de bagagem, acompanhada ou desacompanhada; *c)* mercadoria constante de manifesto ou de outras declarações de efeito equivalente, cujo extravio ou avaria tenha sido apurado pela autoridade aduaneira; ou *d)* mercadoria estrangeira que não haja sido objeto de declaração de importação, na hipótese em que tenha sido consumida ou revendida, ou não seja localizada. Prevê ainda que terá o imposto o aspecto temporal do fato gerador na data do vencimento do prazo de permanência da mercadoria em recinto alfandegado, se iniciado o respectivo despacho aduaneiro antes de aplicada a pena de perdimento da mercadoria.

[250] "Art.44. Toda mercadoria procedente do exterior por qualquer via, destinada a consumo ou a outro regime, sujeita ou não ao pagamento do imposto, deverá ser submetida a despacho aduaneiro, que será processado com base em declaração apresentada à repartição aduaneira no prazo e na forma prescritos em regulamento." (Redação dada pelo Decreto-Lei nº 2.472/88).

[251] SOSA, Roosevelt Baldomir. *Comentários à Lei Aduaneira – Decreto nº 91.030/85 (Regulamento Aduaneiro)*. São Paulo: Aduaneiras, 1995, p. 105. No mesmo sentido: STJ, 1ª Turma, EDecREsp nº 313.117, Rel. Min. Denise Arruda, DJU 10/05/2004, p. 167.

[252] POHLMANN, Marcelo Coletto. "Considerações Acerca do Fato Gerador do Imposto de Importação". *Revista dos Procuradores da Fazenda Nacional*, Vol. 1. Rio de Janeiro: Forense, 1997, p. 124.

os dois dispositivos, já reconhecida de forma sedimentada pelos nossos Tribunais Superiores[253] e inclusive sumulada pelo extinto Tribunal Federal de Recursos (TFR),[254] revela-se pela necessidade do legislador ordinário precisar em que momento o fato gerador acontece, uma vez que a importação é um procedimento complexo integrado por vários atos. Afinal, em que momento se verifica a entrada do produto no Brasil? Quando o navio entra em águas brasileiras? Quando atraca no porto? Quando a mercadoria é descarregada? Portanto, é necessário que a lei ordinária defina o momento em que a mercadoria ingressou juridicamente no Brasil, o que se dá, como visto, com o *desembaraço aduaneiro*, de acordo com os artigos 1º, 23 e 44 do DL nº 37/66.

De acordo com a redação do art. 20 do CTN, a base de cálculo do imposto pode ser específica, *ad valorem* ou o preço da arrematação.

Será específica quando estipulada em valor fixo em dinheiro por unidade de medida adotada pela lei. Por exemplo, R$ 5,00 por litro, R$ 10,00 por granel.

Será *ad valorem* quando a alíquota percentual incidir sobre o valor do produto importado. Questão fundamental é definir qual valor será considerado como base de cálculo neste caso. O art. 20, II, do CTN, considera que a base de cálculo do imposto de importação quando a alíquota for *ad valorem* é o valor normal que o produto, ou seu similar, alcançaria, ao tempo da importação, em uma venda em condições de livre concorrência para entrega no porto ou lugar de entrada do produto no País. Observe-se que, de acordo com o CTN, não é o valor pelo qual o produto foi adquirido no estrangeiro que será utilizado como base de cálculo, mas o valor *normal* que o produto ou seu similar alcançaria em condições de livre mercado. No entanto, atualmente, prevalece como base de cálculo o *valor aduaneiro*, calculado nos termos do artigo VII do GATT – Acordo Geral sobre Tarifas e Comércio, mais conhecido por Acordo de Valoração Aduaneira (aprovado pelo Decreto Legislativo nº 30/94 e promulgado pelo Decreto nº 1.355/1994). O valor do produto utilizado no cálculo do valor aduaneiro, e, portanto, como base de cálculo do imposto é custo externo da mercadoria acrescido do frete e do seguro, considerando como tal o valor CIF (*cost, insurance and freight*).

---

[253] STF, 1ª Turma, RE nº 222.330/CE, Rel. Min. Moreira Alves, DJ 11/06/99, p. 550.
[254] TFR, Súmula nº 4: "É compatível com o art. 19 do Código Tributário Nacional a disposição do art. 23 do Decreto-Lei nº 37, de 18-11-1966."

Observe-se que a antinomia verificada entre o tratado internacional que aprovou o Acordo sobre o Valor Aduaneiro e o art. 20, II, do CTN, resolve-se pela prevalência do primeiro de acordo com o critério cronológico, para os que, como nós, defendem não haver hierarquia entre as duas espécies normativas também neste ramo do Direito, uma vez que o acordo internacional é posterior a nossa lei de normas gerais e não há relação de especialidade entre as duas normas, já que ambas são regras gerais de tributação. Para os que defendem a supremacia dos tratados sobre a legislação interna no Direito Tributário, com base no art. 98 do CTN,[255] a prevalência do Acordo sobre o Valor Aduaneiro sobre o art. 20, II, do CTN, também deriva do critério hierárquico.

Quanto à base de cálculo prevista no inciso III do art. 20 do CTN, o preço da arrematação quando a mercadoria é levada a leilão por ter sido abandonada ou sobre ela aplicada a pena de perdimento, decorrente de sua importação irregular, cumpre ressaltar que esta não é mais prevista na legislação ordinária, sendo incabível a tributação na hipótese.

A alíquota aplicável a cada produto é conhecida pelo posicionamento deste na Nomenclatura Comum de Mercadorias (NCM) adotada pelos países do MERCOSUL, a partir do Sistema Harmonizado de Designação e de Codificação de Mercadorias (SH), definido pela Organização Mundial das Alfândegas, que substituiu, a partir de 31/10/1986, a Nomenclatura Brasileira de Mercadorias (NBM). O cálculo do imposto é feito com a aplicação da alíquota prevista na Tarifa Externa Comum (TEC), também adotada pelos países do MERCOSUL e que substituiu a Tarifa Aduaneira do Brasil (TAB), a partir do código previsto na nomenclatura adotada na NCM.

A NCM é uma lista de mercadorias organizada segundo critérios técnicos, que as agrupam de acordo com sua natureza. Todos os produtos devem ser subsumidos a um dos códigos da nomenclatura, não havendo, na prática, que se falar em não incidência por falta de previsão no sistema harmonizado. As mercadorias que não encontrarem denominações específicas serão classificadas na posição referente aos artigos que guardem maior semelhança. A estrutura do NCM contempla 21 seções, divididas em 96 capítulos. Por sua vez, esses capítulos são divididos em 930 posi-

---

[255] Por todos os que defendem o art. 98 do CTN como fonte de supremacia dos tratados tributários em face da lei interna: XAVIER, Alberto. *Direito Tributário Internacional do Brasil. – Tributação das Operações Internacionais*. 5 ed. Rio de Janeiro: Forense, 1998, p. 119.

ções, subdivididas em subposições, totalizando 5.019 mercadorias, e 331 posições não subdivididas.[256] Os códigos da nomenclatura são compostos de 8 dígitos. Os seis primeiros de uso internacional, de acordo com o SH, e os dois últimos previstos pelos países do MERCOSUL, na NCM. Cada produto será inserido em uma posição, identificada pelos quatro primeiros dígitos do código. Os dois primeiros referentes à Seção, e o 3º e o 4º, ao capítulo. O 5º dígito indica a posição e o 6º a subposição. Os 7º e 8º indicam o item e o subitem, respectivamente.

Como já visto, o § 1º do art. 153, CF, admite que o imposto possa ter suas alíquotas alteradas pelo Poder Executivo, observados os limites estabelecidos em lei. A norma a estabelecer tais limites é a Lei nº 3.244/57, alterada pela Lei nº 8.085/1990, que, em seu art. 3º, admite a alteração pelo Poder Executivo, em até 30%, para mais ou para menos, da alíquota de cada produto. No entanto, tendo o Brasil adotado a Tarifa Externa Comum do MERCOSUL, a faculdade que a Constituição Federal atribuiu ao Poder Executivo para alteração unilateral da alíquota não é utilizada, senão em casos excepcionais.

As alíquotas reportam-se à data da ocorrência do fato gerador, por ocasião do desembaraço aduaneiro (art. 23 c/c art. 44 do DL nº 37/1966). Deste modo, alterações de alíquotas após a aquisição do bem pelo importador, mas antes do desembaraço aduaneiro, são atingidas pela modificação, conforme decidido pelo STF.[257]

Com a aprovação do Código Aduaneiro do MERCOSUL, em 02/08/2010, em San Juan, na Argentina, a incidência da TEC sobre a entrada do bem nos países do bloco será única. Assim, não haverá mais a bitributação na circulação de mercadorias entre países do bloco, a partir da introdução do acordo na legislação interna dos países integrantes do bloco.

Segundo o art. 22 do CTN são contribuintes do imposto o *importador ou quem a ele a lei equiparar* e *o arrematante de produtos apreendidos ou abandonados*.

Por sua vez, o art. 31 do DL nº 37/1966 estabelece que o importador é qualquer pessoa que promova a entrada de mercadoria estrangeira no território nacional. Pode ser pessoa física ou jurídica, ainda que o realize sem habitualidade.

---

[256] SOSA, Roosevelt Baldomir. *Comentários à Lei Aduaneira*, p.128.
[257] STF, 1ª Turma, RE nº 216.541/PR, Rel. Min. Sepúlveda Pertence, DJU de 15/05/1998, p. 1.457.

É equiparado ao importador, pelo mesmo dispositivo legal, o destinatário de remessa postal internacional. Na hipótese, a tributação depende que o destinatário aceite o seu recebimento.[258] É ainda contribuinte o adquirente de mercadoria entrepostada, uma vez que no regime do entreposto aduaneiro a mercadoria ingressa com suspensão de imposto, a fim de estimular a sua exportação após beneficiamento ou a exportação de produto de que o item importado seja componente. Porém, a nacionalização da mercadoria constitui condição resolutória da suspensão do imposto, cuja exigência é restabelecida com o seu implemento. Nesse caso, a hipótese de incidência continua sendo a entrada do bem no Brasil, mas como o imposto só passou a ser exigido com a sua saída do entreposto para o mercado interno, o adquirente é equiparado ao importador, sendo contribuinte do II. Por sua vez, o art. 18, §3º, I, da Lei nº 11.508/07 equipara ao importador as empresas produtoras nas Zonas de Processamento de Exportação (ZPEs) que derem saída aos seus produtos ao mercado interno.

Embora o inciso II do art. 20 do CTN preveja ser o arrematante contribuinte do imposto, o DL 2.472/1988 modificou a redação do art. 31, II, do DL nº 37/1966, revogando a previsão do imposto na arrematação de bens levados a leilão. Deste modo, o arrematante não é mais contribuinte.

Consoante o art. 32 do DL nº 37/1966, são exclusivamente responsáveis pelo pagamento do imposto o transportador[259] e o depositário das mercadorias sob controle aduaneiro. A seu turno, o parágrafo único do mesmo artigo estabelece a responsabilidade solidária (em conjunto com o contribuinte, transportador ou depositário): *a)* do adquirente ou cessionário de mercadoria beneficiada com isenção ou redução de imposto, quando o benefício é vinculado à qualidade do importador; *b)* do representante, no País, do transportador estrangeiro; *c)* do adquirente de mercadoria de procedência estrangeira, no caso de importação realizada por sua conta e ordem, por intermédio de pessoa jurídica importadora, onde a mercadoria é adquirida com recursos e em nome do mandante; *d)* do encomendante

---

[258] PIRES, Adilson Rodrigues. *Manual de Direito Tributário*. 10. ed. Rio de Janeiro, Forense, 2000, p. 88.

[259] Mas não é responsável o agente marítimo, de acordo a Súmula nº 192 do extinto TFR: "O agente marítimo, quando no exercício das atribuições próprias, não é considerado responsável tributário, nem se equipara ao transportador para efeitos do Decreto-Lei nº 37, de 1966". No mesmo sentido: STJ, 2ª Turma, REsp nº 361.324/RS, Rel. Min. Humberto Martins, DJU 14/08/2007, p. 280.

predeterminado que adquire mercadoria de procedência estrangeira de pessoa jurídica que o importa em nome e com recursos próprios.

A respeito dos regimes aduneiros especiais, como o de admissão temporária, vide o tópico 8.4 neste capítulo.

8.1.2.2. IPI na Importação

A Constituição Federal de 1988 prevê a competência federal para a instituição de impostos sobre produtos industrializados.[260] Observe-se que, de acordo com a regra de competência constitucional, o imposto não incide sobre o processo de industrialização, mas sobre as operações com *produtos* industrializados. Trata-se, portanto, de um tributo circulatório, o que pressupõe a evolução do produto na cadeia industrial a partir da introdução de qualquer processo de industrialização em cada um dos elos desta, independentemente de transferência jurídica da sua propriedade. É bastante encontrada na doutrina a exigência de um negócio jurídico que transmita a propriedade ou posse do produto para caracterização de uma *operação* sujeita ao IPI.[261] Porém, não há necessidade de uma transferência de domínio para a caracterização do fato gerador, bastando a circulação econômica revelada pela evolução do produto na cadeia produtiva, o que pressupõe a transferência real ou ficta da posse (e não somente da propriedade) a qualquer título do bem para outro estabelecimento da mesma ou da outra empresa, e a realização de processo industrial por cada um desses estabelecimentos.[262] É que o IPI é subordinado ao princípio da autonomia dos estabelecimentos, o que significa que cada um deles, ainda que da mesma empresa, são tratados como contribuinte autônomo. Logo, as operações entre diferentes estabelecimentos do mesmo titular geram incidência do imposto, desde haja circulação econômica com a evolução do bem na cadeia produtiva.[263]

Incidindo o imposto sobre a circulação de produtos industrializados, pouco importa se os bens são industrializados no Brasil ou alhures. Em

---

[260] "Art. 153 – Compete à União instituir impostos sobre: IV – produtos industrializados;"
[261] Por todos: ATALIBA, Geraldo. "Hipótese de Incidência do IPI", *Estudos e Pareceres em Direito Tributário*, São Paulo: Revista dos Tribunais, 1978, p. 3; e MELO, José Eduardo Soares de Melo. *IPI – Teoria e Prática*. São Paulo: Malheiros, 2009, p. 54.
[262] No mesmo sentido: BOTTALLO, Eduardo Domingos. *IPI – Princípios e Estrutura*. São Paulo: Dialética, 2009, p. 26.
[263] BOTTALLO, Eduardo Domingos. *IPI – Princípios e Estrutura*, p. 27.

qualquer caso será tributado.[264] Se o bem for fabricado no Brasil, incidirá por ocasião da saída do produto do estabelecimento industrial. Caso seja importado, no desembaraço aduaneiro ou na arrematação do bem levado a leilão.[265] Embora a legitimidade do IPI na importação seja questão há muito tempo pacificada na jurisprudência,[266] o STF vinha entendendo que a aplicação da não cumulatividade do imposto era obrigatória, o que levou o Tribunal a considerar a ilegitimidade da incidência na importação por pessoa física, que não é contribuinte do imposto.[267] Porém, a Corte reviu essa posição no RE nº 723.651/PR, em decisão relatada pelo Ministro Marco Aurélio, a partir da ideia de que incide o IPI na importação mesmo por quem não é contribuinte habitual do imposto nas operações internas.[268]

Entendeu o STF que o IPI incide na importação ainda que o negócio jurídico que a proporcione seja o *leasing*.[269] É que, como vimos, a incidência do IPI sobre a importação independe do negócio jurídico que a precedeu, desde que a entrada do bem no país tenha contornos definitivos, não estando submetida ao regime de admissão temporária.

Como estudado no subtópico anterior, relativo ao Imposto de Importação, a expressão *produtos* tem a acepção muito ampla, traduzindo-se em qualquer bem móvel, seja ele destinado à industrialização, ao comércio, ao consumo de pessoas físicas ou jurídicas, ou ainda ao ativo fixo dessas últimas. Os *produtos industrializados* se diferenciam das *mercadorias*, pois os primeiros são bens móveis que estão na disponibilidade de um estabelecimento industrial que se caracteriza como aquele que neles realiza, com habitualidade, processo de industrialização.

Além dos artigos 46 a 51 do CTN, que estabelecem normas gerais sobre o IPI, a sua lei instituidora é a Lei nº 4.502/64, que tratava do imposto sobre

---

[264] BALEEIRO, Aliomar. *Direito Tributário Brasileiro*, p. 340-341. Contra: MELO, José Eduardo Soares de Melo. *IPI – Teoria e Prática*, p. 128-130, que defende não haver previsão constitucional para tributar o IPI na importação.

[265] Não incide IPI na arrematação, pois a redação da lei ordinária de incidência, a Lei nº 4.502/64, não contempla o referido fato gerador.

[266] STF, 2ª Turma, RE nº 92.146/SP, Rel. Min. Cordeiro Guerra, DJU 16/05/80, p. 3487; STJ, 1ª Turma, REsp nº 660.192/SP, Rel. Min. Denise Arruda, DJU 02/08/07, p. 338; STJ, 2ª Turma, REsp nº 216.265/SP, Rel. Min. Franciulli Neto, DJU 29/03/04, p. 179.

[267] STF, 2ª Turma, RE nº 501.773/AgR, Rel. Min. Eros Grau, DJe 15/08/08; STF, 2ª Turma, RE nº 255.682 AgR, Rel. Min. Carlos Velloso, DJU 10/02/06, p. 14.

[268] STF, Plenário, RE nº 723.651/PR, Rel. Min. Marco Aurélio, DJe 12/02/2016.

[269] STF, 2ª Turma, RE nº 429.306/PR, Rel. Min. Joaquim Barbosa, DJe 16/03/11.

consumo. Com a EC nº 18/65, que substitui o vetusto imposto pelo IPI, é editado o DL nº 34/66 que determina a mudança de nomenclatura do tributo e estabelece a substituição de todas as menções da lei ao *imposto sobre consumo* para *imposto sobre produtos industrializados*. Deste modo, a despeito das alterações que a legislação do tributo sofreu ao longo do tempo, a Lei nº 4.502/64 ainda é a regra de incidência do IPI.

Em relação ao fato gerador na importação é o desembaraço aduaneiro. Considera-se este também ocorrido, de acordo com o artigo 2º, §3º, da Lei nº 4.502/64, com redação dada pelo artigo 8º da Lei nº 10.833/03, quando houver extravio ou avaria apurados pela autoridade fiscal de mercadoria que constar como tendo sido importada, ainda que sob o regime de suspensão de imposto. Trata-se de uma presunção legal absoluta de que a mercadoria entrou ilicitamente no Brasil.

Quanto à caracterização do sujeito passivo, na importação, ao contrário do que se dá em relação ao industrial ou comerciante, não é exigível a habitualidade, bastando uma única importação para a ocorrência do fato gerador e da caracterização da condição de contribuinte.

8.1.2.3. ICMS na Importação

Sob a égide da Constituição de 1969, discutia-se a amplitude da incidência do ICM sobre a importação, uma vez que não existia regra constitucional específica para a tributação pelo simples ingresso do bem no Brasil. Deste modo, a exigência do imposto dependia da configuração da circulação de mercadoria no caso concreto.

Como vimos, a expressão *mercadoria revela* um conceito menos amplo do que o de *produto ou de bem*. A expressão *bem* tem o sentido maior, englobando qualquer bem móvel e corpóreo[270], seja ele destinado ao comércio e industrialização (mercadoria), seja destinado ao consumo e ativo fixo de pessoas físicas ou jurídicas. Já a expressão *mercadoria* se refere a bens móveis destinados à atividade mercantil, o que pressupõe necessariamente a habitualidade, que constitui traço característico da configuração desta atividade. Portanto, a configuração da circulação de mercadoria esteve subordinada à circunstância de a operação ser realizada com habituali-

---

[270] Hoje se admite a inserção ao conceito de *bem*, e até mesmo de *mercadoria*, da transferência de bens incorpóreos, como a transmissão de energia elétrica e a aquisição de programas de informática por meio do *download* (STF, Pleno, ADIMC nº 1945/MT, Rel. p/ acórdão: Min. Gilmar Mendes, DJe 14/03/2011).

dade por comerciante, industrial ou produtor. Nestes termos, e diante do quadro constitucional anterior estabelecido pela Constituição de 1969, que previa a competência estadual para a tributação do ICM apenas para a circulação de mercadoria, e não para a importação de bem, entendeu o STF que a importação de bem destinado a consumo ou ao ativo fixo não gerava a incidência do imposto, haja vista que não se enquadrava no conceito de mercadoria.[271]

Estabelecido pela Corte Maior o entendimento de que não havia incidência de ICM sobre a importação por comerciante, industrial ou produtor, de bem que não tivesse a natureza de mercadoria, o Congresso Nacional, a fim de promover a correção legislativa da jurisprudência, promulgou a Emenda Constitucional nº 23/1983 (Emenda Passos Porto)[272], permitindo a tributação sobre a importação de bens de consumo ou destinados ao ativo fixo do estabelecimento, admitindo-se expressamente a incidência do ICM sobre a importação daquilo que não era mercadoria.

Tal permissivo foi reproduzido na redação original da Constituição Federal de 1988 pelo art. 155, § 2º, IX, *a*, nos seguintes termos:

"§ 2º – O imposto previsto no inciso I, b, atenderá ao seguinte:
IX – incidirá também:
a) sobre a entrada de mercadoria importada do exterior, ainda quando se tratar de bem destinado a consumo ou ativo fixo do estabelecimento, assim como sobre serviço prestado no exterior, cabendo o imposto ao Estado onde estiver situado o estabelecimento destinatário da mercadoria ou do serviço;"

Aparentemente, com o texto constitucional estabelecido em 1988, o novo imposto, o ICMS, ao contrário do seu antecessor, ICM, não mais tinha a sua incidência na importação condicionada a natureza de mercadoria do bem importado. Porém, a polêmica não foi encerrada com a promulgação da Constituição, pois ainda surgiram dúvidas na jurisprudência sobre a incidência do imposto na importação de bens de consumo por pessoa física ou por pessoa jurídica não contribuinte habitual do imposto, para quem, na

---

[271] Súmula nº 570 do STF: "O imposto de circulação de mercadorias não incide sobre a importação de bens de capital".

[272] Sobre a correção legislativa da jurisprudência do STF pelo Congresso Nacional, vide: OLIVEIRA, Gustavo da Gama Vital de. *Direito Tributário e Diálogo Constitucional*. Niterói: Impetus, 2013, p. 149-150, onde o autor analisa a Emenda Passos Porto como exemplo de aplicação do instituto com a aceitação pela jurisprudência da correção pelo Poder Legislativo.

visão do STF, o bem não seria mercadoria. Como o dispositivo constitucional que permitiu a cobrança fez referência a bem destinado a consumo ou ativo fixo *do estabelecimento*, muitos contribuintes questionaram a incidência sobre os bens importados para consumo de pessoa física, tendo em vista que esta não possui estabelecimento. Após o Superior Tribunal de Justiça ter se posicionado pela possibilidade da cobrança, equiparando o estabelecimento à residência da pessoa física,[273] o STF declarou a inconstitucionalidade da exigência do ICMS sobre a importação de bem de consumo pelas pessoas naturais.[274] Também declarou nossa Corte Constitucional a inconstitucionalidade da exigência quando a importação do bem se desse por quem não é contribuinte habitual do imposto nas operações internas, como é o caso de uma empresa prestadora de serviços que importa um equipamento para o seu ativo fixo.[275]

Com isso, a interpretação de que a redação original da Constituição de 1988 tinha permitido a incidência do ICMS sobre a importação de bem que não se traduzisse em mercadoria não foi exitosa na jurisprudência do STF, o que levou a mais uma correção legislativa da jurisprudência com a promulgação da EC nº 33/2001, que esclareceu incidir o ICMS ainda que a importação seja feita por pessoa física ou jurídica que não seja contribuinte habitual do imposto, qualquer que seja a sua finalidade, com a nova redação dada ao artigo 155, §2º, IX, *a*:

> "IX – incidirá também:
> a) sobre a entrada de bem ou mercadoria importados do exterior por pessoa física ou jurídica, **ainda que não seja contribuinte habitual do imposto, qualquer que seja a sua finalidade**, assim como sobre o serviço prestado no exterior, cabendo o imposto ao Estado onde estiver situado o **domicílio** ou o estabelecimento do destinatário da mercadoria, bem ou serviço;"
>
> *(Grifamos)*

Com a nova redação, nos parece que a questão sobre a incidência do ICMS na importação de bem que não se traduza em mercadoria não com-

---

[273] O STJ chegou inclusive a sumular a matéria, por meio dos verbetes nºs 155 e 198, que foram revogados após a decisão em sentido contrário do STF.
[274] STF, 1ª Turma, RE nº 203.075/DF, rel. p/acórdão: Min. Maurício Corrêa, DJU 29/10/1999, p. 18; STF, 2ª Turma, RE nº 202.714, Rel. Min. Carlos Velloso, DJU 20/11/1998, p. 12.
[275] Súmula nº 660 do STF: "Não incide ICMS na importação de bens por pessoa física ou jurídica que não seja contribuinte do imposto".

porta maiores dúvidas, fixando-se em nosso Texto Constitucional a adesão ao princípio do país de destino, com a tributação dos bens importados sendo concentrada no consumo, como leciona Gustavo da Gama Vital de Oliveira[276]:

> *"No Brasil e no âmbito internacional, há a prevalência do princípio do país de destino, que, inspirado na ideia de capacidade contributiva, estabelece que a tributação deva ser deixada para o paós onde serão consumidos do bens. Nesta lógica, as exportações devem sofrer desonerações tributárias; já na importação, deve haver incidência do imposto compensatório capaz de igualar o preço da mercadoria estrangeiraao preço da marcadoria nacional. Desta forma, a incidência do ICMS na mportação mantém uma função equalizadora e vinculada à última etapa da circulação internacional da mercadoria, sendo indiferente a pessoa do destinatário do bem."*

No entanto, ainda há quem entenda ser inconstitucional a ampliação da incidência no ICMS na importação, por sustentar que o imposto estadual só poderia incidir sobre mercadorias, e não sobre bens do ativo de quem não é contribuinte, uma vez que estes não tomariam crédito sobre a tributação da importação, do que é exemplo o posicionamento de Clésio Chiesa[277]:

> *"A modificação implementada pela Emenda Constitucional nº 33/2001, com o propósito de autorizar os Estados-membros e Distrito Federal a tributar ato de importar mercadoria, bem ou contratar serviços do exterior, realizado por pessoa física ou jurídica que não pratica atos de comércio com habitualidade é inconstitucional, pois, a nosso ver, a Emenda Constitucional ofendeu, entre outros princípios, o que assegura ao contribuinte o direito de não ser tributado por meio de novos impostos que sejam cumulativos, tenham fato gerador e base de cálculo de outros discriminados nos arts. 153, 155 e 156 da Constituição Federal."*

No mesmo sentido, posicionou-se Aroldo Gomes de Mattos[278]:

> *"A nosso ver, entretanto, a Emenda Constitucional 33/01 pretendeu infrutiferamente dar tratamento fiscal igualitário entre mercadorias ou bens importados aos*

---

[276] OLIVEIRA, Gustavo da Gama Vital de. *Direito Tributário e Diálogo Constitucional*, p. 184-185.
[277] CHIESA, Clésio. "ICMS incidente na Aquisição de BENS OU Mercadorias Importados do Exterior e Contratação de Serviços no Exterior – Inovações Introduzidas pela EC 33/2001". In: ROCHA, Valdir de Oliveira. O ICMS e a EC 33. São Paulo: Dialética, 2002, p. 34.
[278] MATTOS, Aroldo Gomes de. *ICMS – Comentários à Legislação Nacional*. São Paulo: Dialética, 2006, p. 98.

nacionais, pouco significando que a importação tenha sido efetuada por pessoa física ou jurídica não comerciante, muito menos sua finalidade, respaldando, assim, a antiga Súmula 198 do STJ: "Na importação de veículo por pessoa física, destinado a uso próprio, incide o ICMS." Contudo, essa justificativa não valida (a) a invasão de competência da União para instituir impostos sobre a importação de produtos estrangeiros" (art. 153, I, da CF), bem como (b) a de tributar pessoas não contribuintes do imposto."

Em sentido contrário, posicionou-se Ricardo Lobo Torres[279], ressaltando que a EC nº 33/01 corrigiu um equívoco da jurisprudência do STF que anulara os efeitos compensatórios que a tributação da importação de bens de consumo e bens do ativo fixo tinha sobre a circulação internacional de bens:

> "O Supremo Tribunal Federal complicou também a incidência do ICMS sobre a importação de bens por particulares. Não percebeu que a importação, mesmo pelo consumidor final, é o momento terminal do ciclo da incidência internacional sobre a circulação de mercadoria, que não pode se desvincular da problemática da tributação universal, sob pena de se criar situação privilegiada para a importação por particulares. O STF, apegado à interpretação literal de dispositivo de lei complementar, declarou inconstitucional a incidência do ICMS sobre a importação promovida por consumidor final não-contribuinte, que não manteria estabelecimento importador. Foi necessário que a EC 33/01 corrigisse a equivocada jurisprudência da Corte Suprema, declarando, em nova redação dada ao art. 155, 2º, inciso IX, a, da, CF, que o ICMS incidirá também "sobre a entrada de bem ou mercadoria importados do exterior por pessoa física ou jurídica, ainda que não seja contribuinte habitual do imposto, qualquer eu seja a sua finalidade, assim como sobre o serviço prestado no exterior, cabendo o imposto ao Estado onde estiver situado o domicílio ou estabelecimento do destinatário da mercadoria, bem ou serviço."

É que a importação de bem de consumo ou de bem do ativo fixo é a última etapa da circulação de mercadorias quando o estabelecimento de origem é localizado no exterior, e a tributação desta operação é fundamental para a equalização fiscal entre os contribuintes do imposto e aqueles que não o são, a partir do princípio do país do destino, que em um ambiente marcado pelo livre comércio internacional, recomenda que a tributação das

---

[279] TORRES, Ricardo Lobo. *Tratado de Direito Constitucional Financeiro e Tributário – Volume IV – Os Tributos na Constituição*, p. 268-269.

mercadorias importadas seja desonerada pelo Estado e origem e concentrada no Estado de destino, como noticiam Klaus Tipke e Joachim Lang[280]:

> "A tributação das mercadorias importadas com o imposto nacional sobre venda (imposto sobre a importação) o chamado princípio do país de destino, serve para onerar igualmente as mercadorias nacionais e estrangeiras. Para isso, é necessária uma desoneração e uma oneração da mercadoria no comércio entres fronteiras. A oneração com o imposto de venda das mercadorias importadas de modo igual às mercadorias nacionais ocorre da seguinte maneira: o país de origem desonera do imposto sobre venda a mercadoria no momento da exportação, vide Nm 96; o país de destino onera a mercadoria de modo que se alcance o nível do imposto sobre venda no país."

No mesmo sentido, a lição da Professora Titular de Direito Tributário da Universidade de Bologna, Piera Filippi[281]:

> "La sujeción al IVA de las operaciones de importación, cualquiera sea quien las efectúe, responde a la lógica de alcanzar al consumo en forma directa. Los artículos 67, 68, 69 y 70 del decreto número 633 califican como operaciones imponibles a las importaciones por el solo hecho de la introducción de bienes al consumo en territorio nacional, cualquiera sea el autor de las operaciones, sea que ejerza una actividad de empresa, sea este un artista, un profesional o un consumidor particular.
>
> La imposición de estas operaciones implica la actuación del principio de destino: esto significa, por un lado, la desgravación total de las operaciones de exportación, y por el otro, la sujeción de los bienes importados al mismo régimen fiscal sobre los consumos que es reservado a los productos nacionales y al comercio interno.
>
> Este principio se vincula no solo con la necesidad de garantizar la igualdad de tratamiento fiscal de los productos extranjeros y nacionales, sino también a la exigencia de asegurar la translación regular y efectiva del tributo al consumidor en los bienes objeto de comercio internacional."

Por essas razões, nos parece ser constitucional a EC nº 33/01, que veio a promover a correção legislativa da jurisprudência do STF, com funda-

---

[280] TIPKE, Klaus e LANG, Joachim. *Direito Tributário (Steuerrecht)*, Volume II, trad. Elisete Antoniuk. Porto Alegre: Sergio Fabris Editor. 2013, p. 342.
[281] FILIPPI, Piera. "El Impuesto Al Valor Agregado em Las Relaciones Internacionales". In: UCMAR, Victor (Coord.). *Curso de Derecho Tributario Internacional, Tomo II*. Bogotá: Temis, 2003, p. 460.

mento na compensação de efeitos tributários entre os bens que circulam no país e os bens importados, à luz do princípio do país de destino.

Nesse cenário, não há qualquer óbice constitucional para que seja fixada nova incidência tributária sobre a importação de bens com base no poder constituinte derivado que pode estabelecer emenda constitucional deferindo aos Estados membros a competência para tributar as importações, como foi estabelecido pela EC nº 33/01. E tal iniciativa não encontra os embaraços apontados pelos posicionamentos doutrinários acima expostos, que mais se adequam à conformidade da dita emenda constitucional com o texto original do que da análise das possibilidades de alteração da Carta pelo constituinte derivado. Tais ideias se fundam na suposta impossibilidade de criar novo imposto que seja cumulativo ou cujos fatos geradores, base de cálculo e contribuinte já tenham sido previstos em impostos definidos na Constituição. Porém, vale destacar que tais limites são constitucionalmente dirigidos ao exercício da competência residual que a União pode efetivar mediante lei complementar, e tem como objetivo a preservação do espaço normativo tributário de Estados e Municípios. Naturalmente que tais óbices não podem ser levantados contra o exercício do poder constituinte, a quem cabe, em última análise, a repartição das competências tributárias, sobretudo quando a iniciativa, longe de promover a invasão de competência do ente central sobre a das entidades periféricas, tem o efeito exatamente contrário, prestigiando a autonomia estadual, por meio do deferimento de poder para tributar a importação, como mecanismo de equalização da exigência do imposto nas operações internas com as importações.

Em outro giro, a defesa da restrição da incidência ao contribuinte habitual do imposto também está presa à ideia de tributação tão somente sobre a circulação de mercadorias. Porém, tal raciocínio, embora válido na redação original da Constituição de 1969, não constitui obstáculo para a fixação de nova regra constitucional autônoma relacionada à tributação da importação. Para quem não é contribuinte habitual do imposto, não há direito de crédito por tratar-se de uma operação monofásica em que o próprio contribuinte de direito suporta o encargo financeiro da tributação. Não se pode alegar a violação do princípio da não cumulatividade pela EC nº 33/2001, por não ser este uma cláusula pétrea, mas uma técnica de tributação destinada a viabilizar, pela técnica do *imposto por imposto*, a tributação sobre o valor agregado. Se a incidência é monofásica sobre quem não é contribuinte habitual do imposto, não há que se falar em não cumulatividade. Logo, na melhor das hipóteses, a nova redação dada pela EC nº 33/2001 à alínea *a* do inciso IX do art. 155, § 2º, CF, excepcionou o princípio da não cumulatividade, vez que o fato gerador em questão é praticado pelo próprio consumidor final.

Deste modo, ainda que promovida pelo constituinte derivado, a iniciativa é válida, pois longe de agredir a qualquer das cláusulas pétreas previstas no artigo 60, §2º, CF, prestigia a Federação, o princípio do país de destino, a igualdade entre contribuintes e a livre concorrência entre produtores nacionais e estrangeiros.

A decisão constitucional de atribuir a competência tributária para os Estados tributarem a importação de bem, independentemente deste se destinar a consumo, ativo fixo ou atividade mercantil, é revelada ainda pela topografia adotada pelo Texto Maior que estabeleceu uma regra de competência específica que não deriva do art. 155, II, CF, atribuidor de poder aos Estados para tributar a circulação de mercadorias e a prestação de serviços, mas do inciso IX, *a*, do art. 155, § 2º, fonte normativa da regra constitucional que dispõe que imposto **incidirá também** sobre o bem ou mercadoria importada. Logo, este dispositivo não guarda a mesma raiz constitucional daquele dedicado à circulação de mercadorias, sendo autônomo em relação a este último no que ser refere às materialidades econômicas se que elegeu tributar.

No plano jurisprudencial, vale registrar que o STF admitiu a correção legislativa da sua jurisprudência pela EC nº 33/2001, considerando-a válida ao modificar a redação da alínea *a* do inciso IX do art. 155, § 2º, CF, como revela o precedente estabelecido pela composição plenária do Tribunal no Recurso Extraordinário nº 439.796/PR[282]:

> *"Ementa: CONSTITUCIONAL. TRIBUTÁRIO. IMPOSTO SOBRE CIRCULAÇÃO DE MERCADORIAS E SERVIÇOS. ICMS. IMPORTAÇÃO. PESSOA QUE NÃO SE DEDICA AO COMÉRCIO OU À PRESTAÇÃO DE SERVIÇOS DE COMUNICAÇÃO OU DE TRANSPORTE INTERESTADUAL OU INTERMUNICIPAL. "NÃO CONTRIBUINTE". VIGÊNCIA DA EMENDA CONSTITUCIONAL 33/2002. POSSIBILIDADE. REQUISITO DE VALIDADE. FLUXO DE POSITIVAÇÃO. EXERCÍCIO DA COMPETÊNCIA TRIBUTÁRIA. CRITÉRIOS PARA AFERIÇÃO. 1. Há competência constitucional para estender a inci-*

---

[282] STF, Pleno, RE nº 439.796/PR, Rel. Min. Joaquim Barbosa, DJe 18/11/2013.

dência do ICMS à operação de importação de bem destinado a pessoa que não se dedica habitualmente ao comércio ou à prestação de serviços, após a vigência da EC 33/2001. 2. A incidência do ICMS sobre operação de importação de bem não viola, em princípio, a regra da vedação à cumulatividade (art. 155, § 2º, I da Constituição), pois se não houver acumulação da carga tributária, nada haveria a ser compensado. 3. Divergência entre as expressões "bem" e "mercadoria" (arts. 155, II e 155, §2, IX, a da Constituição). É constitucional a tributação das operações de circulação jurídica de bens amparadas pela importação. A operação de importação não descacteriza, tão-somente por si, a classificação do bem importado como mercadoria. Em sentido semelhante, a circunstância de o destinatário do bem não ser contribuinte habitual do tributo também não afeta a caracterização da operação de circulação de mercadoria. Ademais, a exoneração das operações de importação pode desequilibrar as relações pertinentes às operações internas com o mesmo tipo de bem, de modo a afetar os princípios da isonomia e da livre concorrência. CONDIÇÕES CONSTITUCIONAIS PARA TRIBUTAÇÃO 4. Existência e suficiência de legislação infraconstitucional para instituição do tributo (violação dos arts. 146, II e 155, XII, § 2º, i da Constituição). A validade da constituição do crédito tributário depende da existência de lei complementar de normas gerais (LC 114/2002) e de legislação local resultantes do exercício da competência tributária, contemporâneas à ocorrência do fato jurídico que se pretenda tributar. 5. Modificações da legislação federal ou local anteriores à EC 33/2001 não foram convalidadas, na medida em que inexistente o fenômeno da "constitucionalização superveniente" no sistema jurídico brasileiro. A ampliação da hipótese de incidência, da base de cálculo e da sujeição passiva da regra-matriz de incidência tributária realizada por lei anterior à EC 33/2001 e à LC 114/2002 não serve de fundamento de validade à tributação das operações de importação realizadas por empresas que não sejam comerciais ou prestadoras de serviços de comunicação ou de transporte intermunicipal ou interestadual. 6. A tributação somente será admissível se também respeitadas as regras da anterioridade e da anterioridade, cuja observância se afere com base em cada legislação local que tenha modificado adequadamente a regra-matriz e que seja posterior à LC 114/2002. Recurso extraordinário interposto pelo Estado do Rio Grande do Sul conhecido e ao qual se nega provimento. Recurso extraordinário interposto por FF. Claudino ao qual se dá provimento. "

Contudo, como se pode verificar do exame da ementa do citado acórdão, a promulgação da EC nº 33/01, não dispensa que as leis estaduais que promovam a incidência do ICMS na importação com base na referida emenda constitucional sejam posteriores a esta e à LC nº 114/2002, que modificou a LC nº 87/96 a fim de adaptá-la ao novo texto constitucional, observados os princípios da anterioridade, da noventena e da irretroatividade.

É que a alteração do texto da Constituição não promoveu a imediata possibilidade de cobrança das novas incidências, em razão do artigo 146, III, a, CF, que exige que lei complementar preveja a base de cálculo dos impostos. Com fulcro nessa exigência, a nova disciplina, na visão do STF, precisou ser prevista em lei complementar, o que foi levado a efeito pela Lei Complementar nº 114, de 16 de dezembro de 2002.

Apenas após a edição das aludidas emenda constitucional e lei complementar é que foi possível ao legislador estadual prever a incidência do ICMS na importação de bens por pessoas físicas e por pessoas jurídicas que não fossem contribuintes habituais do imposto em operações internas.

Ocorre que, em muitos Estados, a necessária alteração na lei estadual foi efetivada entre a promulgação da EC nº 33/01 e a edição da lei complementar que a regulamentou. É o caso do Estado de São Paulo, onde a Lei nº 11.001/01, de 21.12.2001, foi promulgada a um tempo em que a LC nº 87/96, por ainda não ter sido modificada pela LC nº 114, de 16 de dezembro de 2002, não admitia a tributação pelo ICMS da importação por quem não era contribuinte habitual do imposto.

O mesmo fenômeno se deu no Estado do Rio de Janeiro, onde a Lei nº 3.733/01 promoveu as alterações admitidas pela EC nº 33/01 na Lei nº 2.657/89, antes da entrada em vigor da Lei Complementar nº 114/02. Não foi outra a situação ocorrida no Estado do Espírito Santo, onde a Lei nº 7.295, de 1º de agosto de 2002, também é anterior à LC nº 114/02.

Deste modo, tais Estados não podem promover a tributação do ICMS na importação por quem não é contribuinte habitual do imposto, visto que as alterações em lei ordinária não foram lastreadas em lei complementar que estivesse de acordo com a Constituição Federal.[283]

Como se viu acima, essa temática foi reconhecida pelo STF no citado RE nº 439.796/PR[284], interposto contra o Estado do Paraná, ao qual foi dado provimento com reconhecimento de repercussão geral quanto ao tema de que a lei estadual, em vigor antes da LC 114/2002, que impunha o

---

[283] PEREIRA, João Luís de Souza. " ICMS na importação e na exportação". In.: *Revista Tributária e de Finanças Públicas nº 53*, p. 45-68, 2003.

[284] STF, Pleno, RE nº 439.796/PR, Rel. Min. Joaquim Barbosa, DJe 18/11/2013. No mesmo sentido, o acórdão proferido pelo Plenário do Tribunal no julgamento do RE nº 474.267/RS, também relatado pelo Ministro Joaquim Barbosa, publicado no DJe em 20/03/14.

pagamento de ICMS-Importação por não contribuintes é inconstitucional tendo em vista a falta de previsão em lei complementar à época.

Verifica-se, assim, que se encontra pacificado pelo Supremo Tribunal Federal o entendimento de que a lei estadual instituidora da cobrança do ICMS sobre as operações de importação por não contribuintes do tributo tem que ser posterior à LC 114/2002, que introduziu o inciso I ao §1º do art. 2º da LC 87/96, possibilitando a referida cobrança, devendo respeitar, ainda, os princípios da irretroatividade e da anterioridade.

Tendo em vista que, como se viu, as leis estaduais dos Estados de São Paulo, Rio de Janeiro e Espírito Santo que adaptaram à legislação pretérita à EC nº 33/01 entraram em vigor antes da LC 114/02, que foi publicada somente em 17/12/02, tem-se como inconstitucional a cobrança de ICMS--Importação com base nas aludidas leis.

Dessa forma, partindo da premissa adotada pelo STF que a Constituição Federal só passou a autorizar a tributação do ICMS na importação, por quem não é contribuinte habitual do imposto, após a promulgação da EC nº33/01, resta inconteste que as leis estaduais anteriores à LC 114/2002 são inconstitucionais, dentre elas a Lei nº 11.001/01 do Estado de São Paulo, a Lei nº 3.733/01 do Estado do Rio de Janeiro, e a Lei nº 7.295/02 do Estado do Espírito Santo, e, por isso, essas normas não devem produzir efeitos fáticos e jurídicos, no que se refere à cobrança do ICMS sobre os seus novos destinatários.

Abstraindo-se à questão quanto ao início de validade do regime da EC nº33/01 à luz da legislação dos Estados, é forçoso reconhecer que, de acordo com o quadro constitucional a que se seguiu à referida emenda, o que se tributa com base do artigo 155, §2º, IX, *a*, CF, não é mais a circulação de mercadoria importada, assim entendida como o ingresso de bem destinado ao comércio, indústria ou produção. Mas a própria importação de bem, independentemente da sua destinação, ou da circunstância ser o importador contribuinte habitual do imposto.

Contudo, a despeito do STF ter acolhido a correção legislativa da jurisprudência pela EC nº 33/01, admitindo, como vimos, a incidência na importação sobre quem não é contribuinte habitual do ICMS, adotou posicionamento contraditório com essa diretriz no julgamento da incidência do tributo estadual no leasing internacional. Foi no julgamento do RE nº 540.829/SP[285], em que o Tribunal, em decisão com repercussão geral,

---

[285] STF, Pleno, RE nº 540.829/SP RG, Rel. Min. Gilmar Mendes. Rel. p/acórdão: Min. Luiz Fux, DJe 18/112014.

entendeu não incidir o ICMS na importação de bem que não tenha a natureza de mercadoria, a partir da interpretação sistemática do art. 155, II, com o §2º, X, *a* do mesmo dispositivo constitucional, com fundamento na premissa de que só ocorre o fato gerador do imposto com a transmissão de domínio, o que não ocorre no leasing internacional, salvo quando se antecipa a opção de compra, perfazendo-se a transferência da propriedade:

> *"Ementa: RECURSO EXTRAORDINÁRIO. CONSTITUCIONAL E TRIBUTÁRIO. ICMS. ENTRADA DE MERCADORIA IMPORTADA DO EXTERIOR. ART. 155, II, CF/88. OPERAÇÃO DE ARRENDAMENTO MERCANTIL INTERNACIONAL. NÃO-INCIDÊNCIA. RECURSO EXTRAORDINÁRIO A QUE SE NEGA PROVIMENTO. 1. O ICMS tem fundamento no artigo 155, II, da CF/88, e incide sobre operações relativas à circulação de mercadorias e sobre prestações de serviços de transporte interestadual e intermunicipal e de comunicação, ainda que as operações e as prestações se iniciem no exterior. 2. A alínea "a" do inciso IX do § 2º do art. 155 da Constituição Federal, na redação da EC 33/2001, faz incidir o ICMS na entrada de bem ou mercadoria importados do exterior, somente se de fato houver circulação de mercadoria, caracterizada pela transferência do domínio (compra e venda). 3. Precedente: RE 461968, Rel. Min. EROS GRAU, Tribunal Pleno, julgado em 30/05/2007, DJe 23/08/2007, onde restou assentado que o imposto não é sobre a entrada de bem ou mercadoria importada, senão sobre essas entradas desde que elas sejam atinentes a operações relativas à circulação desses mesmos bens ou mercadorias. 4. Deveras, não incide o ICMS na operação de arrendamento mercantil internacional, salvo na hipótese de antecipação da opção de compra, quando configurada a transferência da titularidade do bem. Consectariamente, se não houver aquisição de mercadoria, mas mera posse decorrente do arrendamento, não se pode cogitar de circulação econômica. 5. In casu, nos termos do acórdão recorrido, o contrato de arrendamento mercantil internacional trata de bem suscetível de devolução, sem opção de compra. 6. Os conceitos de direito privado não podem ser desnaturados pelo direito tributário, na forma do art. 110 do CTN, à luz da interpretação conjunta do art. 146, III, combinado com o art. 155, inciso II e § 2º, IX, "a", da CF/88. 8. Recurso extraordinário a que se nega provimento."*

Porém, não nos parece que a questão se resolva pela existência ou não de opção de compra no leasing internacional, uma vez que o que se tributa não é o negócio jurídico do arrendamento mercantil ou da compra e venda, mas a importação. Também não é relevante perquirir se houve transferência do domínio do bem ou se este é mercadoria, uma vez que a incidência do imposto na importação não depende dessa qualificação.

Contudo, apesar de seu fundamento não ter procedência, a decisão é correta em sua parte dispositiva por não admitir a tributação na importação no regime de admissão temporária. Assim, o que devemos saber, não é se houve transferência da propriedade, mas se o bem ingressou no país em caráter permanente, integrando-se à economia nacional, ou houve uma mera introdução física, sem qualquer incremento definitivo no produto interno bruto do Brasil. É que a importação temporária não deve ser tributada. Assim, não incide o ICMS nas importações abrigadas pelos regimes aduaneiros especiais de admissão temporária, *drawback*, entreposto aduaneiro e trânsito aduaneiro.

Não se trata aqui da subordinação do legislador estadual aos benefícios fiscais concedidos pelo Governo Federal, o que seria vedado pelo artigo 151, III, CF. Mas é forçoso reconhecer que, ao ter competência de regular o comércio exterior (artigo 22, VIII, CF) a União acaba por definir e regular a forma pela qual o bem é admitido no território nacional. Se a autoridade aduaneira federal admite a presença temporária do bem estrangeiro no Brasil, ainda que ele seja da propriedade do importador, ou que se trate de uma mercadoria, essa introdução, por estar marcada pelo caráter provisório, não revela capacidade contributiva identificada pela Constituição como necessária para justificar a tributação na importação, não podendo sofrer a tributação estadual.

Se houver o fim da suspensão dos tributos aduaneiros federais pela introdução definitiva do bem no Brasil, incidirá também o ICMS. Deste modo, em princípio, há incidência do ICMS no leasing internacional. Porém, se o bem ingressar no Brasil em regime de admissão temporária, ou em outro regime aduaneiro especial que leve à suspensa dos tributos federais, não poderá haver a incidência do imposto estadual, sob pena do Estado-membro passar a regular o comércio exterior, ao arrepio do artigo 22, VII, CF.

A tributação sobre a importação no âmbito da estrutura normativa dos impostos sobre o consumo, não é uma peculiaridade brasileira que decorra da redação dada à nossa Constituição pela EC nº 33/01. Ao contrário, é uma decorrência do princípio do país de destino como lecionam Klaus Tipke e Joachim Lang[286]:

---

[286] TIPKE, Klaus e LANG, Joachim. *Direito Tributário (Steuerrecht), Volume II*, p. 341.

"*Também os não empresários (consumidores privados) podem importar. A regulamentação é consistente, porque justamente os consumidores privados devem ser onerados com o imposto sobre venda. Também o §1 I Nr. 4 UStG reafirma o caráter de imposto sobre o consumo do imposto sobre venda. O imposto vinculado ao §1 I Nr. 4 UStG é caracterizado como um imposto sobre importação.*"

Assim, os impostos sobre o consumo incidentes sobre bens e serviços, quando incidem sobre a circulação internacional destes, como o ICMS sobre Importação, são considerados impostos aduaneiros, como esclarece Sara Armella[287]:

"*Así entendida, la definición de tributo aduanero es extremadamente amplia y comprende tanto los aranceles aduaneros en sentido propio, entendiendo a estos como exacción de naturaleza fiscal que presupone la realización de una operación aduanera, con la función de regular el tráfico comercial entre los Estados. La definición comprende también los impuestos al consumo recaudados como consecuencia de la introducción de la mercadería para consumo en el territorio nacional (IVA, impuestos internos).*"

Por esta razão, os impostos sobre a circulação internacional de bens, embora costumem ter suas alíquotas fixadas nos mesmos patamares do que as aplicáveis aos impostos internos sobre consumo, a fim de equalizar a tributação dos bens nacionais e estrangeiros, devem adotar os fatos geradores e bases de cálculo dos impostos aduaneiros, como observa Piera Filippi[288]:

"*Al determinar el presupuesto para la aplicación del impuesto, no solo en las cesiones de bienes y en las prestaciones de servicios sino también en las importaciones, el decreto constitutivo confirma para dichas operaciones la técnica impositiva adoptada para la aplicación de los derechos aduaneros. Por ende, para determinar si se verifica o no el presupuesto del impuesto, corresponde observar si se ha verificado el de la obligación aduanera. Adquieren entonces relevancia, para los fines de IVA, las disposiciones aduaneras que determinan cuándo el presupuesto de la obligación aduanera se considera verificado. La conexión entre la regulación del IVA sobre las importaciones y la aduanera existe, en especial, en lo que se refiere a su determinación, liquidación y recaudación, a las controversias e a las sanciones.*"

---

[287] ARMELLA, Sara. "Los Impuestos Aduaneros". In: UCMAR, Victor (Coord.). *Curso de Derecho Tributario Internacional, Tomo II*. Bogotá: Temis, 2003, p. 466
[288] FILIPPI, Piera. "El Impuesto Al Valor Agregado em Las Relaciones Internacionales", p. 460 e 462.

(...)

En cuanto concierne a los criterios para la determinación de la base imponible de las mercadorías importadas, el impuesto debe aplicarse con las mismas tasas de las cesiones de bienes efectuadas en el territorio del Estado: la base imponible está vinculada al valor contractual sumado al importe de los derechos aduaneros adeudados, excluido el impuesto al valor agregado, como así también al importe de los demás gastos de envío hasta el lugar de destino dentro del territorio aduanero que figura en el documento de transporte."

Em consequência destas ideias, embora o ICMS incidente na importação, como tributo estadual que é, deva ter a sua alíquota definida pelo legislador estadual em percentual equivalente às operações e prestações internas, a fim de que não se promova desigualdade de tratamento entre os bens nacionais e estrangeiros, deve ter a identificação do fato gerador, base de cálculo e contribuinte, que segundo o artigo 146, III, *a*, CF é papel da lei complementar, harmonizadas com as definições estabelecidas para os tributos aduaneiros federais, como o imposto de importação, o IPI, e hoje, o PIS e a COFINS.

Afinal, sendo competência de a União legislar, fiscalizar e controlar o comércio exterior, nos termos dos artigos 22, VIII e 237, CF, o exercício pelo legislador estadual da competência tributária do ICMS na importação, deve ser deferente às decisões regulatórias federais, respeitando suas políticas públicas indutoras, estabelecendo uma disciplina meramente fiscal que preserve as definições centrais do legislador central.

Esta afirmativa torna-se ainda mais verdadeira em relação aos aspectos compreendidos nos acordos internacionais firmados pelo Brasil, como aqueles estabelecidos no âmbito do GATT e da OMC. Sendo, constitucionalmente um imposto sobre importação, não se limitando às regras constitucionais que o artigo 155, II impõe à incidência da tributação sobre circulação de mercadorias, o ICMS-Importação deve observar as regras previstas no sistema de comércio supranacional sobre tributação aduaneira, que foram internalizadas pelo Brasil, em especial o artigo VII do GATT, resultado da Rodada Uruguai, que estabeleceu o Acordo de Valoração Aduaneira, aprovado pelo Decreto Legislativo nº 30, de 15.12.1994, e internalizado em nosso país pelo Decreto nº 1.355, de 30.12.1994, como será estudado no tópico 8.3 neste capítulo.

Embora o fato gerador na importação seja o desembaraço aduaneiro,[289] o imposto cabe ao Estado onde fica localizado o estabelecimento destinatário da mercadoria, de acordo com o artigo 155, §2º, IX, *a*, CF. Assim, se mercadoria foi desembaraçada em um porto localizado em determinado Estado litorâneo e seguiu para o seu adquirente em outro Estado, é este, onde se localiza o destinatário jurídico, que é competente para tributar.[290]

8.1.2.4. PIS/COFINS na Importação

Ao estabelecer a incidência da contribuição sobre o importador, a Constituição está a tributar a própria importação. Esta se traduz na entrada do bem no território nacional pela transposição de qualquer das suas fronteiras e por qualquer via de acesso,[291] pelo ingresso real ou presumido, independentemente da transferência de propriedade. Porém, não basta o mero ingresso físico do bem, sendo indispensável a sua inserção permanente na economia nacional com destino à industrialização, comercialização ou consumo, acrescentando algo de novo à economia nacional.

O artigo 3º da Lei nº 10.865/04 estabelece que o fato gerador do PIS/COFINS importação é a entrada de bens estrangeiros no território nacional; ou o pagamento, o crédito, a entrega, o emprego ou a remessa de valores a residentes ou domiciliados no exterior como contraprestação por serviço prestado.

As normas relativas à suspensão do pagamento do imposto de importação ou do IPI vinculado à importação, relativas aos regimes aduaneiros especiais, aplicam-se também ao PIS/COFINS incidente sobre a importação, de acordo com o artigo 14 da Lei nº 10.865/04.

De acordo com o artigo 7º da Lei nº 10.865/04, a base de cálculo é:

a) na importação de bens, o valor aduaneiro, assim entendido, o valor que servir ou que serviria de base para o cálculo do imposto de importação, acrescido do valor do ICMS incidente no desembaraço aduaneiro e do valor das próprias contribuições;

---

[289] Súmula nº 661 do STF: "Na entrada de mercadoria importada do exterior, é legítima a cobrança do ICMS por ocasião do desembaraço aduaneiro."
[290] STF, 1ª Turma, RE nº 299.079/RJ, Rel. Min. Ayres Britto, DJU 16/06/06, p. 20; STF, 2ª Turma, RE nº 405.457, Rel. Min. Joaquim Barbosa, DJe 05/02/2010.
[291] BALEIRO, Aliomar. *Direito Tributário Brasileiro*, p. 212.

b) na importação de serviços o valor pago, creditado, entregue, empregado ou remetido para o exterior, antes da retenção do imposto de renda, acrescido do ISS e do valor das próprias contribuições.

De acordo com Ricardo Lobo Torres[292], a lei em comento subverte o conceito de valor aduaneiro estabelecido pelo artigo VII do GATT, que prescreve ser este o valor normal da mercadoria, posta no porto de chegada, sem a inclusão de tributos internos:

> *"Mas não poderia a Lei nº 10.865/04 incluir no conceito de valor aduaneiro aqueles impostos que se agregam ao preço do bem após a sua entrada no território nacional. Primeiro, porque o art. 149, §2º, III, a, CF que se refere a valor aduaneiro, não é cláusula aberta que aceite tal extensão. Segundo, porque o PIS/COFINS – Importação não é calculado por dentro, particularidade do ICMS que não se aplica a outros impostos, nem mesmo ao IPI que se calculam por fora. Terceiro, porque o PIS/COFINS – Importação deve ter base de cálculo compatível com a sua natureza de tributo incidente sobre o fato da importação, que só pode ser o valor aduaneiro calculado na forma prevista na cláusula VII do GATT acrescida de despesas que se agregam até o despacho aduaneiro para consumo."*

Em sentido próximo decidiu o STF entendendo que a base de cálculo escolhida pelo legislador padece de inconstitucionalidade ao incluir o ICMS e as próprias contribuições, por violação dos artigos 149, §2º, III, *a*, CF que estabelece que os tributos aduaneiros terão como base de cálculo o valor aduaneiro:[293]

> *"5. A referência ao valor aduaneiro no art. 149, § 2º, III, a, da CF implicou utilização de expressão com sentido técnico inequívoco, porquanto já era utilizada pela legislação tributária para indicar a base de cálculo do Imposto sobre a Importação. 6. A Lei 10.865/04, ao instituir o PIS/PASEP -Importação e a COFINS -Importação, não alargou propriamente o conceito de valor aduaneiro, de modo que passasse a abranger, para fins de apuração de tais contribuições, outras grandezas nele não contidas. O que fez foi desconsiderar a imposição constitucional de que as contribuições sociais sobre a importação que tenham alíquota ad valorem sejam calculadas com base no valor aduaneiro, extrapolando a norma do art. 149, § 2º, III, a, da Constituição Federal. 7. Não*

---

[292] TORRES, Ricardo Lobo. *Tratado de Direito Constitucional Financeiro e Tributário, Vol. IV – Os Tributos na Constituição*, p. 600 e 601.
[293] STF, Pleno, RE nº 559.937/RS, Rel. Ellen Gracie, DJe 17/10/2013.

há como equiparar, de modo absoluto, a tributação da importação com a tributação das operações internas. O PIS/PASEP -Importação e a COFINS -Importação incidem sobre operação na qual o contribuinte efetuou despesas com a aquisição do produto importado, enquanto a PIS e a COFINS internas incidem sobre o faturamento ou a receita, conforme o regime. São tributos distintos. 8. O gravame das operações de importação se dá não como concretização do princípio da isonomia, mas como medida de política tributária tendente a evitar que a entrada de produtos desonerados tenha efeitos predatórios relativamente às empresas sediadas no País, visando, assim, ao equilíbrio da balança comercial. 9. Inconstitucionalidade da seguinte parte do art. 7º, inciso I, da Lei 10.865/04: "acrescido do valor do Imposto sobre Operações Relativas à Circulação de Mercadorias e sobre Prestação de Serviços de Transporte Interestadual e Intermunicipal e de Comunicação – ICMS incidente no desembaraço aduaneiro e do valor das próprias contribuições, por violação do art. 149, § 2º, III, a, da CF, acrescido pela EC 33/01. 10. Recurso extraordinário a que se nega provimento."

8.2. O Fenômeno da Importação e o Território Nacional

Sendo grande parte da atividade de exploração e produção de petróleo e gás desenvolvida na plataforma continental e na zona econômica exclusiva, que, a rigor, como vimos no Capítulo 2, não integram o território nacional, é preciso investigar se o deslocamento do produto da lavra das plataformas de petróleo localizadas nessas regiões para o território nacional sofre a incidência dos tributos aduaneiros.

Como já estudado, de acordo com o artigo 77 da Convenção das Nações Unidas sobre o Direito do Mar, aprovada pelo Decreto Legislativo nº 5/87 e ratificada pelo Decreto nº 1.530/95, o país costeiro exerce os direitos de soberania para a exploração dos recursos naturais localizados na sua zona econômica exclusiva.

Vimos também no Capítulo 2 que essa disciplina estabelece a ficção jurídica de que, para fins fiscais e aduaneiros, tais áreas são consideradas território nacional como uma extensão da soberania para a exploração econômica exclusiva, sem prejuízo da liberdade de navegação concedida aos demais Estados. É que, nos termos do artigo 56 da referida Convenção, o Estado costeiro tem direito de soberania para fins de exploração e aproveitamento, podendo colocar ilhas artificiais, instalações e estruturas destinadas à atender a esta finalidade.[294] As plataformas de petróleo e demais

---

[294] "Art.56, Direitos, jurisdição e deveres do Estado costeiro na zona econômica exclusiva
1 – Na zona econômica exclusiva, o Estado costeiro tem:

equipamentos utilizados na exploração e produção estão submetidas a essa disciplina. Por sua vez, o artigo 60.2 da Convenção[295] estabelece que, em relação a estas ilhas artificiais, instalações e estruturas, o Estado costeiro tem jurisdição exclusiva em matéria de leis e regulamentos aduaneiros e fiscais. A mesma disciplina do artigo 60 é dada pelo artigo 80 em relação às ilhas artificiais, instalações e equipamentos localizadas na plataforma continental.[296] Em relação à zona contígua, os mesmos direitos inerentes à soberania tributária exercida no território nacional e no mar terrirol são a ela acplicáveis, de acordo com o artigo 33 da Convenção.[297]

Portanto, a exploração econômica de recursos naturais na zona contínua, na zona econômica exclusiva e na plataforma continental se submete à jurisdição fiscal e aduaneira do país consteiro, constituido-se, para tais fins, uma extensão do seu território.

a) Direitos de soberania para fins de exploração e aproveitamento, conservação e gestão dos recursos naturais, vivos ou não vivos, das águas sobrejacentes ao leito do mar, do leito do mar e seu subsolo e no que se refere a outras atividades com vista à exploração e aproveitamento da zona para fins econômicos, como a produção de energia a partir da água, das correntes e dos ventos;
b) Jurisdição, de conformidade com as disposições pertinentes da presente Convenção, no que se refere a:
i) Colocação e utilização de ilhas artificiais, instalações e estruturas;
ii) Investigação científica marinha;
iii) Proteção e preservação do meio marinho;
c) Outros direitos e deveres previstos na presente Convenção.
2 – No exercício dos seus direitos e no cumprimento dos seus deveres na zona econômica exclusiva nos termos da presente Convenção, o Estado costeiro terá em devida conta os direitos e deveres dos outros Estados e agirá de forma compatível com as disposições da presente Convenção.
3 – Os direitos enunciados no presente artigo referentes ao leito do mar e ao seu subsolo devem ser exercidos de conformidade com a parte VI da presente Convenção."
[295] "Art. 60. 2 – O Estado costeiro tem jurisdição exclusiva sobre essas ilhas artificiais, instalações e estruturas, incluindo jurisdição em matéria de leis e regulamentos aduaneiros, fiscais, de imigração, sanitários e de segurança."
[296] "Art. 80. Ilhas artificiais, instalações e estruturas na plataforma continental
O artigo 60 aplica-se, mutatis mutandis, às ilhas artificiais, instalações e estruturas sobre a plataforma continental."
[297] "Art. 33. Zona contígua
1 – Numa zona contígua ao seu mar territorial, denominada «zona contígua», o Estado costeiro pode tomar as medidas de fiscalização necessárias a:
a) Evitar as infracções às leis e regulamentos aduaneiros, fiscais, de imigração ou sanitários no seu território ou no seu mar territorial;
b) Reprimir as infracções às leis e regulamentos no seu território ou no seu mar territorial."

Sendo a atividade de exploração e produção de petróleo e gás natural exercida, em parte, na zona econômica exclusiva e na plataforma continental, por meio de ilhas artificiais, instações e equipamentos, é submetida ao regime tributário do Brasil.

Desta forma, a entrada no território nacional de bens extraídos na zona contínua, na zona econômica exclusiva e na plataforma continental, como o petróleo e o gás, não sofrem a incidência dos tributos incidentes sobre a importação. Por outro lado, a introdução de bem estrangeiro destinado ao apoio à exploração econômica dessas áreas sofre a incidência tributára, ainda que o bem não ingresse no território nacional, ressalvada a possibilidade de a tributação ser afastada por regime especial. O mesmo não ocorre com embarcações que apenas estejam de passagem por essas regiões, uma vez que, nas ditas áreas, a soberania do nosso país não é plena, sendo vedado ao país costeiro embaraçar o livre trânsito de embarcações por meio da cobrança de tributos, de acordo com o artigo 78 da Convenção das Nações Unidas sobre o Direito do Mar.[298]

8.3. A Base de Cálculo dos Tributos sobre a Importação e o Acordo de Valoração Aduaneira

Os tributos que constitucionalmente incidem sobre a importação, o que inclui não só o II, o IPI, o PIS e a COFINS, mas também o ICMS-Importação, devem observar as regras previstas no sistema de comércio supranacional sobre tributação aduaneira, que foram internalizadas pelo Brasil, em especial o artigo VII do GATT, resultado da Rodada Uruguai, que estabeleceu o Acordo de Valoração Aduaneira, aprovado pelo Decreto Legislativo nº 30, de 15.12.1994, e internalizado em nosso país pelo Decreto nº 1.355, de 30.12.1994.

Pelo acordo de valoração aduaneira, a base de cálculo de tributos que incidem sobre a importação é o valor aduaneiro, assim entendido como o custo externo da mercadoria acrescido do frete e do seguro, seguindo a

---

[298] "Art. 78. Regime jurídico das águas e do espaço aéreo sobrejacentes e direitos e liberdades de outros Estados: 1. Os direitos do Estado costeiro sobre a plataforma continental não afetam o regime jurídico das águas sobrejacentes ou do espaço aéreo acima dessas águas. 2. O exercício dos direitos do Estado costeiro sobre a plataforma continental não deve afetar a navegação ou outros direitos e liberdades dos demais Estados previstos na presente Convenção, nem ter como resultado uma ingerência injustificada neles."

tradição há muito adotada no Brasil, de considerar como tal o valor CIF (*cost, insurance and freight*) como base de cálculo do imposto.

Em consonância às regras estabelecidas no artigo VII do GATT, o primeiro método para a definição do valor aduaneiro é o valor da transação da mercadoria importada.[299]

São requisitos para a aplicação do método do valor da transação: *a)* ser uma operação onerosa; *b)* não haver restrições à cessão ou utilização da mercadoria que afetem substancialmente o valor da mercadoria (exceto se impostas por lei do país importador ou que limitem a área geográfica de revenda); *c)* não haver vinculação entre o importador e o exportador, salvo quando demonstrada que tal vinculação não afeta o preço da mercadoria importada; *d)* não dependerem a venda ou o preço de contraprestação imposta pelo exportador ao importador, cujo valor não possa ser determinado; *e)* não reverter ao exportador o valor de qualquer parcela resultante de revenda, cessão ou utilização da mercadoria importada, exceto quando o referido valor for determinável.

Quando não estiverem presentes os requisitos para a adoção do valor de transação, será utilizado o segundo método que é o valor de transação de mercadoria idêntica. Segundo Adilson Rodrigues Pires, mercadoria idêntica é a comercializada nas mesmas condições, na mesma quantidade e ao mesmo tempo em que foi negociada a mercadoria objeto de valoração, sendo admitida a diferença que não prejudique a determinação do valor exato. Caso seja encontrado mais de um valor, prevalecerá o menor.

Se também não for possível a adoção do valor de mercadoria idêntica, utiliza-se o terceiro método, o do valor da mercadoria similar a que está sendo importada, de acordo com o mesmo procedimento adotado em relação ao método anterior.

O quarto método é o do valor deduzido, que é calculado por meio do valor de revenda da mercadoria idêntica ou similar à importada, sendo deduzidos os custos acrescidos após a chegada da mercadoria ao porto de destino no país.

O método computado é o quinto, e leva em consideração os custos dos materiais empregados na fabricação, o lucro, as despesas gerais, de transporte, seguro e carga e manuseio para o transporte.

---

[299] LAPATZA, José Juan Ferreiro. *Curso de Derecho Financiero Español, Vol. II*. 21. ed., Barcelona: Marcial Pons, 1999, p.160.

Caso não seja aplicável qualquer dos métodos anteriores, adota-se o sexto método, o chamado método residual, calculado a partir de critérios razoáveis de apuração. No entanto, não poderá ser utilizado como critério razoável o preço da mercadoria nacional, sendo obrigatória a ordem de aplicação dos métodos.[300]

Com a adoção do Acordo de Valoração Aduaneira (Decreto nº 1.355/1994), a utilização das *pautas de valor mínimo ou pautas mínimas*, previstas no DL nº 730/69 e no DL nº 1.753/79, bem como no art. 214, § 1º, do Regulamento Aduaneiro/2009, assim entendidas como valores abaixo dos quais não podem ser calculados os valores aduaneiros, ficou afastada pelo artigo VII do GATT – Acordo Geral sobre Tarifas e Comércio, que veda a fixação de preços arbitrários ou fictícios.

A submissão das regras tributárias internas ao Acordo de Valoração Aduaneira, é destacada por Sara Armella[301]:

> *"En virtud de la gran importancia asumida, la determinación del valor de la mercadería en la aduna desde hace tiempo ha sido sustraída a la competencia de las legislaciones nacionales, que, en virtud de su adhesión al GATT, se han adecuado a las reglas de los negocios internacionales y últimamente a las normas de la OMC sobre la valuación de los impuestos aduaneros (art. VII GAT 1994). Este último representa un sistema equitativo, uniforme y neutral para la valuación de los productos para los fines aduaneros, teniendo en cuenta la situación real de los intercambios y vedando el recurso a valores aduaneros arbitrarios y ficticios."*

A harmonização da lei tributária interna, dentro dos limites oferecidos por suas possibilidades hermenêuticas[302], com as normas do GATT deriva da necessidade de integração do Brasil com a comunidade internacional, a partir do cumprimento pelo nosso país dos acordos comerciais celebrados pelos organismos multilaterais, como a Organização Mundial do Comércio – OMC. Deste modo, entre os sentidos possíveis oferecidos pela literalidade do texto da norma interna, devem ser prestigiadas as solu-

---

[300] PIRES, Adilson Rodrigues. "O Sistema Harmonizado e o Valor Aduaneiro como Instrumentos de Integração Econômica". In: Justiça Tributária. São Paulo: Max Limond/IBET, 1998, p. 13-27.
[301] ARMELLA, Sara. "Los Impuestos Aduaneros", p. 475.
[302] Sobre os sentidos possíveis da literalidade da lei como limite da interpretação: LARENZ, Karl. *Metodologia da Ciência do Direito*. Trad. José Lamego. 3. ed. Lisboa: Fundação Calouste Gulbenkian, 1997, p. 501; RIBEIRO, Ricardo Lodi. *Justiça, Interpretação e Elisão. Tributária*, p. 97.

ções interpretativas que sejam compatíveis com a ordem internacional, a partir do método sistemático, uma vez que os tratados internacionais integram a ordem jurídica nacional, após a sua internalização no direito positivo.

Por outro lado, a interpretação da lei que disponha sobre tributos aduaneiros deve buscar, via método teleológico, as possibilidades oferecidas pelo texto que levem a sério o objetivo da integração econômica do Brasil com os seus parceiros comerciais, sendo descartadas as soluções hermenêuticas que levem o nosso país a um isolamento comercial, em virtude do descumprimento dos seus acordos comerciais.

Nesse cenário, não se pode negar que uma eventual decisão de violar os acordos do GATT e da OMC está dentro dos limites da soberania nacional. Mas, por outro lado, é forçoso reconhecer que o exercício unilateral de um ato de soberania pode significar o isolamento comercial em uma economia globalizada. Por isso, a conclusão de que determinada norma interna tributária deve afastar as normas comerciais internacionais não deve ser extraída do processo de interpretação, senão de forma inequívoca, como fruto da revelação do sentido de uma norma jurídica destinada a tal fim, extraída de um debate parlamentar baseado na razão pública, em que a decisão sobre a postura unilateral de nosso país no cenário do comércio internacional esteja no centro da discussão. E não de soluções hermenêuticas comprometidas com o aumento da arrecadação tributária estabelecida em detrimento da integração comercial de nosso país.

Assim, entre as possibilidades de interpretação oferecidas pela literalidade do texto da lei sobre os tributos incidentes sobre a importação, deve prevalecer aquelas que estejam harmonizadas com as normas do GATT, que tomem como base de cálculo o valor aduaneiro, e que não estabeleçam valorações fictícias ou arbitrárias. Esse é o norte hermenêutico no que se releve à tributação sobre a importação.

Deste modo, a base de cálculo do II, do IPI, do ICMS e do PIS/COFINS incidentes sobre a importação devem se traduzir no valor aduaneiro, assim entendido o valor da mercadoria posta no porto, integrada pelos custos do seguro e frete internacionais.

Nesse sentido, podem ser integradas às bases de cálculo dessas exações os demais tributos aduaneiros, como ocorre com a introdução do imposto de importação, do IPI, e do PIS/COFINS incidentes na importação na base de cálculo do ICMS, o que se traduz na inclusão das tarifas aduaneiras em sua própria base de cálculo. Esta questão não deixa de ser associada à definição do elemento quantitativo da tributação, e que não guarda qualquer dubiedade ou incompatibilidade com as normas internacionais. O mesmo pode-se dizer o IOF que, apesar de não ser um tributo aduaneiro, é uma despesa derivada do câmbio, que é providência anterior e necessária a qualquer importação, sendo legítima a sua inclusão, de acordo com as normas da OMC.

Não é por outra razão que é legítima também a decisão do constituinte derivado da EC nº 33/01 de incluir o valor referente ao ICMS em sua própria base de cálculo também em relação à incidência na importação, nos termos da redação que a referida emenda deu ao artigo 155, §2º, XII, alínea *i*.

Porém, não podem integrá-las outros tributos cujo núcleo da hipótese de incidência não seja diretamente relacionado com a importação, como é o caso do Adicional ao Frete para a Renovação da Martinha Mercante – AFRMM, contribuição de intervenção no domínio econômico criada pelo Decreto-Lei nº 2.404/87, alterado pelo Decreto-Lei nº 2.414/88, e que é atualmente regulada pela Lei nº 10.893/04, alterada pelas Leis nºs 12.599/12 e 12.788/13.

A conclusão de que o AFRMM não e um tributo aduaneiro decorre do exame dos elementos constitutivos da obrigação tributária dele decorrente. Vejamos. O fato gerador do AFRMM é, de acordo com o artigo 4º da Lei nº 10.893/04, o início efetivo da operação de descarregamento da embarcação em porto brasileiro. Sua base de cálculo é o valor do frete, assim entendido como a remuneração do transporte aquaviário da carga de qualquer natureza descarregada em porto brasileiro (art. 5º da Lei nº 10.893/04).

Vale destacar que, de acordo com a sistemática da Lei nº 10.893/04, a incidência do AFRMM não se dá apenas em relação à *navegação de longo curso*, que se traduz, nos termos do art. 2º, III, no transporte entre portos estrangeiros e brasileiros, mas também na *navegação de cabotagem*, que ocorre entre portos marítimos brasileiros ou portos marítimos e internos no Brasil (art. 2º, III), e ainda na *navegação interna fluvial e lacustre* quando do transporte de granéis líquidos nas regiões Norte e Nordeste (art. 2º, IV).

Como se pode ver, o AFRMM está longe de ser um tributo que incide sobre a circulação de bens no âmbito do comércio internacional. É uma contribuição que onera o serviço de transporte, seja este realizado no plano interno, onde o bem a ser transportado não atravessa nossas fronteiras nacionais, como plano exterior na navegação de longo curso.

Tal assertiva se extrai não só do núcleo do fato gerador, onde se revela que a materialidade econômica a ser tributada é o serviço de transporte, seja ele interno ou internacional, e não a circulação de bens no âmbito do comércio internacional, mas também da sua base de cálculo, que, coerentemente com o fato gerador (serviço de transporte aquaviário), revela-se pelo custo deste serviço (frete).

Outro aspecto que releva destacar é o aspecto temporal do fato gerador do AFRMM, como o início efetivo da operação de descarregamento da embarcação em porto brasileiro, não sendo, portanto, uma despesa inerente à importação no plano exterior, sendo, na verdade, uma despesa interna de nosso país. Por outro lado, vale destacar que não integrando o AFRMM o preço real da mercadoria posta no porto, não compõe o valor aduaneiro, que, como vimos, deve ser a base de cálculo de todos os tributos incidentes sobre a importação.

Deste modo, resta evidente que o AFRMM não é um tributo incidente sobre o comércio exterior, mas um tributo que incide sobre o transporte aquaviário, seja ele interno ou internacional. Logo, não integra a base de cálculo do ICMS prevista no artigo 13, V, *e*, da LC nº 87/97, com redação dada pela LC nº 114/02, que inclui os tributos aduaneiros.[303] É claro que não há que se cogitar no caráter aduaneiro do AFRMM quando a transposição da fronteira internacional não é elemento essencial do tributo, que incide também quando o serviço de transporte ocorre exclusivamente em águas nacionais. Assim, como também não incide sobre o transporte internacional aéreo ou ferroviário, o que reforça a ideia de que o transporte aquaviário não é atividade que se relacione diretamente com a importação de bens.

Deste modo, não atende o AFRMM ao qualquer dos três aspectos pelos quais deve um tributo ser caracterizado como sendo aduaneiro: (i) sua materialidade não tem a importação como elemento essencial; (ii) no plano espacial, seu fato gerador se refere a atividades intestinas, como o descarregamento das mercadorias em porto brasileiro; (iii) no plano temporal, fica evidente que as atividades que geram a incidência da contribuição são posteriores da entrada do bem em nosso país. Como se vê, o AFRMM nada tem de tributo aduaneiro.

---

[303] "Art. 13. A base de cálculo do imposto é: V – na hipótese do inciso IX do art. 12, a soma das seguintes parcelas: *e*) quaisquer outros impostos, taxas, contribuições e despesas aduaneiras;" (Redação dada pela LC nº 114/02).

Por essas razões, são ilegítimas as leis estaduais e normas regulamentares, como a Decisão Normativa CAT nº 6/15 da SEFAZ SP e o Parecer Normativo ST nº 01/13 da SEFAZ RJ, que incluem o AFRMM a base de cálculo do ICMS-Importação, por violarem a disposição prevista em lei complementar sobre o tema (art. 13, V, e, da LC nº 87/96), e consequentemente a reserva constitucional de lei complementar para dispor sobre a base de cálculo dos impostos (art. 146, III, *a*, CF), bem como os tratados internacionais celebrados pelo Brasil (art. VII do GATT).

Do mesmo modo, a Taxa SISCOMEX e as multas resultantes de infrações à legislação aduaneira e tributária, por não se traduzirem em despesas aduaneiras, não podem integrar a base de cálculo dos tributos incidentes sobre a importação, como também ocorre com o seguro nacional, o frete nacional, a taxa de armazenagem e capatazia, a taxa de remoção de mercadorias, as comissões de despachantes, inclusive o valor da taxa de sindicato e a corretagem de câmbio, todas elas posteriores à importação e estranhas ao valor aduaneiro.

8.4. O REPETRO e a Tributação da Importação

Já restou sedimentado ao longo deste estudo que a importação que é relevante para fins tributários é que promove o ingresso do bem no território nacional em caráter definitivo, incrementando o produto interno bruto, sendo irrelevantes, do ponto de vista tributário, os ingressos temporários, como ocorre no regime de admissão temporária.[304] Esse fenômeno da irrelevância tributária pode ser decorrente da ausência de capacidade contributiva relacionada ao ingresso do bem não utilizado na exploração da atividade econômica, como dá-se, por exemplo, com as obras de arte destinadas a uma mostra. Pode também decorrer de políticas extrafiscais estabelecidas pelo legislador federal de estímulo a determinadas atividades, como ocorre com a exploração e produção de petróleo, a partir da adoção de regimes aduaneiros especiais que determinem a suspensão dos tributos aduaneiros.

O arcabouço normativo da concessão desses regimes especiais que determinam a suspensão dos tributos aduaneiros é o artigo 12 do DL nº 2.472/88, que prevê que o Ministro da Fazenda poderá, na forma do regulamento, autorizar o desembaraço aduaneiro com a suspensão do

---

[304] RIBEIRO, Ricardo Lodi. *Tributos – Teoria Geral e Espécies*, p. 81, 83 e 84.

imposto de importação. Nestes casos, embora ocorra a entrada física do bem no território nacional, não há o pagamento do tributo em função de isenções condicionadas ao implemento de condições previstas na legislação. Muito discutida é a natureza jurídica da expressão *suspensão do imposto*, que não é encontrada no CTN. Não nos parece correta a posição de parte da doutrina,[305] no sentido de inserir a suspensão do imposto no âmbito das causas de suspensão do crédito tributário, que devem estar previstas expressamente no CTN, segundo o seu artigo 141. De fato, o artigo 151 do CTN, que por sua vez elenca as causas de suspensão da exigibilidade do crédito tributário, não prevê a figura da suspensão aduaneira. Ademais, as causas de suspensão do crédito tributário, se não pressupõem a constituição deste pelo lançamento, uma vez que podem ocorrer até mesmo antes do lançamento, como ocorre com a liminar em mandado de segurança preventivo, tem como requisito inafastável a ocorrência do fato gerador, ainda que a tutela quanto à ameaça de lesão anteceda a esta. No entanto, entendemos que o fato gerador não ocorre quando há suspensão de imposto, que nada mais seria do que uma modalidade de *não incidência em sentido estrito* declarada expressamente pelo legislador, considerando a ausência de significação econômica na entrada física do bem, como ocorre, por exemplo, no trânsito aduaneiro[306] e na admissão temporária,[307] onde a entrada da mercadoria estrangeira no país é meramente física, não havendo manifestação de riqueza a revelar respeito ao princípio da capacidade contributiva em seu aspecto objetivo. O mesmo se dá na exportação temporária.[308] Pode também o regime de suspensão do imposto se caracterizar como

---

[305] Por todos: SOSA, Roosevelt Baldomir. *Comentários à Lei Aduaneira – Decreto nº 91.030/85 (Regulamento Aduaneiro*, p. 209.

[306] O trânsito aduaneiro permite o transporte de mercadorias procedentes do exterior e destinadas ao exterior, de um ponto alfandegado a outro também alfandegado do território nacional, com suspensão de impostos quando, por exemplo, a mercadoria não for destinada a consumo no Brasil, mas reexportada.

[307] A admissão temporária é o regime de suspensão de tributos que incidam sobre a importação para mercadorias que ficarão por prazo determinado no país, para atender a finalidade específica.

[308] A exportação temporária permite a exportação e a sua reintrodução no território nacional, em prazo determinado, sem o pagamento de tributos, de mercadorias nacionais no mesmo Estado, quando destinados a feiras, competições esportivas, etc; ou para conserto, reparo ou restauração.

isenção de fundamento extrafiscal,[309] baseada no estímulo à exportação, como ocorre com o *drawback*[310] e no entreposto aduaneiro,[311] em que não há incidência em razão de uma lei que confere benefícios fiscais condicionados a exportações, revelando o caráter indutor de tais medidas. Ou ainda pode manifestar-se como estímulo a determinada atividade econômica, a exemplo do que se verifica também na própria admissão temporária no REPETRO, com a permanência de bem que será utilizado na indústria do petróleo durante determinado tempo, como estímulo àquela atividade. Em todos os casos de suspensão aduaneira, a não incidência está subordinada a uma condição resolutória específica, ou seja, a intributabilidade fica condicionada à não ocorrência de evento futuro e incerto que, se verificado, fará com que a lei de incidência atinja os fatos jurídicos previstos na hipótese de incidência.

Deste modo, a competência do Poder Executivo em conceder o regime aduaneiro especial não se confunde com a concessão de isenções, mas se traduz no reconhecimento administrativo quanto: (i) à presença dos requisitos legais para a aplicação da norma isencional, ou ainda, (ii) à ausência dos elementos ensejadores da incidência tributária, no caso da não incidência em sentido estrito. No entanto, cabendo ao Poder Executivo regular o comércio exterior, nos termos do artigo 237, CF, as autorizações e condições para a importação e exportação de bens ficam submetidas à sua discricionariedade, o que acaba por influenciar indiretamente nas condições para a concessão de tais benefícios fiscais.

Em relação ao setor de petróleo e gás, a concessão de regime especial fundamenta-se na extrafiscalidade relacionada ao estímulo à sua exploração e produção no Brasil, tendo a União estabelecido, o regime aduaneiro especial de exportação e de importação de bens destinados às atividades de pesquisa e lavra das jazidas de petróleo e gás natural (REPETRO), hoje

---

[309] Adotamos como pressuposto de tal raciocínio que na isenção, como leciona José Souto Maior Borges, não ocorre o fato gerador, traduzindo-se em forma de não incidência legalmente qualificada (BORGES, José Souto Maior. *Teoria Geral da Isenção Tributária*. 3. ed. São Paulo: Malheiros, 2001, p. 155).

[310] O drawback é caracterizado pela isenção dos impostos incidentes na importação, condicionada à exportação de produtos fabricados com a matéria-prima importada.

[311] O entreposto aduaneiro permite o depósito de mercadoria em local determinado sob controle aduaneiro com a suspensão de tributos, podendo ser reexportada ou despachada para consumo interno, neste último caso com o pagamento dos tributos incidentes (RATTI, Bruno. *Comércio Internacional e Câmbio*. 9. ed. São Paulo: Aduaneiras, 1997, p. 389).

regulado pela Instrução Normativa RFB nº 1.415/2013, que encontra na admissão temporária, concedida pelo Poder Executivo com fundamento no artigo 79 da Lei nº 9.430/96, um dos seus principais instrumentos, a partir da suspensão total do pagamento dos tributos aduaneiros que seriam incidentes na entrada do bem no Brasil, por determinado tempo, condicionada à sua destinação à exploração e produção de petróleo ou gás natural.

Nos termos da IN nº 1.415/13, a entrada no Brasil de bens destinados às atividades de pesquisa e de lavra das jazidas de petróleo e de gás natural no âmbito dos contratos de concessão e do regime de cessão onerosa, bem como aos destinados às atividades de exploração, avaliação, desenvolvimento e produção, no regime de partilha de produção, deste que estejam previstos no anexo I do referida ato normativo, terão direito ao tratamento especial concedido pelo seu art. 2º[312], que envolve a concessão da suspensão dos tributos aduaneiros federais: (i) sob o regime de drawback, na modalidade de suspensão, de matérias-primas, de produtos semielaborados ou acabados e de partes ou peças para utilização na fabricação de bens a serem exportados; e (ii) sob o regime de admissão temporária, de bens desnacionalizados procedentes do exterior ou estrangeiros, com suspensão total do pagamento de tributos.

Com a descoberta do pré-sal e a fixação do novo marco regulatório baseado no contrato de partilha, a questão ganha uma dimensão ainda maior, o que acabou por exigir uma nova disciplina mais simplificada do Repetro na novel instrução normativa.

Porém, os Estados nem sempre acompanham tal disciplina, exigindo o ICMS na importação de equipamentos destinados à exploração e produção de petróleo e gás, como autorizado pelo Convênio ICMS nº 130/2007, que permitiu que os Estados reduzissem a base de cálculo do ICMS incidente

---

[312] "Art. 2º O Repetro admite a possibilidade, conforme o caso, de utilização dos seguintes tratamentos aduaneiros: I – exportação, sem que tenha ocorrido a saída do bem do território aduaneiro e posterior aplicação do regime aduaneiro especial de admissão temporária, no caso de bens de fabricação nacional, vendidos a pessoa jurídica domiciliada no exterior; II – exportação, sem que tenha ocorrido a saída do bem do território aduaneiro, no caso de partes e peças de reposição destinadas a bens já admitidos no regime de admissão temporária na forma do inciso I; III – importação, sob o regime de drawback, na modalidade de suspensão, de matérias-primas, de produtos semi-elaborados ou acabados e de partes ou peças para utilização na fabricação de bens a serem exportados na forma dos incisos I ou II; e IV – importação, sob o regime de admissão temporária, de bens desnacionalizados procedentes do exterior ou estrangeiros, com suspensão total do pagamento de tributos."

na importação sob o amparo do REPETRO para a aplicação nas instalações de **produção** de petróleo e gás, de forma que a carga tributária seja equivalente a 7,5% em regime não cumulativo ou, alternativamente, a critério do contribuinte, a 3%, sem apropriação do crédito correspondente. Em relação às importações destinadas às instalações de exploração, o Convênio autoriza aos Estados a concessão de isenção ou a redução da base de cálculo de forma que a carga tributária seja equivalente a 1,5%, sem apropriação do crédito correspondente.

Não nos parece poderem os Estados tributar o ICMS relativo a bens importados sob regime de admissão temporária por duas razões. A primeira, já abordada ao longo deste estudo, é que tais ingressos de bens no país não se dão em caráter definitivo, o que, vimos, afasta descaracteriza a importação como fenômeno tributariamente relevante. A segunda é a ausência de competência para o Estado exercer tributação em desconformidade com a política extrafiscal da União sobre comércio exterior, pois, em relação a esta matéria, a Constituição Federal atribui a competência legislativa à União, no artigo 22, VIII, e a sua fiscalização e controle ao Ministério da Fazenda, nos termos do artigo 237. Essa competência material não deve ser confundida com a competência para tributar o comércio exterior, que, em nosso país é repartida entre a União (II, IPI, PIS e COFINS) e os Estados (ICMS).

Como salienta José Casalta Nabais,[313] a extrafiscalidade é regida pela ordem constitucional econômica, mais intensamente informada pelos princípios da proibição do excesso e da proporcionalidade do que pela igualdade mensurada pela capacidade contributiva, típicas da ordem constitucional tributária, seara em que se insere a regulação da fiscalidade. Distingue o referido autor[314] os dois fenômenos:

> *"A integração da extrafiscalidade no direito econômico, embora parta duma divisão dicotômica normas fiscais/normas extrafiscais, repousa, fundamentalmente, numa adequada articulação da constituição econômica com a constituição fiscal, de molde a que os princípios jurídico-constitucionais desta sejam objeto duma aplicação atenuada nos termos em que as intervenções econômico-sociais por via fiscal o reclamam."*

---

[313] NABAIS, José Casalta. *Direito Fiscal*. 5.ed. Coimbra: Almedina, 2009, p.432.
[314] NABAIS, José Casalta.. *O Dever Fundamental de Pagar Impostos*. Coimbra: Almedina, 1998, p. 696.

Essa articulação entre a ordem econômica e a ordem tributária na extrafiscalidade também ocorre em nosso País. Porém, não passa pela flexibilização do estatuto do contribuinte que foi constitucionalmente promulgado para todas as searas da tributação, salvo as exceções previstas na própria Constituição. Por aqui essa flexibilização ensejada pela extrafiscalidade das regras estabelecidas pela ordem tributária em nome da ordem social e econômica manifesta-se especialmente no plano federativo com a subordinação das normas indutoras à competência material para o estabelecimento de políticas públicas almejadas pelo legislador, como adverte Ricardo Lodi Ribeiro[315]:

> *"Por outro lado, é necessário que a tutela a esses interesses esteja inserida não só na competência tributária da entidade federativa, mas também na competência material para estabelecer a política pública visada pela norma tributária. Deste modo, se, por exemplo, cabe à União legislar sobre o comércio exterior, (art. 22, VIII, CF), não podem os Estados fazer variar a alíquota de IPVA dos veículos automotores em função de sua origem estrangeira.[316] Em matérias da competência material comum, prevista no artigo 23, VI, CF, é, em tese, legítimo o exercício da extrafiscalidade pelos três entes federativos. Assim, encontramos, por exemplo, a extrafiscalidade ambiental em tributos federais (como o IPI), estaduais (como o IPVA e o ICMS) e municipais (como o IPTU)."*

Deste modo, fica claro que a atribuição constitucional para estabelecer políticas públicas determina as possibilidades do exercício da extrafiscalidade que atende mais os ditames constitucionais da ordem econômica do que as competências definidas pela ordem constitucional tributária. Nesse sentido, não pode o Estado, no exercício de sua competência para tributar a importação por meio do ICMS, subverter as políticas públicas de comércio exterior definidas pela União Federal, a partir da extrafiscalidade.

No que tange à disciplina da importação de bens abrigada pelo REPETRO, a União estabeleceu o regime de admissão temporária com a suspensão total de tributos aduaneiros. Não podem os Estados, ainda que autorizados por convênio, visto que este não pode excepcionar a aplicação de ditames constitucionais, imporem tributação a essas operações, sob pena de esvaziar a política extrafiscal de estímulo estabelecida pelo ente constitucionalmente competente para regular o comércio exterior. Se

---

[315] RIBEIRO, Ricardo Lodi. *Limitações Constitucionais ao Poder de Tributa*, p. 59.
[316] STF, 2ª Turma, RE nº 367.785 AgR/RJ, Rel. Min. Eros Grau, DJU 02/06/2006, p. 38.

cabe às autoridades aduaneiras federais autorizar a importação de determinado bem em regime de admissão temporária, com suspensão total de impostos, em nome de uma política pública de estímulo a determinada atividade econômica, não poderão os demais entes federativos, no exercício de suas competências tributárias, comprometer a efetividade de tais políticas, sob pena de restar menosprezado o princípio da conduta amistosa dos entes federativos.

Diante desse quadro, não é legítima a incidência do ICMS na importação de bens abrigados pela suspensão total de tributos com base no REPETRO federal.

Vale destacar que o STF, no já citado RE nº 540.829/SP[317], embora por fundamento diverso, também entende não incidir ICMS na importação de bem em regime de admissão temporária, por ausência de transmissão de sua propriedade, que assim não se traduziria em mercadoria. Embora não concordemos com tais fundamentos, reconhecemos que a decisão é correta ao afastar a incidência do imposto estadual na importação com suspensão de imposto pelo regime de admissão temporária, o que também se aplica aos bens importados sob o amparo do REPETRO.

---

[317] STF, Pleno, RE nº 540.829/SP RG, Rel. Min. Gilmar Mendes. Rel. p/acórdão: Min. Luiz Fux, DJe 18/112014.

Capítulo 9
As Taxas de Fiscalização Ambiental sobre o Petróleo e Gás

9.1. Taxa de Fiscalização sobre o Petróleo e Gás e a Constituição Federal
9.1.1. Breve Histórico

Ao apagar das luzes do ano de 2015, fui publicada a Lei Estadual nº 7.182, de 29 de dezembro de 2015, do Estado do Rio de Janeiro, que instituiu a taxa de controle, monitoramento e fiscalização ambiental das atividades de pesquisa, lavra, exploração e produção de petróleo e gás – TFPG, na esteira do esforço do Governo fluminense em aumentar as receitas tributárias a fim de reagir à profunda crise financeira estadual.

A taxa, de acordo com a referida norma, tem como fato gerador o exercício regular do poder de polícia ambiental por parte do Instituto Estadual do Ambiente – INEA, consistente nas atividades previstas no art. 2º da referida lei, sendo o produto da sua arrecadação afetado a essa atuação (parágrafo único do art. 2º).

A base de cálculo da taxa é o valor fixo de uma UFIR (R$ 2,71) por barril de petróleo produzido e, de acordo com o levantamento constante no próprio projeto de lei, espera-se arrecadar com a medida cerca de R$ 2 bilhões já em 2016. Enquanto isso, o orçamento do INEA para 2016 é de apenas R$ 511 milhões, ou cerca de um quarto da receita da taxa.

A criação da TFPG sobre o setor de petróleo no Rio de Janeiro, responsável por 70% da produção nacional, segue o modelo de uma série de taxas minerárias que estão sendo instituídas por vários Estados da Federação, como Minas Gerais, Pará, Amapá e Mato Grosso do Sul, cuja constitucionalidade é objeto de algumas ações diretas de inconstitucionalidade no Supremo Tribunal Federal, ainda pendentes de julgamento.[318] Essa tendência coloca em xeque o uso da competência tributária para instituir as taxas sobre as atividades previstas na competência legislativa comum do artigo 23 da Constituição Federal, a partir do alargamento artificial da tributação como saída para a crise financeira dos Estados, independentemente da afetação desses recursos ao exercício efetivo do poder de polícia, como forma de reforçar o caixa.

9.1.2. A Incidência das Taxas de Policia Ambiental

Como é por demais sabido, a taxa é o tributo que tem como fato gerador uma conduta do contribuinte que se relaciona com uma atividade estatal específica em relação a sua pessoa, que se traduza na prestação, efetiva ou potencial, de serviço público específico e divisível, ou no exercício regular do poder de polícia.

O seu fundamento é o princípio do custo-benefício,[319] de acordo com o qual as atividades estatais específicas em relação a determinado indivíduo ou grupo devem ser custeadas por receitas exigidas dos próprios beneficiários, não onerando a sociedade como um todo, cujas despesas genéricas devem ser custeadas pelos impostos. Nas taxas, ao contrário do que ocorre nas contribuições parafiscais, o princípio do custo-benefício ganha uma dimensão exclusivamente individual.[320]

Assim como todos os demais tributos, a taxa também é informada pelo princípio da capacidade contributiva,[321] o que se revela, porém, em um plano diverso, pelo menos em parte, do que ocorre nos impostos. Como se dá nestes, a capacidade contributiva aplicada às taxas serve, sob aspecto objetivo, como fundamento da tributação e como obrigatoriedade de escolha pelo legislador de uma conduta praticada pelo contribuinte que seja reveladora da sua riqueza como fato gerador da obrigação tributária.

---

[318] Vide ADIs nºs 4.785-MG, 4.786-PA e 4.787-AP, todas ajuizadas pela Confederação Nacional da Indústria (CNI).

[319] TORRES, Ricardo Lobo. *Tratado de Direito Constitucional Financeiro e Tributário Vol. IV – Os Tributos na Consti*tuição, p. 419.

[320] RIBEIRO, Ricardo Lodi. *Tributos – Teoria Geral e Espécies*, p. 32.

[321] Sobre aplicação do princípio da capacidade contributiva em relação a todos os tributos, inclusive às taxas, vide: RIBEIRO, Ricardo Lodi. "O princípio da capacidade contributiva nos impostos, nas taxas e nas contribuições parafiscais". *Revista Fórum de Direito Tributário* nº 46, p. 87-109, 2010.

Mesmo nos tributos vinculados, a hipótese de incidência não pode ser uma conduta desprovida de conteúdo econômico, como poluir o meio ambiente, por exemplo, conforme considerou o STF no julgamento da extinta Taxa de Fiscalização Ambiental do IBAMA (TFA), instituída pela Lei nº 9.969/2000,[322] dentre outros motivos por ter a lei estabelecido como sujeito passivo o potencial poluidor e não uma conduta vinculada à atividade estatal específica em relação ao contribuinte.

No plano subjetivo, assim como nos impostos também, a taxa não poderá ultrapassar os limites mínimos e máximos ofererecidos pelo princípio da capacidade contributiva, preservando o mínimo existencial, com a isenção dos contribuintes hipossuficientes, e evitando a tributação excessiva por meio do não confisco. Porém, como critério de graduação da taxa, a capacidade contributiva se apresenta de modo diverso do que ocorre com a personalização dos impostos, uma vez que a sua base de cálculo deve guardar a devida referibilidade com a conduta estatal a que se vincula o fato gerador. Isso porque o princípio da capacidade contributiva estabelece que o critério de graduação dos tributos, no plano subjetivo, é definido pelo fato gerador de cada um deles. Na taxa não é diferente. Como o seu fato gerador é vinculado à atividade estatal, a variação de valores a serem pagos de acordo com a capacidade contributiva não poderá ser estranha à referibilidade, como reconheceu o STF, ao admitir, com expressa menção do relator ao princípio da capacidade contributiva, a variação da taxa da CVM, de acordo com o patrimônio líquido das empresas, reconhecido como critério legislativo razoável para a mensuração da atividade estatal (fiscalização das empresas de capital aberto) vinculada ao fato gerador da taxa.[323]

Note-se que, ao contrário do que pode sugerir a leitura apressada do art. 77 do CTN,[324] o fato gerador da taxa não se confunde com a atividade estatal, uma vez que a conduta escolhida pelo legislador como hipótese de incidência é sempre praticada pelo contribuinte. No entanto, a atuação deste, além de constituir signo presuntivo de riqueza como nos impostos, também se relaciona com a atividade exercida pelo Estado. Portanto, na

---

[322] STF, Pleno, ADI 2.178, Rel. Min. Ilmar Galvão, DJ 12/05/2000.
[323] STF, Pleno, RE nº 177.835-1/PE, Rel. Min. Carlos Velloso, DJU de 25/05/2001, p. 18.
[324] "Art. 77. As taxas cobradas pela União, pelos Estados, pelo Distrito Federal ou pelos Municípios, no âmbito de suas respectivas atribuições, têm como fato gerador o exercício regular do poder de polícia, ou a utilização, efetiva ou potencial, de serviço público específico e divisível, prestado ao contribuinte ou posto à sua disposição".

taxa de serviço, o fato gerador não é a prestação de serviço, mas a prática de ato pelo contribuinte que se relacione com a utilização, ainda que potencial, do serviço. Na taxa de incêndio, por exemplo, a atividade estatal de extinção de incêndio não constitui a hipótese de incidência. Mas sim, ser proprietário de imóvel, uma situação reveladora de riqueza que coloca o contribuinte em situação de potencial usuário do serviço público. O mesmo se dá em relação ao poder de polícia, no qual a atividade desempenhada pelo contribuinte exige uma atuação estatal específica em relação a ele.

Assim, o fato gerador não é o exercício do poder de polícia, mas uma conduta do contribuinte que, pelas suas características, mereceu, na visão do legislador, uma atenção regulatória mais intensa por parte do poder público. E por isso será por ele financiada.

Porém, a atividade estatal sempre deverá ser específica e divisível (são duas faces inseparáveis da mesma moeda) em relação à pessoa do contribuinte. Desse modo, embora o art. 79 do CTN só faça menção expressa a esses requisitos em relação à prestação de serviços, estes também são aplicáveis em relação à taxa de polícia.[325]

Em nome da referibilidade entre o fato gerador e a atividade estatal a que ele se vincula, a base de cálculo da taxa deve ser proporcional à onerosidade e complexidade da atividade em comento. Embora a taxa se fundamente no princípio do custo-benefício, isso não significa que o seu valor expresse com precisão o custo dessa atividade.[326] É que esse caráter contraprestacional das taxas reside no plano da legitimação do ordenamento, não podendo ser concebido a partir de uma relação contratual como ocorre no preço público.

Na verdade, com base na referibilidade, a relação entre o que é devido pelo contribuinte e o custo da atividade estatal repousa muito mais no campo da razoabilidade e da proporcionalidade do que em uma precisa mensuração do custo da atividade estatal em relação ao contribuinte individual. Desse modo, a base de cálculo da taxa deve guardar equivalência razoável em relação ao custo do serviço ou do poder de polícia. Disso pode resultar uma cobrança fixa para todos os contribuintes, caso o legislador vislumbre a atuação estatal equivalente para todos os usuários; ou variá-

---

[325] TORRES, Ricardo Lobo. *Tratado de Direito Constitucional Financeiro e Tributário Vol. IV – Os Tributos na Consti*tuição, p. 404-405.
[326] SEIXAS FILHO, Aurélio Pitanga. *Taxa – Doutrina, Prática e Jurisprudência*. Rio de Janeiro, Forense, 1990, p. 4.

vel, a partir de parâmetros que atendam à referibilidade. Daí a Constituição Federal estabelecer que a taxa não pode ter base de cálculo própria de imposto (art. 145, § 2º).

Deste modo, a base de cálculo da taxa de coleta de lixo, por exemplo, não só não pode ser o valor do imóvel (base de cálculo do IPTU), mas como tem que variar de acordo com critérios vinculados à remoção do lixo pela municipalidade. Nesse sentido, entendeu o STF que, embora o tamanho do imóvel possa constituir um dos critérios razoáveis para identificação da maior ou menor densidade do serviço de remoção de resíduos, deve ser acompanhado de outros relacionados com a atividade estatal.[327] A matéria chegou a ser objeto da súmula vinculante nº 29 do STF, cuja leitura apressada poderia levar à fragilização do art. 145, § 2º, CF,[328] ao admitir que a base de cálculo da taxa tenha um ou mais elementos adotados pela base de cálculo do imposto, vedando-se apenas a integral identidade. Porém, o exame da jurisprudência consolidada da Corte que deu origem à súmula, bem como da discussão sobre a aprovação do seu texto, extraídos do contexto em que se aprecia a constitucionalidade da taxa de coleta de lixo, que leva em consideração, entre outros elementos, a metragem do imóvel, revela a preocupação com a preservação do referido dispositivo constitucional como uma garantia do contribuinte, a afastar a legitimidade da taxa se algum dos elementos de formação da sua base de cálculo possuir uma marca de igualdade com o imposto.[329]

Por outro lado, a taxa não pode ser tão onerosa a ponto de inviabilizar a utilização do serviço,[330] ou ser fixada em valor significativa e evidentemente maior do que o custo do serviço.[331] Tampouco pode ser cobrada em relação a serviço cuja prestação é gratuita, de acordo com a Constituição Federal, como é o caso dos serviços de saúde e educação.[332]

---

[327] STF, Pleno, RE nº 232.393/SP, Rel. Min. Carlos Velloso, DJU 05/04/2002, p. 55.
[328] Súmula vinculante nº 29 do STF: "É constitucional a adoção, no cálculo do valor de taxa, de um ou mais elementos da base de cálculo própria de determinado imposto, desde que não haja integral identidade entre uma base e outra".
[329] Vide texto da confirmação de voto da Ministra Ellen Gracie, que apresentou a proposta de redação aprovada na PSV no 39, em que resta esclarecido esse ponto (http://www.stf.jus.br/arquivo/cms/jurisprudenciaSumulaVinculante/anexo/PSV_39.pdf), p. 17.
[330] STF, Pleno, RP nº 1.077- RJ, Rel. Min. Moreira Alves, DJU 18/09/1984, p. 15.955.
[331] STF, Pleno, ADI – MC – QO nº 2551-MG, Rel. Min. Celso Mello, DJU 20/04/2006, p. 5.
[332] STF, Súmula Vinculante nº 12: "A cobrança de taxa de matrícula nas universidades públicas viola o disposto no art. 206, IV, da Constituição Federal"

Embora a taxa seja um tributo da competência comum, a sua cobrança se prende à competência material para desempenhar a respectiva atividade estatal (art. 80 do CTN).[333] Como é sabido, a Carta Magna indica as competências materiais de cada uma das pessoas jurídicas de direito público. As federais são previstas nos art. 21 e 22. As municipais no art. 30, enquanto os Estados ficam, segundo o § 1º do art. 25, com a competência residual ou remanescente, para legislar sobre aquilo que não é vedado pela Constituição, ou seja, o que não é atribuído à União e nem aos Municípios. Assim, por exemplo, só a União poderá exigir taxa sobre a fiscalização de entidades que operam no mercado financeiro (art. 21, VIII). Do mesmo modo, só o Estado cobrará a taxa de incêndio, vez que a prevenção e extinção desses não se encontram deferidas à União ou ao Município. Por sua vez, só o Município instituirá taxa relativa aos serviços públicos de interesse local, como a taxa de coleta domiciliar de lixo (art. 30, V). Em relação ao exercício da competência comum do artigo 23 da Constituição, há que se pesquisar se o interesse predominante ser tutelado pela atuação estatal é nacional, regional ou ligado ao peculiar interesse local, no desempenho de todas as atividades descritas em cada um dos incisos do referido dispositivo constitucional, como será melhor analisado no tópico 9.6.

Conforme estudado, as taxas têm como fato gerador uma atividade estatal específica em relação à pessoa do contribuinte, que pode consistir:

a) no exercício regular do poder de polícia (art. 78 do CTN),[334] que dá origem à taxa de polícia;

---

[333] CTN: "Art. 80. Para efeito de instituição e cobrança de taxas, consideram-se compreendidas no âmbito das atribuições da União, dos Estados, do Distrito Federal ou dos Municípios, aquelas que, segundo a Constituição Federal, as Constituições dos Estados, as Leis Orgânicas do Distrito Federal e dos Municípios e a legislação com elas compatível, competem a cada uma dessas pessoas de direito público".

[334] CTN: "Art. 78. Considera-se poder de polícia atividade da administração pública que, limitando ou disciplinando direito, interesse ou liberdade, regula a prática de ato ou a abstenção de fato, em razão de interesse público concernente à segurança, à higiene, à ordem, aos costumes, à disciplina da produção e do mercado, ao exercício de atividades econômicas dependentes de concessão ou autorização do Poder Público, à tranquilidade pública ou ao respeito à propriedade e aos direitos individuais ou coletivos. Parágrafo único. Considera-se regular o exercício do poder de polícia quando desempenhado pelo órgão competente nos limites da lei aplicável, com observância do processo legal e, tratando-se de atividade que a lei tenha como discricionária, sem abuso ou desvio de poder".

b) na prestação, efetiva ou potencial, de serviço público específico e divisível (art. 79 do CTN),[335] que possibilita a cobrança da taxa de serviços.

Embora seja um conceito criado no âmbito do Direito Administrativo norte-americano, a definição legal de poder de polícia em nosso ordenamento é extraída do art. 78 do CTN. De acordo com essa disciplina legal, poder de polícia é qualquer atividade da Administração Pública que limita ou disciplina direito, interesse ou liberdade, ou ainda que regula a prática ou abstenção de ato em razão de interesse público ou de direito coletivo ou individual de outrem. Portanto, o contribuinte da taxa de polícia é aquele que exerce uma atividade ou conduta que, pelas suas singularidades, exige do Estado uma atuação fiscalizadora mais individualizada.

A despeito da redação do art. 78 se referir a atividades estatais relativas "à segurança, à higiene, à ordem, aos costumes, à disciplina da produção e do mercado, ao exercício de atividades econômicas dependentes de concessão ou autorização do Poder Público, à tranquilidade pública ou ao respeito à propriedade" a menção final "aos direitos individuais ou coletivos" amplia bastante o campo normativo do dispositivo, englobando qualquer aspecto da atuação estatal, inclusive o direito do consumidor, a proteção ao meio ambiente e ao patrimônio cultural, artístico e paisagístico, o direito de vizinhança etc.

No entanto, como leciona Bernardo Ribeiro de Moraes,[336] a atividade que justifica a cobrança da taxa de polícia deve atender a três requisitos:

a) sempre ser realizada pelo Poder Público[337];

---

[335] CTN: "Art. 79. Os serviços públicos a que se refere o art. 77 consideram-se: I – utilizados pelo contribuinte: *a)* efetivamente, quando por ele usufruídos a qualquer título; *b)* potencialmente, quando, sendo de utilização compulsória, sejam postos à sua disposição mediante atividade administrativa em efetivo funcionamento; II – específicos, quando possam ser destacados em unidades autônomas de intervenção, de unidade, ou de necessidades públicas; III – divisíveis, quando suscetíveis de utilização, separadamente, por parte de cada um dos seus usuários".

[336] MORAES, Bernardo Ribeiro. *Doutrina e Prática das Taxas*. São Paulo: Revista dos Tribunais, 1976, p. 125.

[337] O STF já teve oportunidade de decidir que a atividade típica de Estado, como o exercício do poder de polícia e o poder de tributar exercidos pelos conselhos profissionais, são indelegáveis a pessoas jurídicas de direito privado (STF, Pleno ADI nº 1.717, Rel. Min. Sydney Sanches, DJU 28/03/2003, p. 61).

b) ser exercida coercitivamente, sendo irrelevante a manifestação de vontade do administrado;
c) ter como finalidade assegurar o interesse público, o bem geral.

Como mais uma vez adverte Bernardo Ribeiro de Moraes[338], o mero exercício do poder regulamentar, embora manifeste o poder de polícia, não justifica a cobrança da taxa, uma vez que é indispensável o *efetivo exercício* de uma ação em relação a determinado contribuinte:
"Há a necessidade de uma correlação entre a atividade estatal e o contribuinte. Portanto, não é baixando atos normativos que o Estado fica com o direito de cobrar taxas, mas, sim, quando ele os executa, valendo-se do seu poder discricionário, limitado pela norma jurídica. A atividade permissiva de taxa, não é a de poder de polícia. Ela é devida em razão do poder de polícia, quando efetivamente exercido. O poder de polícia de maneira ampla é função do Estado."

Porém, podem ser objeto da taxa a concessão, a autorização, a permissão, a licença, a efetiva fiscalização – e não aquela realizada por amostragem – e qualquer outra atividade efetiva e específica em relação ao contribuinte que restrinja o exercício de suas liberdades em benefício do interesse comum ou dos direitos individuais de outrem.

Por efetivo exercício entende-se uma atuação comissiva e real em relação ao contribuinte, e não a mera existência de órgão competente para o exercício do poder de polícia. Assim, embora seja legítimo aos Municípios exigirem a cobrança de taxa pela fiscalização e autorização de localização para estabelecimentos empresariais, a fim de verificar se estes cumprem as posturas municipais concernentes à atividade desempenhada pelo contribuinte – as chamadas taxas de alvará – fica inviabilizada a cobrança no caso de renovação automática, sem a verdadeira existência de nova ação fiscalizatória do poder público.[339]

Para ser legítima a cobrança da taxa, o exercício do poder de polícia deve ser regular. De acordo com o parágrafo único do art. 78 do CTN, o

---

[338] MORAES, Bernardo Ribeiro de. *Compêndio de Direito Tributário, Vol. I.* 5.ed. Rio de Janeiro: Forense, 1996, p. 521.
[339] Contra: STF, Pleno, RE nº 588.322/RO – RG, Rel. Min. Gilmar Mendes, DJe 02/09/10, que, em decisão com repercussão geral, a ser comentada no tópico 9.5, considerou não ser potencial, mas efetivo, o exercício do poder de polícia quando há órgão responsável pelo desempenho da atividade ou o Poder Público possa demonstrar de outra forma o efetivo exercício.

poder de polícia é regular quando "desempenhado pelo órgão competente nos limites da lei aplicável, com observância do processo legal, e, tratando-se de atividade que a lei tenha como discricionária, sem abuso ou desvio de poder". Estão presentes no aludido dispositivo legal três exigências:

a) que o poder de polícia seja desempenhado pelo órgão legalmente competente: nestes termos, se o órgão ou autoridade que efetivamente executa o poder de polícia não tem competência para o desempenho de tal atividade, o ato administrativo padece de vício que acaba por contaminar a exigência da taxa (se o Direito Tributário não dá relevância à validade do ato praticado pelo contribuinte para a caracterização do fato gerador, conforme o art. 118 do CTN, a validade do ato administrativo a que se vincula o fato gerador é essencial à legitimidade da taxa);

b) que a atuação estatal respeite o devido processo legal, atentando para as formas e procedimentos legalmente previstos e atendendo à proporcionalidade e razoabilidade (devido processo legal substantivo);

c) que não haja abuso de poder, desvio de finalidade, seja em atos discricionários ou vinculados.

Nos tópicos seguintes, vamos analisar se tais pressupostos foram cumpridos pela Lei nº 7.182/15, ao instituir a TFPG.

9.1.3. O Vício de Iniciativa da Lei nº 7.182/15

Inicialmente, é preciso considerar que há vício formal que compromete a validade da Lei nº 7.182/15. É que a referida lei é fruto do Projeto de Lei nº 1.046/15, de iniciativa parlamentar dos deputados estaduais André Ceciliano, Bruno Dauaire, Comte. Bittencourt, Edson Albertassi, Janio Mendes, Luiz Paulo e Paulo Ramos.

Tendo instituído uma taxa que se vincula ao exercício do poder de polícia ambiental pelo INEA, a lei atribuiu uma longa série de competências que a referida autarquia não tinha anteriormente, relacionada à regulação do setor de petróleo e gás, matéria até então estranha à entidade, o que levaria a uma profunda alteração na estrutura administrativa da autarquia ambiental fluminense.

Ocorre que a iniciativa para a apresentação de projetos de lei que alterem a estrutura dos órgãos e entidades da administração pública é privativa do Poder Executivo, de acordo com o artigo 61, §1º, *e*, da Constituição Federal[340], e com o artigo 112, §1º, *d*, da Constituição do Estado do Rio de Janeiro[341]. Vale destacar ainda que se não houver aumento de despesas com a criação ou reestruturação da entidade, não há nem que se falar em em lei, pois a competência para a efetivação da medida é do próprio Poder Executivo, por decreto, como estabelecem os art. 84, VI, *a*, da Constituição Federal[342] e art. 145, VI , da Constituição do Estado do Rio de Janeiro.[343]

Não foi por outro motivo que a proposta, anteriormente aprovada pela Assembleia Legislativa do Rio de Janeiro, de criar a taxa de controle, monitoramento e fiscalização das atividades de pesquisa, lavra, exploração e aproveitamento de petróleo e gás – TFPG, o projeto de lei nº 1.877/12, foi vetado pelo então Governador do Estado Sérgio Cabral Filho, sob a seguinte alegação:

> "*A instituição de uma taxa, no entanto, pressupõe uma atividade específica e divisível por parte do Poder Público. Embora o projeto tenha disciplinado a atuação fiscalizatória (caracterizadora do "Poder de Polícia" que autoriza a instituição de tributo da espécie taxa), invadiu a competência reservada à Chefia do Poder Executivo – pois a Constituição da República prevê que, inexistindo aumento de despesa, por Decreto (e não por lei formal) é que serão definidos o funcionamento e a organização dos órgãos da Administração Pública (art. 84, inciso VI, alínea a). Além disso, admitindo-se que o acréscimo de atribuições fiscalizatórias a cargo da Secretaria de Estado de Ambiente implicará em elevação de despesas, o projeto de Lei deveria ter sido deflagrado pela Chefia do Poder Executivo. Afinal, daí decorrerão impactos orçamentários e as leis de orçamento também são de competência privativa do Governador (CRFB, art. 165).*
>
> *Aliás, importa consignar, com relação às atribuições imputadas à Secretaria de Estado do Ambiente, que tais poderes cabem, na verdade, ao Instituto Estadual do*

---

[340] "Art. 61, § 1º, II, *e*. São de iniciativa privativa do Presidente da República as leis que: II – disponham sobre: *e*) criação e extinção de Ministérios e órgãos da administração pública, observado o disposto no art. 84, VI." (Redação dada pela Emenda Constitucional nº 32, de 2001).

[341] "Art. 112, § 1º, *d*. São de iniciativa privativa do Governador do Estado as leis que: *d*) criação, estruturação e atribuições das Secretarias de Estado e órgãos do Poder Executivo. "

[342] "Art. 84. Compete privativamente ao Presidente da República: VI – dispor, mediante decreto, sobre: *a*) organização e funcionamento da administração federal, quando não implicar aumento de despesa nem criação ou extinção de órgãos públicos;" (Redação dada pela Emenda Constitucional nº 32, de 2001).

[343] "Art. 145 – Compete privativamente ao Governador do Estado: VI – dispor sobre a organização e o funcionamento da administração estadual, na forma da lei;"

Ambiente – INEA, que, embora vinculado a esta Pasta, é submetido a regime autárquico, com a consequente autonomia daí decorrente."

Embora os mesmos vícios tenham sido apresentados na nova tentativa de instituir a TFPG, houve a sanção pelo Governador Luiz Fernando Pezão, tendo havido a sua promulgação e publicação, talvez em função do agravamento do quadro financeiro do Estado do Rio de Janeiro.

Contudo, criando ou não despesas para os cofres públicos estaduais, é certo que a nova lei altera a organização e funcionamento do INEA, guardando, portanto, vício de iniciativa, o que acarreta a sua inconstitucionalidade formal.

Mesmo que superado o vício formal, do ponto de vista material também há problemas insanáveis na instituição da TFPG, como será demonstrado nos tópicos seguintes.

9.1.4. A Referibilidade entre o Poder de Polícia Ambiental e as Empresas de E&P

É consequência direta do caráter vinculado do fato gerador da taxa, a referibilidade, que se traduz na relação direta entre os elementos da obrigação tributária dela decorrente e a pessoa do contribuinte, como destacou Geraldo Ataliba:[344]

"A referibilidade entre a atuação – posta como aspecto material da hipótese de incidência da taxa – e o obrigado e essencial à configuração da taxa. Não pode a lei exigir taxa de conservação de rua de um proprietário não lindeiro à via pública que recebeu o serviço. Ou taxa por serviço de correio que ele não utilizou; nem taxa por fiscalização que não houve.

É essencial à definição da taxa a referibilidade (direta) da atuação ao obrigado. Só quem utiliza o serviço (público, específico e divisível) ou recebe o ato "de polícia" pode ser sujeito passivo da taxa."

Dessa relação direta consubstanciada pela referibilidade decorrem alguns delineamentos para a definição dos aspectos material, subjetivo e quantitativo da hipótese de incidência da taxa, nos termos da lição de Misabel Abreu Machado Derzi[345]:

---

[344] ATALIBA, Geraldo. *Hipótese de Incidência Tributária*, p. 157-8.
[345] DERZI, Misabel Abreu Machado. Notas de Atualização de BALEIRO, Aliomar. *Direito Tributário Brasileiro*, p. 542-543.

"*O caráter sinalagmático das taxas trás as seguintes consequências:*

*. **a hipótese das taxas** configura uma atuação do Estado – realizada em razão de interesse público – que se refere diretamente ao obrigado.* **O núcleo da hipótese de incidência é assim o atuar do ente estatal relacionado ao obrigado, que sofre a atuação estatal.** *As pessoas que integram o aspecto pessoal da hipótese são assim, de um lado, o Estado (ou pessoa estatal competente para exercer a atividade), e de outro, o obrigado ou pessoa que sofre a ação do Estado;*

*. **a norma legal somente poderá eleger como sujeito ativo, a mesma pessoa estatal que realiza o serviço ou exerce o poder de polícia (para os quais é competente) e, como contribuinte, a pessoa que se beneficiou do serviço ou que sofreu a ação do Estado no exercício do poder de polícia.** Nem sempre, é verdade, a atuação estatal configura um benefício de interesse do contribuinte, mas ocorre, ordinariamente nas taxas decorrentes do exercício do poder de polícia, que a intervenção do Estado possa configurar uma restrição a direito ou liberdade, fiscalização ou policiamento. Mas se a pessoa estatal que presta o serviço ou teria competência para isso é outra, configura inconstitucionalidade a cobrança da taxa por aquela incompetente. Ou ainda, se o Estado atua em relação a A, não tem competência para cobrar o serviço de B;*

*. reflete-se ainda o caráter sinalagmático na **base de cálculo das taxas, a qual deve mensurar o custo da atuação do Estado, proporcionalmente a cada obrigado**. Nem deve variar em função de coisa própria do contribuinte, fato estranho.* **Taxas que elegem base de cálculo diversa do custo da atuação estatal relativa ao contribuinte (valor do imóvel, do veículo, valor da causa, valor da obra etc) são impostos disfarçados, em regra instituídos contra as normas da Constituição.** *A jurisprudência do País, que coíbe tais artifícios legislativos, é fartíssima."*

(Grifamos)

De acordo com essas lições, vale destacar que o núcleo do fato gerador deve estar vinculado a uma atividade estatal que se relacione diretamente, e com especificidade, à pessoa do contribuinte. Embora o artigo 1º da Lei nº 7.183/15 defina como fato gerador da TFPG o exercício do poder de polícia pelo INEA, a atividade estatal, como vimos, não constitui hipótese de incidência de qualquer tributo que, mesmo nas taxas, sempre se refere à conduta do contribuinte identificada pela lei instituidora como condição necessária e suficiente ao nascimento da obrigação tributária. De um exame mais atento da Lei nº 7.182/15, não se revela qualquer conduta a ser praticada pelo contribuinte, senão, de acordo com o artigo 3º, estar autorizado a realizar pesquisa, lavra, exploração e produção de recursos de petróleo e gás no Estado do Rio de Janeiro. Vale lembrar que, como será visto no subtópico 9.1.7 deste estudo, não é o Estado competente para autorizar qualquer dessas condutas, uma vez que esse poder de polícia é de competência da ANP.

Deste modo, a referibilidade, no que tange ao núcleo do fato gerador, deve ser investigada na especificidade da relação entre o deferimento pela ANP da autorização para a pesquisa, lavra, exploração e produção de petróleo e gás, e o exercício do poder de polícia ambiental pelo INEA, estabelecido nos termos do artigo 2º da Lei nº 7.182/15.[346]

No entanto, é forçoso reconhecer que no referido dispositivo legal não estão relacionados apenas atividades vinculadas ao poder de polícia ambiental que possam ensejar, em tese, abstraindo-se a questão relativa à competência para o exercício deste que será examinada em tópico autônomo, a criação de uma taxa. Estão também ali relacionadas atividades que derivam da aplicação genérica da legislação ambiental, destinada a todas as pessoas físicas e jurídicas do Estado, como a defesa dos recursos naturais (inciso IV) e a aplicação das normas de preservação, conservação, controle e desenvolvimento sustentável dos recursos naturais, entre os quais o solo e o subsolo, e zelo pela observância dessas normas, em articulação com

---

[346] "Art. 2º O poder de polícia de que trata o artigo 1º, com ações específicas em benefício da coletividade para evitar danos ambientais irreversíveis será exercido mediante: I – controle e avaliação das ações setoriais relativas à utilização de recursos de petróleo e gás e ao desenvolvimento de sistemas de produção, transformação, expansão, transporte, distribuição de bens relativos ao petróleo e gás; II – controle e fiscalização das autorizações, licenciamentos, permissões e concessões para pesquisa, lavra, exploração e produção de recursos de petróleo e gás; III – controle, monitoramento e fiscalização das atividades de pesquisa, lavra, exploração e produção de recursos de petróleo e gás; IV – defesa dos recursos naturais; V – aplicação das normas de preservação, conservação, controle e desenvolvimento sustentável dos recursos naturais, entre os quais o solo e o subsolo, e zelo pela observância dessas normas, em articulação com outros órgãos; VI – identificação dos recursos naturais do Estado, mediante o mapeamento por imagens espaciais de toda a área de abrangência das atividades de petróleo e gás e seu entorno, com o objetivo de fornecer subsídios à fiscalização do setor, compatibilizando as medidas preservacionistas e conservacionistas com a exploração racional, conforme as diretrizes do desenvolvimento sustentável; VII – realização de atividades de controle e fiscalização referentes ao uso dos presentes recursos naturais do Estado, não renováveis, quer seja no solo, no subsolo ou na sua plataforma continental, seja no pré-sal ou no pós-sal, consoante competência estabelecida no inciso XI do artigo 23 da Constituição Federal; VIII – defesa do solo, das águas, da fauna, da flora, das florestas e dos recursos naturais, através da aplicação da taxa, em políticas públicas socioambientais inerentes a natureza da mesma, inclusive, mediante convênios de cooperação técnico- científico".

outros órgãos (inciso V). Nesse rol há também a obtenção de informações para oferecimento de subsídios aos órgãos federais responsáveis pelo exercício do poder de polícia ambiental ligado à atividade de petróleo (inciso VI). E até a previsão da destinação da taxa a políticas públicas socioambientais, inclusive com a celebração de convênios de cooperação técnico-científico com outras entidades, para a defesa do solo, das águas, da fauna, da flora, das florestas e dos recursos naturais (inciso VIII). É claro que não se traduzindo tais atividades no exercício do poder de política relacionados à atividade da indústria do petróleo, mas de outras políticas públicas ambientais, mais genéricas e ligadas ao fomento, não há como, em relação a elas, se justificar a referibilidade da taxa com os seus contribuintes.

No que se refere ao exercício do poder de polícia, o artigo 2º da norma em exame prevê as atividades de controlar, avaliar, monitorar ou fiscalizar:

- *a)* a utilização dos recursos e o desenvolvimento de sistemas de produção, transformação, expansão, transporte, distribuição do petróleo e do gás (art.2º, I);
- *b)* as próprias autorizações concedidas pela ANP (art.2º, II);
- *c)* a própria atividade de pesquisa, lavra, exploração e produção (art.2º, III);
- *d)* o uso do petróleo e gás natural, quer seja no solo, no subsolo ou na sua plataforma continental, seja no pré-sal ou no pós-sal (art. 2º, VII).

É relevante observar que são três os feixes de atividades de pesquisa, lavra, exploração e produção que sofrerão o poder de polícia a que se vincula a TFPG: a sua autorização pela ANP, o seu próprio desenvolvimento pelas concessionárias e contratadas e o uso desses recursos, não só pelos produtores, mas por transportadores e distribuidores.

Nesse cenário, não pode ser considerado direto e específico o liame entre o fato gerador do tributo, consistente na mera autorização pela ANP para realizar pesquisa, lavra, exploração e produção de recursos de petróleo e gás, e uma gama de atividades tão amplas que vão da mera normatização, passando pelo fomento, e até ao poder de polícia dirigido a produtores, transportadores e distribuidores. Cumpre lembrar que nem toda a pesquisa e a exploração de petróleo e gás resulta em produção. No frigir dos ovos, a equação legislativa adotada estabelece um simulacro da referibilidade das empresas que realizam a pesquisa e a exploração com a atividade estatal relacionada com o transporte e distribuição, o que, talvez, pudesse até justificar uma contribuição interventiva, fundada na solidariedade de grupo, mas nunca em uma taxa, seara em que prevalece o caráter individual da relação de referência entre os aspectos materiais e subjetivos da hipótese de incidência.

Por outro lado, de acordo com as lições de Misabel Abreu Machado Derzi, acima expedidas, o sujeito ativo deve ser o ente responsável pela atividade estatal para a qual é competente. Como acima visto, o poder de polícia ambiental que, em tese, pode guardar alguma relação com a indústria do petróleo está previsto nos incisos I, II, III e VII do artigo 2º da Lei nº 7.182/15. Contudo, tais atividades são estranhas às atribuições do INEA definidas pelo Decreto nº 41.628/09, norma em que não prevê entre as competências da autarquia ambiental a prática de atos de controle, monitoramento e fiscalização ambiental relacionado com o setor de petróleo e gás.

E nem se alegue que a própria Lei nº 7.812/15 teria atribuído essas novas missões à autarquia ambiental estadual, uma vez que a estruturação de órgãos púbicos e entidades não compete ao Poder Legislativo, máxime quando exercido por meio de lei que não teve a iniciativa do Poder Executivo, já que o projeto de lei que lhe deu origem foi apresentado por parlamentares, como se viu no subtópico 9.1.3 deste estudo. Tais vícios, se não levarem à declaração de inconstitucionalidade da lei por vício formal, certamente restringiriam a atuação do INEA às competências que lhe foram outorgadas pelo Decreto nº 41.628/09, que não se relacionam com o poder de polícia a que se vincula a TFPG.

Em relação ao sujeito passivo indicado pelo art. 3º, já vimos que as empresas que foram autorizadas a pesquisar, explorar, lavrar e produção petróleo e gás no Rio de Janeiro não guardam vínculo pessoal e direto com a atividade estatal a que se vincula a taxa de acordo com o art. 2º.

Ainda do caráter sinalagmático da taxa, exsurge a relação entre o custo da atividade estatal e as receitas auferidas pela taxa. Aqui, o mais importante não é a pesquisa quanto à destinação legal do produto da arrecadação, mas se não há uma onerosidade excessiva que acaba por acarretar o confisco a partir da utilização da figura da taxa para camuflar a intenção de aumentar a arrecadação estatal às custas de determinados segmentos escolhidos pela relação que tenham com alguma temática das políticas públicas, como reconhece Hugo de Brito Machado[347]:

---

[347] MACHADO, Hugo de Brito. *Curso de Direito Tributário*, p. 441.

"*A ausência de critério para demonstrar, com exatidão, a correspondência entre o valor da maioria das taxas e o custo da atividade estatal que lhes constitui fato gerador não invalida o entendimento pelo qual o valor dessa espécie tributária há que ser determinado, ainda que por aproximação e com uma certa margem de arbítrio, tendo-se em vista o custo da atividade estatal à qual se vincula. **A não ser assim, a taxa poderia terminar sendo verdadeiro imposto, na medida em que seu valor fosse muito superior a esse custo.** (...)*

__Nada justifica uma taxa cuja arrecadação total em determinado período ultrapasse significativamente o custo da atividade estatal que lhe permite existir__."

(Grifamos)

E ainda Bernardo Ribeiro de Moraes[348]:

"*Não resta dúvida de que a causa jurídica da taxa é certa atividade estatal dirigida ao contribuinte. Assim, em princípio, o montante global exigido à título de taxa deve corresponder ao custo da atividade estatal. É este, e não outro, o espírito ou a razão da discriminação constitucional de rendas tributárias. **Não pode, pois, o Poder Público, com taxa, auferir receitas muito além da proposição necessária e suficiente para atender a sua atividade, pois estaria exorbitando no conceito do tributo específico, tal qual se encontra na Constituição.** (..)*

Observe-se que não tem sentido desejar-se ultrapassar esse limite máximo da taxa, fazendo com que o seu montante cubra e supere as despesas da atividade estatal respectiva."

(Grifamos)

Não é outro o posicionamento do STF em relação à questão, revelado no julgamento do ADI nº 2.551 – MC-QO, relatada pelo Ministro Celso Mello, em que o Tribunal decidiu ser confiscatória a taxa cujo montante cobrado dos contribuintes superava substancialmente o custo da atividade estatal[349]:

"*A taxa, enquanto contraprestação a uma atividade do Poder Público, não pode superar a relação de razoável equivalência que deve existir entre o custo real da atuação estatal referida ao contribuinte e o valor que o Estado pode exigir de cada contribuinte, considerados, para esse efeito, os elementos pertinentes às alíquotas e à base de cálculo fixadas em lei. Se o valor da taxa, no entanto, ultrapassar o custo do serviço prestado*

---

[348] MORAES, Bernardo Ribeiro. *Doutrina e Prática do Imposto Sobre Serviços*, p. 204-5.
[349] STF, Pleno, ADInº 2.551-MG/QO, Rel. Min. Celso Mello, DJU 20/04/06, p. 5.

ou posto à disposição do contribuinte, dando causa, assim, a uma situação de onerosidade excessiva, que descaracterize essa relação de equivalência entre os fatores referidos (o custo real do serviço, de um lado, e o valor exigido do contribuinte, de outro), configurar-se-á, então, quanto a essa modalidade de tributo, hipótese de ofensa à cláusula vedatória inscrita no art. 150, IV, da Constituição da República."

No caso concreto, é a própria lei instituidora da taxa que vincula ao seu fato gerador o poder de polícia ambiental desempenhado pelo INEA, autarquia estadual ambiental cujo orçamento, como se viu, atinge a cerca de apenas 25% da estimativa de arrecadação anual do tributo, o que revela, de forma bastante eloquente, que não há qualquer referibilidade, descambando-se para a tributação de caráter confiscatória, vedada pelo artigo 150, IV, CF, conduta que restou condenada pelo STF na decisão acima transcrita.

Esse descompasso revela que a taxa não é destinada a financiar o poder de polícia ambiental, mas, como os impostos, servir de fonte de custeio para o combalido Erário estadual, o que se revela mais agudamente pela base de cálculo adotada pela lei, como será revelado no tópico seguinte.

9.1.5. A Base de Cálculo Própria de Imposto

A Constituição Federal estabelece, no art. 145, §2º [350], que a taxa não terá base de cálculo própria de imposto. Esse comando constitucional significa mais do que a vedação ao *bis in idem* ou bitributação entre as taxas e os impostos previstos constitucionalmente, como se poderia extrair do art. 77, parágrafo único, do CTN.[351]

Significa que a taxa tem que ter base de cálculo própria de taxa, e não de imposto. Isto é: sua base de cálculo deve espelhar a maior ou menor onerosidade e complexidade da atividade estatal exigida pela conduta do contribuinte identificada pela lei como fato gerador, como explica Bernardo Ribeiro de Moraes[352]:

> *"O que se veda é que a taxa tenha como base de cálculo qualquer uma que sirva para imposto, seja este previsto no sistema (contido na discriminação de rendas tributárias) ou não (competência tributária residual da União), seja já definido pela lei ordinária (imposto existente) ou não (imposto a ser criado)."*

---

[350] "§ 2º – As taxas não poderão ter base de cálculo própria de impostos."
[351] "Art. 77. Parágrafo único. A taxa não pode ter base de cálculo ou fato gerador idênticos aos que correspondam a imposto nem ser calculada em função do capital das empresas".
[352] MORAES, Bernardo Ribeiro. *Doutrina e Prática das Taxas*, p. 199.

A partir da necessidade de vinculação da base de cálculo da taxa com o exercício do poder de polícia, o STF[353] reconheceu a ausência de referibilidade na taxa de polícia para a fiscalização das posturas municipais relacionadas à localização e funcionamento de estabelecimento industrial e comercial calculada a partir do número de empregados:

> "EMENTA Recurso Extraordinário. Taxa de Licença para Localização, Funcionamento e Instalação (TLIF). Base de cálculo. Número de empregados. Dado insuficiente para aferir o efetivo Poder de Polícia. Artigo 6º da Lei nº 9.670/83. Inconstitucionalidade. Jurisprudência pacífica da Corte. 1. A taxa é um tributo contraprestacional (vinculado) usado na remuneração de uma atividade específica, seja serviço ou exercício do poder de polícia e, por isso, não se atém a signos presuntivos de riqueza. As taxas comprometem-se tão somente com o custo do serviço específico e divisível que as motiva, ou com a atividade de polícia desenvolvida. 2. A base de cálculo proposta no art. 6º da Lei nº 9.670/83 atinente à taxa de polícia se desvincula do maior ou menor trabalho ou atividade que o Poder Público se vê obrigado a desempenhar em decorrência da força econômica do contribuinte. O que se leva em conta, pois, não é a efetiva atividade do Poder Público, mas, simplesmente, um dado objetivo, meramente estimativo ou presuntivo de um ônus à Administração Pública. 3. No tocante à base de cálculo questionada nos autos, é de se notar que, no RE 88.327/SP, Rel. Min. Décio Miranda (DJ 28/9/79), o Tribunal Pleno já havia assentado a ilegitimidade de taxas cobradas em razão do número de empregados. Essa jurisprudência vem sendo mantida de forma mansa e pacífica. 4. Recurso extraordinário não provido."

Nesse sentido, não é difícil perceber que a base de cálculo da TFPG está longe de mensurar a onerosidade e a complexidade do poder de polícia, sendo mecanismo mais hábil para quantificar a riqueza produzida pelo contribuinte por meio do volume de sua produção em barris de petróleo produzidos, violando o artigo 145, §2º, da Constituição Federal.

Na verdade, a utilização do volume da produção como índice presuntivo do grau de complexidade da atividade estatal dificilmente é adequada, levando à inconstitucionalidade da exação como advertia Amílcar de Araújo Falcão[354]:

> "**Não seria taxa o tributo cobrado sobre vendas**, compras, consignações, exportações, importação, **produção**, pelo simples fato de o legislador assim denomina-lo e

---

[353] STF, 1ª Turma, RE nº 554.951/SP, Rel. Min. Dias Toffoli, DJe 19/11/2013.
[354] FALCÃO, Amílcar de Araújo. *Introdução ao Direito*, p. 119-120.

vincular seu produto à dotação orçamentária do serviço de caça e pesca, de proteção aos índios, ou qualquer outro. **Tributo, assim cobrado será sempre, do ponto de vista jurídico, um imposto.** *(...)*

O certo é que de nada vale aplica-se o nome de taxa para a cobrança de imposto vedado, porque, se da análise do fato imponível resultar que **a natureza do tributo é de imposto e não de taxa, a decretação da inconstitucionalidade da imposição é fácil de obter.** *(...)*

Mas, essas últimas têm que guardar a sua condição jurídica, tornando-se ilegítimas todas as vezes que, caracterizando-se como impostos, vierem contrariar os dispositivos constitucionais."

(Grifamos)

No mesmo sentido, a lição de Aurélio Pitanga Seixas Filho[355], destacando em que situações a utilização de unidade de medida adotada, como os barris de petróleo da TFPG, poderia ser legitimamente adotada:

"Foi bastante enfático Becker quando afirmou que a base de cálculo da taxa somente poderia ser o valor do serviço estatal ou coisa estatal, e nunca o valor do caminhão ou da carga transportada.

Não se pode ser olvidado que litro de água ou quilômetros de estrada estão diretamente vinculados ou especificados ao serviço estatal de fornecimento de água e ao serviço estatal de conservação ou manutenção da estrada, como também o peso do caminhão que transita pela estrada, carregado com carga ou não, razão de ser lícito variar a alíquota segundo a intensidade do serviço exigida pela atividade do usuário.

O **número de sacas de arroz produzidas ou vendidas**, *bem como o volume de jacarandá, lenha ou carvão* **não estão diretamente vinculados ao serviço estatal de fiscalização ou controle da produção do arroz** *ou dos produtos florestais.*

É natural que o consumidor de litros de água pague de acordo com o respectivo fornecimento, enquanto o proprietário do caminhão que transita pela estrada deve pagar pelo peso do caminho (carregado) que afeta a conservação da aludida via de trânsito.

Entretanto, **a base de cálculo que leve em conta a quantidade** *e o valor* **de produtos fiscalizados tem mais proximidade com o fenômeno econômico da circulação de mercadorias do que com a prestação compulsória do serviço fiscalizatório**, *principalmente, tendo em vista o equívoco cometido de que na base de cálculo "específica" não se leva em consideração o valor da coisa medida em unidades de alguma quantidade."*

(Grifamos)

---

[355] SEIXAS FILHO, Aurélio Pitanga. *Taxa – Doutrina, Prática e Jurisprudência*, p. 50-51.

E prossegue Aurélio Pitanga Seixas Filho[356] condenando o uso de tarifas específicas por unidade de medida adotada na legislação para a mensuração da atividade estatal remunerada pela taxa:

> "Como ensinou Gerson Augusto da Silva, a base de cálculo específica é resultante do preço ou do valor da coisa tributada, convertido este preço ou valor em unidades monetárias em proporção a uma grandeza da coisa, como volume, peso, quantidade etc.
>
> Não resta dúvida, assim, que **na base de cálculo específica considera-se uma quantidade da coisa e não o valor ou custo da atividade estatal, contrariando, assim, a natureza da taxa**, conforme Becker e Ataliba."
>
> (Grifamos)

Em outro giro, se estivéssemos diante de uma taxa verdadeiramente ambiental, a sua base de cálculo, longe de mensurar a produção dos contribuintes, graduaria o grau de lesão ao meio ambiente, bem como as iniciativas de prevenção quanto ao risco da atividade desempenhada pelos contribuintes, a partir da aplicação do Princípio do Poluidor Pagador (PPP), como pondera Carlos Eduardo Peralta Montero[357]:

> "A graduação do tributo ambiental deverá ser estabelecida de acordo com a orientação do PPP (ou usuário pagador), levando em consideração o impacto causado pelo sujeito passivo no meio ambiente e utilizando critérios de proporcionalidade e de equivalência. (...)
>
> No caso das taxas de fiscalização ambiental, aplica-se o princípio do custo benefício – corolário do PPP –, que permite determinar os aspectos quantitativos desses tributos."

Porém, o que se viu na instituição da TFPG foi um completo desprezo pelo Princípio do Poluidor Pagador na eleição da sua base de cálculo, que não considerou as iniciativas dos contribuintes associadas às medidas de prevenção ao risco ambiental adotadas, em maior ou menor grau, pelas empresas do setor, tratando da mesma forma contribuintes que adotam condutas ambientais distintas. Esse alheamento da TFPG com a ideia central das taxas ambientais também corrobora com a conclusão de que o tributo em questão, longe de adotar uma base de cálculo típica de taxa

---

[356] SEIXAS FILHO, Aurélio Pitanga. *Taxa – Doutrina, Prática e Jurisprudência*, p. 52.
[357] PERALTA MONTERO, Carlos Eduardo. *Tributação Ambiental – Reflexões sobre a introdução da variável ambiental no sistema tributário*. São Paulo: Saraiva, 2014, p. 217 e 250.

ambiental, optou pela mensuração da produção do contribuinte a fim de atender às dificuldades de caixa do Estado do Rio de Janeiro.

9.1.6. O Caráter Específico, Divisível e Efetivo da Atuação Estatal

Como se analisou no subtópico 9.1.2 deste estudo, a taxa, seja ela relativa à prestação de serviços ou ao exercício do poder de política, tem o seu fato gerador vinculado a uma atividade estatal específica em relação a pessoa do contribuinte, nos termos do art. 77 do CTN. Se assim não for, não estaremos diante de uma taxa, mas de um tributo que tenha fato gerador típico de imposto, ainda que a destinação legal do produto da arrecadação o transmute em contribuição parafiscal. Em decorrência dessa vinculação individual à pessoa do contribuinte, a atividade estatal deve ser específica e divisível em relação a ele, qualquer que seja a taxa, embora o art. 79 do CTN só o diga expressamente em relação às taxas de serviços, como destaca Ricardo Lodi Ribeiro[358]:

> *"É também o princípio do custo-benefício sob o prisma individual que exige o caráter específico e divisível da prestação de serviço, o que, aliás, é uma característica de qualquer taxa, inclusive as de polícia, embora o CTN só faça menção a essas características em relação à taxa de serviços. De acordo com o art. 79 do CTN, serviço específico é aquele que pode ser destacado em unidade autônoma de intervenção, de unidade, ou de necessidades públicas, e divisível é o que pode ser usufruído isoladamente por cada beneficiário. São duas faces da mesma moeda. O que é específico é necessariamente divisível e vice-versa.* **Essa é uma característica comum a todas as taxas: a atividade estatal deve ser destacada em unidade de atuação que possa ser utilizável por cada um dos contribuintes.** *Trata-se de uma vinculação individual, e não ao grupo que o contribuinte participa (como nas contribuições parafiscais) ou à coletividade em geral (impostos). É esse o fato gerador da taxa, em oposição ao fato gerador dos impostos previsto no art. 16 do CTN."*

(Grifamos)

Por outro lado, ao contrário do que ocorre na taxa de serviço, em que a prestação estatal pode ser efetivamente prestada ou colocada à disposição do contribuinte, não justifica a cobrança da taxa a prestação potencial do poder de polícia, ou seja, poder de polícia posto à disposição do contribuinte.

---
[358] RIBEIRO, Ricardo Lodi. *Tributos – Teoria Geral e Espécies*, p. 40.

Deste modo, como leciona Ricardo Lobo Torres[359], o exercício do poder de polícia deve ser específico, divisível e efetivo:

> "o exercício do poder de polícia só justificará a cobrança da taxa se houver prestação específica e divisível. É preciso distinguir, como fazem os administrativistas, entre poder de polícia geral e especial. Embora no poder de polícia a atividade pública se exerça em benefício da coletividade, nem por isso está ausente a vantagem ou desvantagem individual justificadora do tributo contraprestacional. A especificidade e a divisibilidade, que se implicam mutuamente, significando a prática de atos autônomos em benefício de indivíduos distintos, servem de divisor de águas entre o exercício do poder de polícia suscetível de tributação pela taxa e o exercício genérico desse poder financiado pela receita de imposto. O STF declarou a inconstitucionalidade de taxas de segurança pelo policiamento ostensivo e geral, reconhecendo apenas a legitimidade das que se cobram em troca de atos específicos.
>
> Quanto à efetividade ou disponibilidade, consistente na prática do ato, é também requisito essencial, sob pena de se confundir a atividade específica estatal e o poder genérico de polícia, tendo em vista que o exercício meramente potencial do poder de polícia desemboca na segurança genérica da ordem pública."

Em relação ao caráter específico e divisível das taxas de fiscalização, já identificado acima no pensamento de Ricardo Lobo Torres, é essencial que ela se destaque em unidade autônoma de prestação em relação à pessoa do contribuinte, como também sustentou Aurélio Pitanga Seixas Filho[360]:

> "Como toda atividade de fiscalização ou inspeção é específica a quem está sendo fiscalizado ou inspecionado, esta pessoa pode ser escolhida como sujeito passivo da taxa, sendo devido o tributo, não somente pela emissão do documento comprobatório da licença (alvará ou autorização), porém, pelo exercício integral da função fiscalizadora.
>
> A mera expedição do Alvará sem que a autoridade tenha exercido o seu poder fiscalizador não torna válida a exigência da taxa, como reconheceu Roberto Rosas ao examinar a Taxa de licença de localização e funcionamento. "

No entanto, essa posição, embora nos pareça a mais acertada, não é unânime na doutrina, tendo Luís Eduardo Schoueri[361] contra ela se manifestado:

---

[359] TORRES, Ricardo Lobo. *Tratado de Direito Constitucional Financeiro e Tributário Vol. IV – Os Tributos na Constituição*, p. 404-405
[360] SEIXAS FILHO, Aurélio Pitanga. *Taxa – Doutrina, Prática e Jurisprudência*, p. 42.
[361] SCHOUERI, Luís Eduardo. *Direito Tributário*. 3. ed. São Paulo: Saraiva, 2013, p. 178.

"Por outro lado, não é necessário que o contribuinte tenha sido seja efetivamente fiscalizado, para que fique sujeito à taxa: importa que o Estado tenha aparato de fiscalização e que o contribuinte esteja sujeito àquela.

Ilustra tal assertiva a fiscalização ambiental, o objeto da Taxa de Controle e Fiscalização Ambiental – TCFA (Lei nº 10.165/2000): nem todas as empresas potencialmente poluidoras são concretamente fiscalizadas, mas a taxa é devida porque o Estado possui aparato para fiscalizar concretamente algumas empresas, submetendo as demais ao seu efetivo poder fiscalizatório. Essa circunstância foi suficiente para que o Plenário do Supremo Tribunal Federal a julgasse constitucional."

No julgamento referido por Schoueri, o RE nº 416.601-1/DF[362], o Plenário do STF, de fato, considerou que a vistoria efetiva, de porta à porta, não é requisito essencial da taxa de fiscalização, e quanto a isso não apresentamos divergências. Afinal, com o avanço tecnológico na área da informação não se pode mais exigir que a fiscalização adote os mesmos procedimentos que eram verificados no século passado. No entanto, ainda que seja admitida uma técnica de praticabilidade administrativa que permita que a fiscalização desempenhe as suas atividades sem a necessidade de visitar cada um dos contribuintes, é preciso o exercício individualizado do poder fiscal pela prática de algum ato de polícia relativo à pessoa do contribuinte, como a autorização, a permissão, a concessão, a análise de documentos prestados de acordo com as exigências estatais, não sendo suficiente a mera previsão genérica da competência fiscalizatória.

Por outro lado, não atende a necessidade de efetividade do exercício do poder de polícia a mera existência de órgão administrativo competente para a sua prática. É indispensável, sob pena de romper com a vinculação individual entre o fato gerador da taxa e a atividade estatal, que o exercício do poder de polícia seja real e presente, como lecionou Bernardo Ribeiro de Moraes[363]:

"O essencial, nas taxas de polícia, é a atividade estatal efetiva, relacionada ao exercício regular do poder de polícia, dirigida ao contribuinte. O Poder Público, fundamentado em lei, pratica atos de polícia, desempenhando uma atividade (permite, concede, autoriza, nega, etc.). Admite-se a cobrança de taxa em razão da atividade estatal fundamentada no exercício do poder de polícia, desde que tal atividade exista. O ato de polícia

---

[362] STF, Pleno, RE nº 416.601-1/DF, Rel. Min. Carlos Velloso, DJU 30/09/2005, p. 5.
[363] MORAES, Bernardo Ribeiro. *Doutrina e Prática das Taxas*, p. 127.

deve ser praticado efetivamente. Caso contrário, não há o que justifique a cobrança da taxa. Inexistindo atividade estatal, não haverá despesa feita e nem causa para a existência de um instrumento de custeio.

A ação administrativa ou atividade estatal efetiva é indispensável. O desenvolvimento de uma atividade do Poder Público de ato de poder de polícia, em direção ao obrigado, é essencial para a exigência das taxas de polícia."

Todavia, o Plenário do STF[364], em decisão com repercussão geral, entendeu em sentido contrário, a partir da ideia de que a existência do órgão administrativo não é condição para o reconhecimento da constitucionalidade da cobrança da taxa de localização e fiscalização, mas um dos elementos para se demonstrar o efetivo exercício do poder de polícia.

"À luz da jurisprudência deste Supremo Tribunal Federal, a existência do órgão administrativo não é condição para o reconhecimento da constitucionalidade da cobrança da taxa de localização e fiscalização, mas constitui um dos elementos admitidos para se inferir o efetivo exercício do poder de polícia, exigido constitucionalmente."

Tal orientação jurisprudencial tem sofrido intensa crítica doutrinária, de que é exemplo a posição de Luís Eduardo Schoueri:[365]

"A jurisprudência entende que não se faz necessária a existência de órgão incumbido do mister de fiscalização, o que somente pode ser entendido à luz da presunção acima referida. Implica, daí inversão do ônus da prova, cabendo ao sujeito passivo demonstrar que não existe tal fiscalização. Merece crítica tal entendimento, dadas as dificuldades inerentes à prova negativa: o recurso à presunção, acatado pelo Supremo Tribunal Federal, acaba por implicar a dispensa do exercício do poder de polícia, ao arrepio do Código Tributário Nacional."

Também em sentido crítico em relação à orientação pretoriana acima é a opinião de Regina Helena Costa[366]:

"A jurisprudência do STF consolidou-se no sentido de que somente a efetiva fiscalização exercida pela Administração Pública sobre a atividade particular pode autorizar a exigência da taxa de polícia, mas tal efetividade é presumida em favor da Administração Pública.

---

[364] STF, Pleno, RE nº 588.322/RO – RG , Rel. Min. Gilmar Mendes, DJe 02/09/10.
[365] SCHOUERI, Luís Eduardo. *Direito Tributário*, p. 178.
[366] COSTA, Regina Helena. *Curso de Direito Tributário*. 3. ed. São Paulo: Saraiva, 2013, p. 136.

> *Em nossa opinião, este último entendimento não prestigia integralmente a norma constitucional autorizadora da imposição em foco. Realmente, pensamos que somente a efetiva realização de atividade de polícia administrativa pode ensejar a exigência da taxa.*
>
> *A existência de aparelhamento administrativo destinado ao exercício de fiscalização, por si só, não é suficiente para dar suporte à exigência fiscal, porquanto o Direito Tributário sujeita-se ao princípio da realidade ou da verdade material e, assim, fiscalização não efetuada, ou mera presunção de fiscalização, não podem conduzir ao nascimento da obrigação tributária.*
>
> *Acresça-se que a Lei Maior autoriza expressamente a aplicação de tal raciocínio tão somente em relação às taxas de serviço, ao declarar que sua instituição pode se dar pela utilização efetiva ou potencial, de serviços públicos específicos e divisíveis, prestados ao contribuinte ou postos a sua disposição. Logo, nessa hipótese, a mera utilização potencial de serviço público, desde que se cuide de serviço de oferecimento obrigatório, enseja a exação, como veremos. Todavia, não existe preceito semelhante em relação às taxas de polícia, pelo que entendemos que a simples presunção da realização da fiscalização não legitima a exigência."*

Comungamos das mesmas preocupações apresentadas por Regina Helena Costa e Luís Eduardo Schoueri em relação à jurisprudência do STF, que acaba por fragilizar a necessidade do caráter efetivo do exercício do poder de polícia, a partir da ideia de que a existência de órgão em pleno funcionamento o presume. E o mais inquietante ainda é a possibilidade aberta pelo precedente de admitir-se a exigência da taxa de polícia ainda que não aja órgão administrativo competente para o seu desempenho, quando reste comprovado pelo Poder Público que, de outra forma, a atividade foi efetivamente desempenhada.

De qualquer forma, é preciso deixar claro que no voto condutor do Ministro Gilmar Mendes, no referido *leading case*, não se admitiu a cobrança pelo exercício potencial do poder de polícia, exigindo-se o efetivo. Mas considerou-se que a existência do órgão fiscalizador constitua presunção da efetividade do poder de polícia, embora esta possa ser comprovada pelo Município de outras formas, que não necessariamente a uma atuação feita em loco no estabelecimento.

No caso das atividades previstas no art. 2º da Lei nº 7.182/15, vimos que apenas algumas delas se traduzem no exercício do poder de polícia, vinculadas ao controle, monitoramento e fiscalização da autorização e do exercício das atividades de pesquisa, exploração, lavra e produção de petróleo e gás, bem como da utilização dos recursos delas resultantes. Porém, como já se viu, tais atividades não guardam qualquer especificidade necessária a justificar a cobrança de taxa, pois não revelam ato de fiscalização que possa ser destacado em unidade de prestação individual em relação à pessoa do contribuinte.

Ademais, embora o órgão de fiscalização ambiental indicado pela lei seja existente, essa circunstância, por si só, não autoriza a caracterização da efetividade do poder de polícia quando se sabe, como já demonstrado ao longo desse estudo, que não há relação entre as atribuições do órgão e as atividades a que se vincula a taxa. Assim, é como se não houvesse órgão capaz de exercer efetivamente o poder de polícia a que supostamente se relaciona o fato gerador da TFPG. Sem falar que o montante da taxa supera em quatro vezes as dotações orçamentárias a destinadas à entidade encarregada da atividade estatal, o que desfaz o declarado liame legal entre o INEA e o exercício do poder de polícia, revelando que a referida autarquia ambiental foi lançada a esmo pelo legislador a fim de atender as imposições da atual jurisprudência do STF.

Por essas razões, é inconteste que a atividade estatal a que se vincula a TFPG não é revestida dos requisitos da especificidade, divisibilidade e efetividade que autorizam a cobrança de uma taxa ambiental de polícia.

9.1.7. A Regularidade do Poder de Polícia Ambiental e a TFPG

Estando a competência para a instituição da taxa indicada pela atribuição da função legislativa ou administrativa pela Constituição Federal, quando esta atribui com exclusividade a um dos entes federativos o desempenho da atividade estatal, a definição da competência tributária para instituir a taxa não revela maiores problemas.

As dificuldades surgem em relação às matérias inseridas na competência material comum, previstas no art. 23 da CF, onde os três entes federativos podem atuar. Porém, neste caso, o exercício da competência para a cobrança de taxas não levará a que mais de um ente tribute a mesma manifestação do poder de polícia, como destaca Bernardo Ribeiro de Moraes[367]:

> *"Portanto, para a instituição da taxa, embora de competência comum, tratando-se de serviço público de caráter privativo, somente a entidade política competente é que poderá exigir a taxa, não se admitindo invasões na área de atuação pública estabelecida pela*

---

[367] MORAES, Bernardo Ribeiro de. *Compêndio de Direito Tributário – Vol. I*, p. 539-40.

lei ("no âmbito de suas respectivas atribuições", dispõe o art. 77 do Código Tributário Nacional). Cada poder tributante tem competência para exigir as taxas correspondentes a atividades que estão dentro de suas atribuições ou funções. Havendo competência para executar certos serviços públicos específicos e divisíveis, ou para realizar atos de polícia administrativa, a entidade pública respectiva poderá exigir a taxa que corresponda à atividade prestada. O essencial é o Poder Público tributante realizar dentro de sua competência ou atribuição, a atividade estatal dirigida ao contribuinte. (...).

Embora possam coexistir competências simultâneas em relação às taxas, devemos ver que um tipo de atividade pública dirigida ao obrigado não pode originar duas ou mais taxas. No caso existirá apenas um único fato gerador da respectiva obrigação e a competência de uma entidade pública prevalece sobre a outra, ou por ser específica ou por ser excludente."

Deste modo, não é legítima a cobrança de taxa ambiental por determinado ente federativo que se vincule à manifestação do poder de polícia da competência material de outro integrante da Federação, ainda que este último não exerça a tributação sobre a atividade ou permita a dedução do valor a ele pago do montante que será devido, como levado a efeito pelo artigo 17-P da Lei Federal nº 6.938/81, em procedimento que foi acolhido pelo parágrafo único do artigo 6º da Lei nº 7.182/15. Se o poder de política previsto pela lei estadual não estiver na competência ambiental do Estado, nem a dedução ou compensação salvará a legitimidade da taxa. A rigidez do nosso sistema tributário não permite que a cooperação entre os entes federativos chegue ao ponto de admitir que o não exercício da competência tributária por um dos entes federativos abra caminho para o seu desempenho por outro (art. 8º do CTN).[368]

Por isso, é necessária a investigação de que entidade federativa é competente para o exercício do poder de polícia a que se vincula a TFPG. É essa investigação que se passa a proceder.

De acordo com Alexandre Santos de Aragão[369]:

"A regra é que o ente competente para legislar sobre determinada matéria exerce o respectivo poder de política em seu âmbito. Ex: se compete privativamente à União legislar sobre o direito do trabalho (art. 22, I, in fine, CF), a ela também incumbe pri-

---

[368] CTN: "Art. 8º. O não-exercício da competência tributária não a defere a pessoa jurídica de direto público diversa daquela a que a Constituição a tenha atribuído."
[369] ARAGÃO, Alexandre Santos de. *Curso de Direito Administrativo*, p. 191.

vativamente o poder de política sobre as relações de trabalho. Apenas a atribuição constitucional de competência material (de execução administrativa das normas de polícia) a ente distinto do ente para o qual foi outorgada a competência legislativa (para editar as normas limitativas) pode excepcionar essa regra."

Estando a proteção ao meio ambiente, a que se vinculam as taxas ambientais, inseridas no rol das competências comuns, deve ser exercida de acordo com o esforço comum inerente ao federalismo cooperativo, como destacado pelo parágrafo único do artigo 23. No âmbito desse espírito de colaboração mútua, este dispositivo legal estabelece que as "leis complementares fixarão normas para a cooperação entre a União, os Estados, o Distrito Federal e os Municípios, tendo em vista o desenvolvimento do bem-estar em âmbito nacional." A inexistência de lei complementar não impede o exercício da parcela de competência por cada um dos entes da Federação.[370] Porém, sendo as três esferas federativas competentes para legislar e não havendo delimitação em lei complementar das esferas de atuação de cada um, faz-se necessária a verificação se a atuação estatal, especificamente considerada, melhor se relaciona com o interesse predominante nacional, regional ou local, a fim de identificar qual o ente competente para exercer determinada atividade.

Contudo, nem sempre mostra-se possível separar os limites de onde começa o peculiar interesse local em sua fronteira com as responsabilidades regionais, e dessas em relação aos misteres nacionais. Na impossibilidade de, no caso concreto, identificar o interesse predominante, deve prevalecer a política pública federal, em detrimento da estadual, e esta prefere à municipal, não por uma hierarquia, que inexiste entre as entidades federativas, mas pela tutela aos interesses mais amplos, representados pelos anseios de um maior grupo de cidadãos, como salientam Gilmar Ferreira Mendes, Inocêncio Mártires Coelho e Paulo Gustavo Gonet Branco[371]

"A Carta da República prevê, no parágrafo único do art. 23, a edição de lei complementar federal, que disciplinará a cooperação entre os entres para a realização desses

---

[370] FIGUEIREDO, Lucia Valle. "Competências Administrativas dos estados e municípios", *Revista de Direito Administrativo 207*, 1997, p. 5.
[371] MENDES, Gilmar Ferreira. COELHO, Inocêncio Mártires e BRANCO, Paulo Gustavo Gonet. *Curso de Direito Constitucional*. São Paulo: Saraiva, 2007, p. 774. No mesmo sentido: FERNANDES, Bernardo Gonçalves. *Curso de Direito Constitucional*. Rio de Janeiro: Lumen Juris, 2010, p. 589.

objetivos comuns. A óbvia finalidade é evitar choques e a dispersão de recursos e esforços, coordenando-se as ações das pessoas políticas, com vistas à obtenção de resultados mais satisfatórios.

Se a regra é a cooperação entre União, Estados-membros, Distrito Federal e Municípios, pode ocorrer conflito entre esses entes, no instante de desempenharem as atribuições comuns. Se o critério da colaboração não vingar, há de cogitar do critério da preponderância de interesses. Mesmo não havendo hierarquia entre os entes que compõem a Federação, pode-se falar em hierarquia de interesses, em que os mais amplos (da União) devem preferir aos amis restritos (dos Estados). "

Não foi outro o critério utilizado, inclusive em matéria ambiental, pelo STF, na AC-MC/RR nº 1.255,[372] como se revela pelo exame de trecho do voto do relator, Ministro Celso Mello:

"*É certo que os limites de atuação normativa e administrativa das pessoas políticas que compõem a estrutura institucional da Federação brasileira (CF, art. 18, "caput") acham-se predeterminados no próprio texto da Constituição da República, que define, mediante a técnica dos poderes enumerados e residuais, a esfera de atribuições de cada uma das unidades integrantes do Estado Federal, como resulta claro do que dispõem os arts. 21 a 24 da Lei Fundamental. Nesse contexto, cabe à União Federal, considerada a maior abrangência dos interesses por cuja defesa deve velar, o desempenho de um papel de alto relevo no plano da proteção ambiental e da utilização dos mecanismos inerentes ao fiel adimplemento de tal encargo constitucional.*

Expressivo, sob tal aspecto, o douto magistério de JOSÉ AFONSO DA SILVA ("Direito Ambiental Constitucional", p. 76, item n. 10, 5ª ed., 2004, Malheiros), que bem situa o exercício, pela União Federal, dos poderes que derivam de sua competência constitucional em tema de proteção ao meio ambiente: "**À União resta uma posição de supremacia no que tange à proteção ambiental. A ela incumbe a Política geral do Meio Ambiente, o que já foi materializado pela Lei 6.938, de 1981.** *Cabe-lhe elaborar e executar planos nacionais e regionais de ordenação do território (art. 21, IX). Só nisso já se tem uma base sólida para o estabelecimento de planos nacionais e regionais de proteção ambiental.* " *(grifei)* **Vê-se, portanto, considerada a repartição constitucional de competências em matéria ambiental, que, na eventualidade de surgir conflito entre as pessoas políticas no desempenho de atribuições que lhes sejam comuns – como sucederia, p. ex., no exercício da competência material a que aludem os incisos VI e VII do art. 23 da Constituição** –, *tal situação de*

---

[372] STF, Pleno, AC-MC/RR nº 1.255, Rel. Min. Celso Mello, DJe 30/10/2014.

*antagonismo resolver-se-á mediante aplicação do critério da preponderância do interesse e, quando tal for possível, pela utilização do critério da cooperação entre as entidades integrantes da Federação, como observa, em preciso magistério, CELSO ANTONIO PACHECO FIORILLO ("Curso de Direito Ambiental Brasileiro", p. 79, item n. 4.2, 7ª ed., 2006, Saraiva): "Por vezes, o fato de a competência ser comum a todos os entes federados poderá tornar difícil a tarefa de discernir qual a norma administrativa mais adequada a uma determinada situação. Os critérios que deverão ser verificados para tal análise são: a) o critério da preponderância do interesse; e b) o critério da colaboração (cooperação) entre os entes da Federação, conforme determina o já transcrito parágrafo único do art. 23. Desse modo, deve-se buscar, como regra, privilegiar a norma que atenda de forma mais efetiva ao interesse comum. " (grifei) Isso significa que, **concorrendo projetos da União Federal e do Estado-membro visando à instituição, em determinada área, de reserva extrativista, o conflito de atribuições será suscetível de resolução**, caso inviável a colaboração entre tais pessoas políticas, pela aplicação do critério da preponderância do interesse, valendo referir – como já assinalado – **que, ordinariamente, os interesses da União revestem-se de maior abrangência**."*

(Grifamos)

Essa proeminência do papel da União no exercício da competência ambiental comum prevista no art. 23, VI, CF, mencionada pelo Ministro Celso Mello e por José Afonso da Silva, por ele citado, é estruturada por meio da Política Nacional de Meio Ambiente, instituída pela Lei nº 6.938/81, que criou o Conselho Nacional de Meio Ambiente (CONAMA), atribuindo-lhe, no artigo 6º, a deliberação sobre normas e padrões compatíveis com o meio ambiente ecologicamente equilibrado e essencial à sadia qualidade de vida. Coerentemente com essas atribuições, o 8º, I da Lei nº 6.938/81 delegou ao CONAMA a competência para estabelecer normas e critérios relativos ao exercício ao poder de polícia ambiental pelos Estados, como o licenciamento ambiental, bem como estabelecer os padrões relacionados ao meio ambiente que estes devem observar. No desempenho dessa atribuição, o CONAMA editou a Resolução nº 237/97, que reparte a competência do licenciamento ambiental entre União, Estados Distrito Federal e Municípios. O arcabouço dessas fontes normativas é explicitado por Gustavo Binenbojm[373]:

---

[373] BINENBOJM, Gustavo. "Competência para Licenciamento Ambiental e Federação". In: *Temas de Direito Administrativo e Constitucional*. Rio de Janeiro: Renovar, 2008, p. 708.

"*As competências em matéria ambiental são do tipo concorrentes, assim no campo legislativo (CF, art. 24, VI) como na seara executiva ou administrativa (CF, art. 23, VI). O licenciamento ambiental, como ato de polícia da Administração Pública condicionante de empreendimentos ou atividades efetiva ou potencialmente causadores de degradação ambiental (Lei nº 6.938/81, art. 10), se insere no elenco de competências administrativas ambientais do Poder Público.*

Na lógica do federalismo de cooperação e coordenação, a definição do ente competente, no caso de competências concorrentes, sujeita-se ao critério da predominância do interesse. Assim, como dispõe a Resolução nº 237/97, do CONAMA, o licenciamento compete: (ar. 4º) ao IBAMA (entidade federal), quando tiver âmbito nacional ou regional (isto é, quando afetar dois ou mais Estados); (art. 5º) à entidade ambiental estadual, quando o impacto ambiental tiver âmbito intermunicipal; e (art. 6º) à entidade ambiental municipal, quando o impacto ambiental tiver âmbito local (intramunicipal). Em homenagem aos princípios constitucionais da eficiência e da economicidade, o art. 7º da aludida Resolução nº 237/97, do CONAMA, dispõe que o licenciamento deve ser procedido em um único nível de competência."

De acordo com o art. 4º, I, da Resolução CONAMA nº 237/97,[374] compete ao IBAMA, e não aos órgãos estaduais, o exercício do poder de polícia ambiental exercido no mar territorial, na zona econômica exclusiva e na plataforma continental.

A decisão de atribuir à União o poder de polícia ambiental em águas marinhas, ou seja, no mar territorial, na plataforma continental e na zona econômica exclusiva, ganhou maior densidade normativa com a edição da Lei Complementar nº 140, de 08 de dezembro de 2011, que fixou as normas de cooperação ambiental entre União, Estados, Distrito Federal e Municípios, nos termos do parágrafo único do art. 23, CF, especialmente no que se refere aos seus incisos III, VI e VII.[375] No âmbito da repartição

---

[374] "Art. 4º – Compete ao Instituto Brasileiro do Meio Ambiente e dos Recursos Naturais Renováveis – IBAMA, órgão executor do SISNAMA, o licenciamento ambiental, a que se refere o artigo 10 da Lei nº 6.938, de 31 de agosto de 1981, de empreendimentos e atividades com significativo impacto ambiental de âmbito nacional ou regional, a saber: I – localizadas ou desenvolvidas conjuntamente no Brasil e em país limítrofe; no mar territorial; na plataforma continental; na zona econômica exclusiva; em terras indígenas ou em unidades de conservação do domínio da União."

[375] "Art. 23. É competência comum da União, dos Estados, do Distrito Federal e dos Municípios: III – proteger os documentos, as obras e outros bens de valor histórico, artístico e cultural, os monumentos, as paisagens naturais notáveis e os sítios arqueológicos;

de competência decorrente dessa cooperação, o art. 7º, XV, *b*, da LC nº 140/11 atribuiu o poder de polícia ambiental exercido sobre os empreendimentos e atividades localizados ou desenvolvidos em águas marinhas também à União Federal.[376]

Como se pode verificar, as atividades de pesquisa, exploração, lavra e produção de petróleo no Estado do Rio de Janeiro constituem-se em empreendimento desenvolvido em águas marinhas, o que enseja que a competência para o poder de polícia ambiental sobre elas exercido seja atribuído à União, e não aos Estados. E nem poderia ser diferente visto que tais áreas, que se costumam denominar de águas marinhas, não estão divididas entre Estados e Municípios, senão no que se refere ao recebimento dos royalties do petróleo, nos termos do artigo 9º da Lei nº 7.525/86, a partir de uma delegação ao IBGE para traçar as linhas de projeção territoriais dos Estados e Municípios, segundo a linha geodésica ortogonal à costa ou segundo o paralelo até o ponto de sua interseção aos limites da plataforma continental, como vimos no Capítulo 2.

Como é sabido, a exploração e produção de petróleo no Estado do Rio de Janeiro se dá exclusivamente em águas marinhas, em área em que o legislador estadual não exerce poder de polícia ambiental. Não é por outra razão que o exercício do poder de polícia ambiental em águas marinhas não está previsto entre as atribuições do INEA definidas pelo Decreto nº 41.628/09, em que não consta a prática de atos de controle, monitoramento e fiscalização ambiental do setor de petróleo e gás. Logo, falece à autarquia ambiental estadual competência para exercer o poder de polícia ambiental a que se vincula a TFPG, que se refere a atividades dos contribuintes desenvolvidas no mar territorial, na zona econômica exclusiva e na plataforma continental, de onde são extraídos os barris de petróleo que servirão de base de cálculo para a taxa. Essa desarmonia entre a competência para o exercício do poder de polícia e os elementos da obrigação tributária eleitos pelo legislador torna ilegítima a cobrança da taxa.

VI – proteger o meio ambiente e combater a poluição em qualquer de suas formas;
VII – preservar as florestas, a fauna e a flora;"
[376] "Art. 7o São ações administrativas da União:
XIV – promover o licenciamento ambiental de empreendimentos e atividades:
b) localizados ou desenvolvidos no mar territorial, na plataforma continental ou na zona econômica exclusiva; "

E nem poderia tal competência ser deferida por lei estadual, pois a exploração e produção de petróleo no Estado do Rio de Janeiro é exclusivamente desempenhada no mar territorial, na plataforma continental e na zona econômica exclusiva, área em que o poder de polícia ambiental compete ao IBAMA, como vimos.

Como se vê, o exercício do poder de polícia ambiental em relação às atividades de pesquisa, exploração, lavra e produção de petróleo e gás no Estado do Rio de Janeiro não é de competência estadual.

Talvez por isso, a Lei nº 7.182/15 tenha eleito o inciso XI do art. 23, CF, e não o VI, como fundamento de validade para o exercício do poder de polícia a que se vincula a TFPG, a despeito de tratar-se claramente de uma taxa ambiental.

Porém, é preciso considerar que o inciso XI, que confere competência comum para registrar, acompanhar e fiscalizar concessões de direitos de pesquisa e exploração de recursos hídricos e minerais em seus territórios, não atribui qualquer função aos Estados no que se refere ao poder de polícia especificamente dirigido à pesquisa, lavra, exploração e produção de petróleo e gás, como a seguir se demonstrará.

Inicialmente, cumpre identificar o sentido do inciso XI do art. 23, CF, a partir do comentário de Fernanda Dias Menezes de Almeida[377] ao seu dispositivo:

> *"A competência em questão segue na esteira da proteção ambiental – objeto também do art. 23, VI e VII –, desta feita orientada para a pesquisa e exploração de recursos hídricos e minerais, apresentando também pertinência com o aproveitamento econômico de tais bens.*
>
> *É de notar, porém, que no art. 21, XII, "b", a Constituição previu como competência material privativa da União a exploração direta ou indireta dos serviços e instalações de energia elétrica e o aproveitamento energético dos cursos de água*, em articulação com os Estados onde se situam os potenciais hidroenergéticos, cabendo também ao poder central a instituição do sistema de gerenciamento de recursos hídricos (art. 21, XIX). E mais, no art. 21, XXV, foi incluído como competência privativa da União o estabelecimento das áreas e das condições para o exercício da atividade de garimpagem que, por óbvio, importa a exploração de recursos minerais.

---

[377] ALMEIDA, Fernanda Dias Menezes. Comentário ao artigo 23, XI. In: CANOTILHO, J.J. Gomes, MENDES, Gilmar Ferreira. SARLET, Ingo Wolfgang e STRECK, Lenio Luiz (coord.). *Comentários à Constituição do Brasil*. São Paulo: Saraiva/Almedina, 2013, p. 750.

*Assim, **apesar de** já no art. 21, XII, "b" **ter sido previsto que a atividade da União haveria de se desenvolver em articulação com os Estados**, é de pressupor que na fiscalização da exploração de recursos hídricos e minerais, será preponderante, sem dúvida, o papel da União, com diminuta participação de Estados, Municípios e Distrito Federal."*

(Grifamos)

A partir de argumentos semelhantes, Raul Machado Horta[378], aponta a inocuidade do inciso XI do artigo 23, CF:

"Discrepa desse conjunto de preceitos e intenções, a norma fiscalizadora de concessões que introduzirá em matéria de competência federal privativa (art. 22, XII), a participação administrativa dos Estados do Distrito Federal e Municípios, sem oferecer-lhes os meios para o exercício da atividade de registro, acompanhamento e fiscalização."

Definido o papel diminuto, para não dizer inócuo, dos Estados no que se refere à disciplina relativa a concessões de direitos de pesquisa e exploração de recursos hídricos e minerais, dada a exclusividade da competência federal sobre o tema, cumpre demonstrar agora que o seu comando não se relaciona com o exercício do poder de política previsto na Lei nº 7.182/15. Vejamos a comparação entre os poderes deferidos à competência comum, em que cada entidade federativa deve exercer no âmbito das suas respectivas atribuições e aqueles que foram chamados para si pelo legislador estadual na lei em exame.

Essa comparação é feita tomando por base quatro critérios contidos na tabela abaixo apresentada: a atividade estatal em que consiste a regulação, o objeto da regulação, a atividade privada que se regula e o objeto dessa atividade privada.

---

[378] HORTA, Raul Machado. *Direito Constitucional*. 2. ed. Belo Horizonte: Del Rey, 1999, p. 365.

NORMA	ART. 23, XI, CF	LEI 7.182/15
Atividade Estatal	Registro Acompanhamento Fiscalização	Controle Monitoramento Fiscalização
Regulação	Concessão de Direitos	Desempenho de Atividades
Atividade Privada	*a)* Pesquisa *b)* Exploração	*a)* Pesquisa *b)* Exploração *c)* Lavra *d)* Produção *e)* Expansão *f)* Transporte *g)* Distribuição *h)* Utilização
Objeto da Atividade Privada	Recursos Hídricos Minerais	Petróleo Gás

Em relação à atividade estatal, verifica-se que a Constituição atribuiu o **registro**, o **acompanhamento** e a **fiscalização** das concessões de direitos de pesquisa e exploração de recursos hídricos e minerais, enquanto que a lei fluminense determinou o exercício do poder de polícia configurado no **controle**, **monitoramento** e **fiscalização** do desempenho das atividades de pesquisa, exploração, lavra, produção, expansão, transporte, distribuição e utilização de petróleo e gás. Nota-se que a visão do legislador estadual, a quem caberia uma pequena parcela no âmbito da cooperação entre os entes federativos, é desejoso de mais poderes dos que lhes foram constitucionalmente atribuídos, pois, se a fiscalização está prevista nos dois modelos, naquele estabelecido pela lei, o Estado, ao invés de registrar, controla. Não acompanha, mas monitora. Discrepâncias semânticas à parte, o regramento local intensifica os poderes que a Constituição atribuiu aos três entes legiferantes em contexto constitucional em que o papel estadual não é proeminente.

No que tange ao objeto da regulação, a Constituição atribui à competência comum o registro, o acompanhamento e a fiscalização da **concessão de direitos** de pesquisa e exploração dos recursos hídricos pela Agência Nacional de Águas (ANA) e minerais pelo Departamento Nacional de Produção Mineral (DNPM), autarquias reguladoras federais, enquanto o poder de polícia estadual visa a muito mais do que a mera concessão pela

ANP, mas ao próprio **desempenho da atividade** produtora pelos concessionários e contratados.

Naquilo que se refere à atividade privada que é objeto de regulação, a Constituição atribuiu à competência comum de **pesquisa** e **exploração**, atividades que, por serem anteriores à lavra e produção, não tem o condão de promover danos irreversíveis ao meio ambiente, enquanto a lei fluminense pretende regular não só essas fases preparatórias à **lavra** e **produção**, mas essas próprias atividades, além de outras posteriores como **transporte**, **distribuição** e **utilização**. Como se vê, o escopo regulatório fluminense é muito mais amplo do que aquele que foi atribuído à cooperação entre União, Estados e Municípios.

Por fim, enquanto na dicção constitucional o objeto da atividade privada regulada são os **recursos hídricos** e **minerais**, na norma fluminense, ressaem o **petróleo** e o **gás**. É claro que esses dois hidrocarbonetos constituem espécies do gênero mineral, seja a partir de uma consideração geológica, etimológica ou jurídica. Porém, é forçoso reconhecer que a regulação do petróleo e do gás possui peculiaridades constitucionais, legais e administrativas que lhe retira do âmbito de aplicação do art. 23, XI, CF. Dentre essas distinções que são relevantes para o caso concreto destaca-se, primeiramente, a disciplina constitucional específica do art. 177 da CF, que não só estabelece regras fortalecedoras do controle da União sobre a regulação da atividade, como atribui o monopólio federal dos direitos de exploração e produção de petróleo e gás natural no subsolo terrestre nacional, bem como no mar territorial, na plataforma continental e na zona econômica exclusiva[379], o que não se dá com os demais minerais, cuja disciplina constitucional é estabelecida em termos que realçam de forma menos intensa a centralização regulatória pelo art. 176, CF. Do ponto de vista da regula-

---

[379] "Art. 177. Constituem monopólio da União: I – a pesquisa e a lavra das jazidas de petróleo e gás natural e outros hidrocarbonetos fluidos; II – a refinação do petróleo nacional ou estrangeiro; III – a importação e exportação dos produtos e derivados básicos resultantes das atividades previstas nos incisos anteriores; IV – o transporte marítimo do petróleo bruto de origem nacional ou de derivados básicos de petróleo produzidos no País, bem assim o transporte, por meio de conduto, de petróleo bruto, seus derivados e gás natural de qualquer origem; V – a pesquisa, a lavra, o enriquecimento, o reprocessamento, a industrialização e o comércio de minérios e minerais nucleares e seus derivados, com exceção dos radioisótopos cuja produção, comercialização e utilização poderão ser autorizadas sob regime de permissão, conforme as alíneas *b* e *c* do inciso XXIII do caput do art. 21 desta Constituição Federal." (Redação dada pela EC nº 49, de 2006).

ção legal, a disciplina do petróleo e gás é também especificamente estabelecida pela Lei do Petróleo (Lei n° 9.478/1997), em regime que muito discrepa do Código de Mineração (DL nº 227/67). No que tange ao exercício da regulação do petróleo e gás, compete à ANP, enquanto a pesquisa, a exploração, a lavra e a produção dos demais minerais é regulada pelo DNPM – Departamento Nacional de Produção Mineral.

Todas essas peculiaridades, a começar pelo desenho constitucional específico, fazem com que as atividades relativas ao petróleo sejam de competência exclusiva da União[380], não cabendo aos Estados e Municípios qualquer participação, salvo o recebimento dos royalties nos termos do §1º do art. 20, CF. Por isso, a concessão de direitos de pesquisa e exploração de petróleo e gás não é matéria subordinada ao exercício da competência comum do art. 23, XI. CF.

Como se pode ver, as atividades descritas no artigo 2º da Lei nº 7.182/15 em nada se relacionam com a previsão do inciso XI do art. 23, CF, pois extrapolam, em muito, o raio do interesse ambiental regional, invadindo a esfera federal de proteção ao meio ambiente ou de regulação da atividade petrolífera.

Deste modo, é o Estado incompetente para dispor a respeito do poder de polícia ambiental a que se refere o artigo 2º da Lei nº 7.182/15, sendo o seu exercício irregular, o que inviabiliza a cobrança da taxa nos termos do art. 78 do CTN e do art. 145, II, CF.

---

[380] MENDES, Gilmar Ferreira. COELHO, Inocêncio Mártires e BRANCO, Paulo Gustavo Gonet. *Curso de Direito Constitucional*, p. 772.

Capítulo 10
A CIDE Combustíveis

Embora não incida diretamente sobra a atividade de exploração e produção de petróleo e gás, a CIDE Combustíveis, instituída pela Lei nº 10.336/01, onera a importação e a comercialização de petróleo, gás natural e seus derivados, o que impõe o seu exame neste estudo.

10.1. A CIDE Combustíveis e a Constituição Federal
10.1.1. Breve Histórico

A Emenda Constitucional nº 33/01 inseriu na Constituição Federal dois dispositivos, o art. 149, §2º, II[381] e o art. 177, §4º[382], que autorizaram a União a instituir contribuição de interverção no domínio econômico incidente

---

[381] § 2º As contribuições sociais e de intervenção no domínio econômico de que trata o *caput* deste artigo: (...)
II – poderão incidir sobre a importação de petróleo e seus derivados, gás natural e seus derivados e álcool combustível; "

[382] "§ 4º A lei que instituir contribuição de intervenção no domínio econômico relativa às atividades de importação ou comercialização de petróleo e seus derivados, gás natural e seus derivados e álcool combustível deverá atender aos seguintes requisitos:
I – a alíquota da contribuição poderá ser:
a) diferenciada por produto ou uso;
b) reduzida e restabelecida por ato do Poder Executivo, não se lhe aplicando o disposto no art. 150,III, *b)*;
II – os recursos arrecadados serão destinados:
a) ao pagamento de subsídios a preços ou transporte de álcool combustível, gás natural e seus derivados e derivados de petróleo;
b) ao financiamento de projetos ambientais relacionados com a indústria do petróleo e do gás;
c) ao financiamento de programas de infra-estrutura de transportes."

sobre a importação e comercialização de petróleo e seus derivados, gás natural e seus derivados e álcool combustível.

Por sua vez, seguindo a dicção constitucional, a Lei nº 10.336/01 instituiu a CIDE Combustíveis sobre a a importação e a comercialização de petróleo e seus derivados, gás natural e seus derivados, e álcool etílico combustível.[383]

Os Estados e Municípios passaram a participar da receita da referida contribuição, no percentual de 25%, a serem aplicados em programas de infraestrutura de transportes, nos termos da Emenda Constitucional nº 42/03, que introduziu o inciso III ao art. 159, CF.[384] Com a Emenda Constitucional nº 44/04, esse percentual passou a ser de 29%.[385]

10.1.2. As Contribuições de Intervenção no Domínio Econômico

A *contribuição de intervenção no domínio econômico* (CIDE) não possui fato gerador próprio, já que utiliza quase sempre o do imposto. É caracterizada pela destinação de recursos a atividades estatais que, embora não sejam vinculadas à pessoa do contribuinte (caso em que teríamos uma taxa), se relacionam ao segmento econômico de que ele participa e que será objeto da intervenção estatal. Desse modo, a atuação do estado será pontual em relação a determinada área, setor ou segmento econômico, e não relativa a um universo de pessoas que extrapole esse setor determinado, como destaca Marco Aurélio Greco:[386]

---

[383] "Art. 1º. Fica instituída a Contribuição de Intervenção no Domínio Econômico incidente sobre a importação e a comercialização de petróleo e seus derivados, gás natural e seus derivados, e álcool etílico combustível (Cide), a que se refere os arts. 149 e 177 da Constituição Federal, com a redação dada pela Emenda Constitucional no 33, de 11 de dezembro de 2001."

[384] "III – do produto da arrecadação da contribuição de intervenção no domínio econômico prevista no art. 177, § 4º, vinte e cinco por cento para os Estados e o Distrito Federal, distribuídos na forma da lei, observada a destinação a que refere o inciso II, c, do referido parágrafo."

[385] "III – do produto da arrecadação da contribuição de intervenção no domínio econômico prevista no art. 177, § 4º, 29% (vinte e nove por cento) para os Estados e o Distrito Federal, distribuídos na forma da lei, observada a destinação a que se refere o inciso II, *c*, do referido parágrafo."

[386] GRECO, Marco Aurélio. "Contribuição de Intervenção no Domínio Econômico – Parâmetros para sua Criação". In: GRECO, Marco Aurélio (org.). *Contribuições de Intervenção no Domínio Econômico e Figuras Afins*. São Paulo: Dialética, p. 9-31, 2001, p. 16-17.

> *"A intervenção supõe a ideia de provimento pontual, circunscrito a uma determinada área, setor, segmento da atividade econômica, que apresente características que a justifiquem. (...)*
> *Relevante deixar claro que um dos parâmentros da instituição da contribuição é a definição de uma parcela do domínio econômico, que atuará como critério de circunscrição da sua aplicação, inclusive no que se refere aos respectivos contribuintes. Contribuição de intervenção que atinja universo que abrange todos, independentemente do setor que atuem, até poderia ser contribuição, mas certamente não será mais "de intervenção"."*

Nota-se que aqui a atividade estatal não precisa ser específica e divisível. Assim, o contribuinte paga a contribuição porque participa de um grupo que exige do Estado uma atuação mais efetiva na economia, seja através de serviços e obras – como no AFRMM, Adicional ao Frete para Renovação da Marinha Mercante, onde os recursos visam a obras de melhoramento nos portos e a serviços de conservação na frota de marinha mercante nacional –, seja por meio do exercício de atividades fiscalizadoras e restritivas de direito, como ocorre nas contribuições cobradas pela agências reguladoras como ANATEL, por exemplo.

Apesar de possuir fato gerador típico de imposto, a CIDE deve revelar a referibilidade de grupo, que se manifesta pela adequação entre a finalidade e os demais aspectos da hipótese de incidência. Embora esta seja uma característica de todas as contribuições parafiscais, é mais sensível nas que, como as CIDEs, têm a destinação legal atribuída a uma atividade estatal que, em maior ou menor grau, se relaciona com o grupo de que o contribuinte participa. Caso não haja essa adequação, resta desatendido o requisito constitucional de validação da contribuição parafiscal[387], não mais havendo que se falar nessa espécie tributária, mas em imposto ou taxa, conforme determinar o seu fato gerador.

Aqui, a referibilidade – que na taxa é individual – passa a ser coletiva, deslocando-se do núcleo do fato gerador para o seu aspecto finalístico. No entanto, a apreciação do núcleo do fato gerador não é irrelevante, uma vez que, em geral, é esse elemento que vai revelar o grupo de contribuintes que pratica a conduta legalmente escolhida como hipótese de incidência da exação. No entanto, sendo o núcleo do fato gerador uma conduta indi-

---

[387] RIBEIRO, Ricardo Lodi. "As Contribuições Parafiscais e a Validação Constitucional das Espécies Tributárias". *Revista Dialética de Direito Tributário* 174: p. 110-129, 2010.

vidual, a relação deste com o grupo geralmente só se revela com o exame da finalidade da contribuição. Os fatos geradores dos tributos em geral apresentam cinco aspectos: subjetivo, material (núcleo), espacial, temporal e quantitativo. Porém, nas contribuições parafiscais há um sexto aspecto: a finalidade, justificada pela subordinação dessa subespécie tributária à *solidariedade de grupo*, manifestação da capacidade contributiva baseada na ponderação da justiça comutativa (custo-benefício) com a justiça distributiva (solidariedade social). Devendo os aspectos nuclear, quantitativo, subjetivo e finalístico do fato gerador serem harmônicos entre si, é essencial para a caracterização da contribuição (o que irá determinar a sua validade caso o tributo não possa sobreviver como imposto ou taxa), a existência da *referibilidade de grupo*, revelada pela relação entre a finalidade e os contribuintes. Essa relação, por estar atrelada ao grupo, é menos intensa do que a individualidade da taxa, mas sempre deve ser identificada, ainda que seja por uma normatização, regulação, fomento ou fiscalização próprias a esse segmento.

Além da adequação do fato gerador com a destinação, os tributos que se caracterizam pela destinação legal do produto da arrecadação devem ter os seus recursos efetivamente aplicados nas despesas que deram origem a sua criação,[388] muito embora se reconheça a dificuldade de assegurar que determinado recurso específico vá atender a uma despesa em particular, o que só reforça a importância do reconhecimento da referibilidade de grupo como critério de validade constitucional das contribuições parafiscais.

O traço característico do Estado Social e Democrático de Direito nas contribuições de intervenção no domínio econômico é revelado pela adoção de uma fonte de custeio especificamente dirigida a contribuintes de um segmento econômico, e indiretamente aos seus consumidores, para o financiamento de uma despesa estatal que com eles se relaciona, desonerando o orçamento público, constituído pelos impostos suportados pela população em geral. Nesse sentido, não é razoável, por exemplo, que o cidadão pobre, que nem por isso deixa de, direta ou indiretamente, ser contribuinte dos impostos, suporte o custeio da regulação dos planos de saúde privados, dirigidos às classes média e alta, beneficiárias da atuação estatal.

Essa atuação estatal a que se vincula a tributação será remunerada por contribuições interventivas, caso seja desprovida de caráter especí-

---

[388] Sobre as consequências da tredestinação dos recursos da CIDE Combustíveis, vide tópico 10.3.

fico e divisível. Se essas duas características estiverem presentes, teremos uma taxa, como ocorre com a Agência Nacional de Saúde Complementar – ANS, que, de acordo com o art. 20 da Lei nº 9.961/2000, é destinatária da Taxa de Saúde Suplementar. No entanto, deve-se advertir que nem sempre a nomenclatura adotada pelo legislador segue esses critérios. É o que acontece na Taxa de Fiscalização e Funcionamento, destinada ao Fundo de Fiscalização das Telecomunicações – FISTEL, instituído pela Lei nº 5.070/1966, e destinado à ANATEL pelo art. 50 da Lei nº 9.472/1997. Trata-se de uma verdadeira contribuição interventiva, haja vista a ausência de especificidade e divisibilidade na atividade estatal. Tendo a União competência para a instituição tanto de taxas quanto de contribuições sobre essas atividades, pouco importa a nomenclatura adotada pela lei.

O problema é mais grave em relação a Estados e Municípios que, diante da ausência de competência constitucional para instituir uma contribuição interventiva, adotam o modelo das taxas, muitas vezes sem o atendimento das características constitucionais desta, como a exigência exclusivamente em relação ao faturamento das empresas reguladas.[389]

10.2. A Incidência da CIDE Combustíveis

A CIDE Combustíveis criada pela Lei nº 10.336/01, a partir dos contornos oferecidos pela EC nº 33/2001, tem como fato gerador a importação e a comercialização de gasolinas e suas correntes, diesel e suas correntes, querosene de aviação e outros querosenes, óleos combustíveis (*fuel-oil*), gás liquefeito de petróleo, inclusive o derivado de gás natural e de nafta; e álcool etílico combustível.

A quantificação da tributação é feita por meio de alíquotas específicas a partir da previsão de valores fixos em reais por unidades de medida adotadas pelo art. 5º da referida lei. Do valor da CIDE incidente na comercialização no mercado interno poderá ser deduzido o valor da CIDE pago na importação daqueles produtos e incidente quando da aquisição daqueles produtos de outro contribuinte. É uma espécie de não cumulatividade apli-

---

[389] Segundo decidiu o STF no julgamento da Taxa de Fiscalização e Controle de Serviços Públicos Delegados, instituída em favor da Agência Estadual de Regulação dos Serviços Públicos Delegados do Rio Grande do Sul – AGERGS, essas taxas devidas às agências reguladoras estaduais não podem ter o faturamento como único critério para a fixação da sua base de cálculo. No caso concreto, não sendo este o único critério, a taxa foi considerada legítima (STF, Pleno, ADI nº 1.948/RS, Rel. Min. Gilmar Mendes, DJU 07/02/2003, p. 20).

cável à tarifa específica. De acordo com o permissivo constitucional do art. 177, §4º, I, *b*, o Poder Executivo poderá reduzir as alíquotas específicas de cada produto, bem assim restabelecê-las até o valor fixado no art. 5º. São isentos da CIDE os produtos vendidos à empresa comercial exportadora, conforme definida pela ANP, com o fim específico de exportação.

São contribuintes da CIDE Combustíveis, de acordo com o art. 2º da aludida lei, o produtor, o formulador[390] e o importador, pessoa física ou jurídica, dos combustíveis líquidos acima relacionados.

Nos termos do §1º do art. 1º da sua lei instituidora, e atendendo ao disposto no art. 177, §4º, II, CF, o produto da arrecadação da CIDE será destinado ao: (i) pagamento de subsídios a preços ou transporte de álcool combustível, de gás natural e seus derivados e de derivados de petróleo; (ii) financiamento de projetos ambientais relacionados com a indústria do petróleo e do gás; e (iii) financiamento de programas de infraestrutura de transportes.

A identificação desse grupo de contribuintes guarda referibilidade com as atividades estatais a que se destinam o produto da arrecadação da CIDE Combustíveis, que é exigida do produtor, comerciante e importador de combustíveis, sendo destinada legal e constitucionalmente ao pagamento de subsídios a preços e transporte de combustíveis, ao financiamento de projetos ambientais relacionados com a indústria do petróleo e gás e ao financiamento de programas de infraestrutura de transportes. Como se vê, as empresas que atuam no mercado de combustíveis pagam tributo que repercute nos preços suportados pelos usuários, que, por sua vez, vão precisar que o Governo faça investimentos na infraestrutura de transportes, a exemplo da construção e manutenção de rodovias. A seu turno, essa atividade de exploração de combustíveis, em especial os de origem fóssil, causa danos ao meio ambiente, cuja preservação também demandará recursos governamentais. Ademais, a fim de buscar a preservação do meio ambiente, o Governo lança mão de políticas de subsídios aos preços dos combustíveis menos poluentes, o que também é financiado pela

---

[390] De acordo com o parágrafo único do art. 2º da Lei nº 10.336/01 é formulador que pratica as seguintes atividades: "I – aquisição de correntes de hidrocarbonetos líquidos; II – mistura mecânica de correntes de hidrocarbonetos líquidos, com o objetivo de obter gasolinas e diesel; III – armazenamento de matérias-primas, de correntes intermediárias e de combustíveis formulados; IV – comercialização de gasolinas e de diesel; e V – comercialização de sobras de correntes."

contribuição. Desse modo, os que produzem, comercializam e os que, em última análise, os utilizam, em obediência ao princípio do custo-benefício, são chamados a contribuir para o custeio das despesas relacionadas a essa atividade econômica.

10.3. A tredestinação legal dos objetivos constitucionnais da CIDE Combustíveis

A característica que distingue as contribuições parafiscais, incluvise as de natureza interventiva como a CIDE Combustíveis, em relação aos demais tributos, é a destinação legal do produto da arrecadação. Ao contrário do que preconiza o art. 4º, II, do CTN,[391] esse elemento é, como vimos, essencial para a definição das contribuições parafiscais e dos empréstimos compulsórios, uma vez que este elemento finalístico constitui critério de validação constitucional da espécie tributária em exame.[392]

No entanto, ao contrário do que vem considerando a jurisprudência dos nossos tribunais, a começar pelo *leading case* da Contribuição Social sobre o Lucro Líquido (CSLL) no STF,[393] não basta a mera previsão legal na lei instituidora da contribuição de que o tributo será destinado a certa atividade específica. É preciso que o ordenamento jurídico como um todo, inclusive as leis orçamentárias, assegurem a destinação daqueles tributos à sua finalidade, como destaca Andrei Pitten Velloso[394]:

"Por se tratar de tributo finalístico, é ínsita à contribuição em foco a vinculação dos recursos angariados à finalidade que justifica sua criação.

A contribuição de intervenção no domínio econômico sobre a importação e comercialização de petróleo, gás natural, seus derivados e álcool combustível deve ser, portanto, destinada à intervenção nesse segmento industrial e comercial.

No inciso II do art. 177, §4º, a Constiuição prevê a destinação dos recursos angariados ao pagamento de subsídios, ao finaciamento de projetos ambientais e a programas de infraestrutura de transportes relacionados com o mercado de petróleo e gás."

---

[391] Vide discussão a respeito do tema em RIBEIRO, Ricardo Lodi. *Tributos – Teoria Geral e Espécies*, p. 11-16.
[392] GRECO, Marco Aurélio. *Contribuições (uma figura "sui generis")*. São Paulo: Dialética, 2000, p. 136; RIBEIRO, Ricardo Lodi. "As Contribuições Parafiscais e a Validação Constitucional das Espécies Tributárias". *Revista Dialética de Direito Tributário* 174: p. 110-129, 2010.
[393] STF, Pleno, RE nº 138.284/CE, Rel. Min. Carlos Velloso, RTJ 143/313, j. 1º/7/1992.
[394] PAULSEN, Leandro e VELLOSO, Andrei Pitten. *Contribuições – Teorial Geral e Contribuições em Espécie*, p. 258.

Desse modo, para que uma contribuição interventiva se caracterize como tal, e não como imposto conforme estabelecido pelo seu fato gerador, é indispensável não só que a Constituição Federal e a lei instituidora destinem o produto da arrecadação às finalidades interventivas previstas no art. 177, §4º, II da CF, mas que tais recursos sejam destinados a essas finalidades pelas leis orçamentárias. Se não há essa previsão orçamentária, a finalidade da contribuição, como requisito de sua validade, não se mostra satisfeito, levando à impossibilidade da cobrança naquele exercício. Assim, a lei instituidora da contribuição parafiscal, não obstante continue em vigor, é ineficaz no exercício financeiro em que não ocorreu a destinação orçamentária adequada à finalidade constitucional e legal do tributo. Conquanto essa posição ainda não encontre respaldo jurisprudencial, houve um grande avanço na jurisprudência do STF, ao considerar inconstitucional a abertura de crédito suplementar destinado a aplicar os recursos da CIDE Combustíveis para finalidades estranhas às destinações constitucionalmente previstas. Embora a decisão do STF ainda não tenha afastado a validade da contribuição quando a lei orçamentária não contemple a finalidade constitucional e legal do tributo, impediu que esta possa desvirtuar a destinação legal do produto da arrecadação da contribuição.[395]

> "PROCESSO OBJETIVO – AÇÃO DIRETA DE INCONSTITUCIONALIDADE – LEI ORÇAMENTÁRIA. *Mostra-se adequado o controle concentrado de constitucionalidade quando a lei orçamentária revela contornos abstratos e autônomos, em abandono ao campo da eficácia concreta.* LEI ORÇAMENTÁRIA – CONTRIBUIÇÃO DE INTERVENÇÃO NO DOMÍNIO ECONÔMICO – IMPORTAÇÃO E COMERCIALIZAÇÃO DE PETRÓLEO E DERIVADOS, GÁS NATURAL E DERIVADOS E ÁLCOOL COMBUSTÍVEL – CIDE – DESTINAÇÃO – ARTIGO 177, § 4º, DA CONSTITUIÇÃO FEDERAL. *É inconstitucional interpretação da Lei Orçamentária nº 10.640, de 14 de janeiro de 2003, que implique abertura de crédito suplementar em rubrica estranha à destinação do que arrecadado a partir do disposto no § 4º do artigo 177 da Constituição Federal, ante a natureza exaustiva das alíneas "a", "b" e "c" do inciso II do citado parágrafo.*"

---

[395] STF, Pleno, ADI nº 2.925/DF, Rel. Min., Ellen Gracie, Rel. p/acórdão: Min. Marco Aurélio, DJU 04/03/2005, p. 10. Note-se que o referido acórdão constitui o primeiro precedente sobre a admissibilidade de exame da constitucionalidade das leis orçamentárias no controle concentrado, admitindo que estas nem sempre são leis apenas em sentido formal.

Caso diverso ocorre quando a lei instituidora da contribuição e as leis orçamentárias atendem à finalidade constitucional das contribuições, mas as autoridades administrativas utilizem os recursos em atividades que não se relacionam com a destinação legal e orçamentária. Nesse caso, a validade da contribuição não pode ser atacada, a despeito de o gasto ser ilegítimo, sendo passível das consequências previstas no Direito Financeiro.

Porém, para que a finalidade da CIDE seja cumprida, o que irá validá-la constitucionalmente, não basta que haja destinação legal específica e previsão orçamentária. Visando a que o mencionados tributo obtenha a sua validação constitucional é preciso haver, como vimos, a *referibilidade de grupo* entre os contribuintes da exação e a finalidade estatal por ela financiada, que tem que guardar relação com o grupo do qual o contribuinte faz parte, o que, como vimos, no tópico anterior, é requisito atendido pela Lei nº 10.336/01 ao instituir a CIDE Combustíveis.

Capítulo 11
O Princípio da Exclusividade da Tributação sobre Operações com Petróleo e seus Derivados e o IPI

11.1. A Aplicação da Imunidade do Art. 155, §3º, CF ao IPI

Até o advento da Constituição de 1988, a intributabilidade múltipla das operações estratégicas, relativas a energia elétrica, serviços de telecomunicações, derivados de petróleo, combustíveis e minerais, era protegida constitucionalmente pelo *princípio da exclusividade*, destinado a garantir uma tributação única e monofásica por meio de imposto único federal.[396] Ocorre que a própria União violava a exclusividade na tributação incidente sobre essas operações, ao instituir empréstimos compulsórios e as chamadas "quotas", verdadeiros tributos, travestidos de preços públicos.

A fim de conferir efetividade ao princípio da exclusividade, a Constituição de 1988 acabou com os impostos únicos federais, transferiu as competências tributárias sobre tais operações para os Estados, por meio da incidência do ICMS, ressalvou a cobrança dos impostos aduaneiros, o II e o IE, e as imunizou quanto aos demais tributos. Em sua redação original a Constituição de 1988 vedava, por exemplo, a criação de emprés-

---

[396] Estabelecia o artigo 21 da Constituição Federal de 1969: "Compete à União instituir imposto sobre: VII – serviços de comunicação, salvo os de natureza estritamente municipal; VIII – produção, importação, circulação, distribuição ou o consumo de lubrificantes e combustíveis líquidos ou gasosos e de energia elétrica, imposto que incidirá uma só vez sobre qualquer dessas operações, excluída a incidência de outro tributo sobre elas; e IX – a extração, a circulação, a distribuição ou o consumo dos minerais do País enumerados em lei, imposto que incidirá uma só vez sobre qualquer dessas operações, observado o disposto no final do item anterior;"

timos compulsórios sobre tais operações. Porém, com a EC nº 33/01, que trouxe ao ordenamento jurídico brasileiro a CIDE Combustíveis, estudada no Capítulo 10, a expressão *tributos* foi substituída pela palavra *impostos*. A criação da nova contribuição interventiva foi mero pretexto para a restrição da imunidade, uma vez que a simples previsão constitucional do novo tributo já significaria uma exceção tácita validamente formulada à regra da exclusividade. Porém, com o novo texto, está aberta a possibilidade da criação de empréstimos compulsórios e de outras contribuições parafiscais sobre as operações estratégicas.

Em sua redação atual, o artigo 155, § 3º, CF, com redação dada pela EC nº 33/01, estabelece que nenhum imposto, com exceção do ICMS, do II e do IE, incidirá sobre as operações relativas a energia elétrica, serviços de telecomunicações, derivados de petróleo, combustíveis e minerais do país.

Tal dispositivo tem como fundamento o desenvolvimento econômico, a partir da intributabilidade múltipla das operações consideradas estratégicas por serem indispensáveis ao desenvolvimento de qualquer atividade econômica. É imunidade objetiva que se aplica a todos os impostos que vierem a incidir sobre tais operações. A relevância do dispositivo hoje, em relação ao tema deste estudo, é maior em relação ao IPI, afastando a sua incidência na saída de derivados de petróleo e combustíveis, por estabelecimento que promoveu a industrialização do hidrocarboneto. Contudo, a intributabilidade constitucional em análise não se aplica aos impostos cujos fatos geradores se relacionam com dados relativos aos contribuintes, como IR e IOF, ainda que as receitas das operações estratégicas gerem a disponibilidade de renda e sejam investidas em aplicações financeiras. Quando a imunidade se relacionava aos *tributos* e não apenas aos *impostos*, o STF entendeu que o faturamento oriundo dessas operações, por se relacionar com as empresas e não com as operações em si, não era imunizado pelo dispositivo em comento. Assim, a Corte Maior decidiu que a imunidade não afastava a incidência de COFINS e PIS sobre a receita das empresas dedicadas aos setores estratégicos.[397]

Portanto, com base no dispositivo do art. 155, §3º, CF, não incide IPI sobre as operações de saída de derivados de petróleo e combustíveis.

---

[397] STF, Súmula nº 659: "É legítima a cobrança da COFINS, do PIS e do FINSOCIAL sobre as operações relativas a energia elétrica, serviços de telecomunicações, derivados de petróleo, combustíveis e minerais do País". STF, Pleno, RE nº 230.337/RN, Rel. Min. Carlos Velloso, DJU 28/06/02, p. 93.

11.2. O Direito de Creditamento de IPI em Decorrência da Operação Imunizada pelo Art. 155, §3º, CF

Caracterizada a imunidade do IPI sobre as operações com derivados de petróleo e seus combustíveis, não é de se estornar o crédito dela decorrente em respeito ao princípio da não cumulatividade. Contudo, tal conclusão não é livre de controvérsias.

A polêmica sobre o direito de crédito de IPI na aquisição de matérias-primas, produtos intermediários e materiais de embalagem imunes e classificados como não tributados ganhou um novo capítulo com a edição do novo regulamento do IPI pelo Decreto nº 7.212, de 15 de junho de 2010. No referido diploma regulamentar, o Poder Executivo, modificando a disciplina do RIPI/02, limitou o direito de crédito do imposto relativo aos insumos imunes àqueles cuja desoneração constitucional decorre das exportações, a exemplo do que vinha entendendo a Receita Federal. Também excluiu o direito de crédito em relação aos insumos adquiridos na fabricação de produtos classificados como não tributados (NT) pela Tabela do IPI, independentemente da natureza jurídica dessa intributabilidade. Porém, como se demonstrará a seguir, tal disciplina não só inova o ordenamento jurídico, extrapolando o poder regulamentar, como viola o arcabouço constitucional e legal atinente à matéria.

11.2.1. A Não Cumulatividade do IPI e o Direito de Crédito dos Insumos

A *não cumulatividade* é característica dos impostos multifásicos, ou seja, aqueles que incidem sobre as várias etapas da cadeia econômica. Incidindo sobre todas as fases da cadeia, a carga tributária chegaria ao contribuinte geometricamente elevada, não fosse a não cumulatividade.

O mecanismo consiste na autorização para que o contribuinte deduza o valor de imposto relativo às etapas anteriores da cadeia econômica do valor incidente na operação por ele praticada. Assim, é efetuada a compensação em uma conta-corrente de *créditos* e *débitos*, onde os primeiros são os valores incidentes sobre os contribuintes que o antecederam na cadeia e que foram embutidos no preço pago pelo contribuinte do IPI. Os últimos são os valores incidentes na operação por ele praticada. Portanto, são elementos da conta-corrente:

- *créditos*: relativos ao imposto incidente (ou que deveria incidir, caso não houvesse isenção ou imunidade) sobre o produtos adquiridos pelo contribuinte do IPI, e utilizados como matéria-prima, produto

intermediário e material de embalagem na fabricação do produto industrializado;
- *débitos*: a tributação incidente sobre a operação em questão, calculada pela aplicação da alíquota do imposto sobre a sua base de cálculo;
- *saldo*: resultado positivo ou negativo da conta.

Se o saldo for devedor, o contribuinte irá recolher a diferença ao final do período de apuração. Caso contrário, se o saldo for credor, o contribuinte pode aproveitar esses créditos no período de apuração seguinte. Com isso, cada contribuinte só irá recolher, em tese, o IPI incidente sobre o valor que agrega à mercadoria.

A Constituição Federal garante aos contribuintes do IPI a aplicação da não cumulatividade nos termos do artigo 153, §3º, II, CF, *in verbis*:

"§ 3º – O imposto previsto no inciso IV: II – será não cumulativo, compensando-se o que for devido em cada operação com o montante cobrado nas anteriores;"

No plano infraconstitucional, a não cumulatividade do IPI é assegurada pelo sistema de créditos e débitos regulado pelo artigo 49 do CTN e pela Lei nº 4.502/64, por meio do regime do *crédito físico*, diferentemente do que ocorre no ICMS. Ou seja, somente as matérias-primas (MP), o material de embalagem (ME) e os produtos intermediários que integrem fisicamente o produto podem ser creditados (PI). Porém, o próprio legislador tem abrandado um pouco o rigor do creditamento físico admitindo que os produtos refratários (ou seja, aqueles que são inteiramente consumidos no processo produtivo) sejam creditados,[398] inclusive aqueles que sofrem desgaste paulatino, desde que seja consumido em tempo razoável e não sejam bens do ativo fixo, uma vez que o RIPI/10 não exige que o bem refratário seja consumido imediatamente.

Questão polêmica diz respeito à existência do crédito nas entradas de insumos destinados a fabricação de produtos beneficiados por imunidade, isenção, não incidência em sentido estrito e alíquota zero. No regime constitucional passado, anterior à EC nº 23/83, era pacífica a jurisprudência do

---

[398] O art. 226, I do RIPI/10 admite o creditamento dos produtos refratários desde que não integrem o ativo fixo.

STF,[399] no sentido de que, quando houvesse uma isenção ou não incidência expressamente determinada pelo legislador em uma das operações da cadeia multifásica, tais operações geravam direito do sujeito passivo ao crédito do ICM e do IPI, a fim de que os contribuintes que sucedem o isento na cadeia econômica não tivessem que suportar a carga tributária relativa às operações anteriores à isenção ou não incidência determinada pela lei.

Ocorre que com a referida emenda constitucional, bem como com a disciplina estabelecida pelo art. 155, § 2º, II, da atual Constituição Federal, relativas respectivamente ao ICM e ao ICMS, as operações imunes, isentas e objeto de não incidência passaram a não gerar créditos e acarretar a anulação de todos os créditos relativos a operações anteriores, salvo disposição legal em contrário. Porém, tal ressalva não se aplica ao IPI, onde prevalece o direito ao crédito integral, como se não houvesse a não incidência legalmente qualificada. É que a disciplina de anulação dos créditos em relação ao ICMS é medida constitucional que excepciona a aplicação do princípio da não cumulatividade, uma vez que, com a sua aplicação, o contribuinte que adquire bens beneficiados com a isenção ou imunidade, ao dar saída em seu próprio produto, sofrerá a incidência do imposto de forma cumulativa.

Tal afirmativa se mostra evidente quando se sabe que a tributação sobre o valor agregado no Brasil difere operativamente da sistemática dos impostos sobre valor adicionado na Europa e nos Estados Unidos, onde o IVA incide sobre a diferença entre a base de cálculo de cada uma das operações da cadeia (base por base). Em nosso país, ao contrário, a tributação sobre o valor agregado é atingida por meio do princípio da não cumulatividade, com o imposto incidindo sobre toda a base de cálculo da operação tributada, permitindo-se o direito de crédito do imposto pago nas etapas anteriores da cadeia (imposto por imposto).

Assim, no nosso regime, se o contribuinte não tiver direito sobre o crédito relativo às operações anteriores, sejam elas tributadas ou não, todo o imposto recolhido nas etapas que antecedem à operação isenta ou imune voltará a ser exigido, pois a alíquota será aplicada sobre a integralidade da base de cálculo da operação praticada pelo contribuinte em questão sem qualquer desconto relativo a créditos.

---

[399] STF, 1ª Turma, RE nº 102.843//SP, Rel. Min. Sydney Sanches, DJU 08/03/85, p. 2.603; STF, 2ª Turma, RE nº 97.541/SP, Rel. Min. Moreira Alves, DJU 30/09/83, p. 14.966.

Por outro lado, negar crédito ao isento e determinar a anulação dos créditos das etapas anteriores, faz com que a isenção ou imunidade tenha como único beneficiário este contribuinte, e não os que lhe sucedem na cadeia econômica, tampouco o consumidor final. Ao contrário, estes têm a carga tributária elevada pela anulação dos créditos relativos aos impostos pagos nas etapas que antecederam a isenção, uma vez que estes montantes voltarão a ser exigidos, gerando o fenômeno da cumulatividade tributária e o aumento de preço do produto. Na verdade, do ponto de vista tributário, a cadeia econômica é reiniciada na primeira operação após a isenção ou imunidade. Assim, temos o paradoxo de ter a isenção e a imunidade, cujo fundamento quase sempre está associado ao intento legislativo de reduzir o preço dos bens, servir de instrumento perverso para o aumento da carga tributária, em evidente fraude aos propósitos constitucionais que legitimam os benefícios fiscais e as imunidades.

Porém, no ICMS, a anulação dos créditos das operações que antecedem as isenções, bem como a não produção de crédito por estas é medida prevista expressamente pelo artigo 155, §2º, II da Constituição Federal. Não se pode negar o seu caráter de exceção ao princípio da não cumulatividade. Todavia, como exceção que é, não deve ser aplicada analogicamente em relação ao IPI, cuja sistemática constitucional não contempla tal disciplina. Deste modo, o imposto federal se subordina integralmente ao referido princípio constitucional.[400] Afinal, em se tratando da não cumulatividade, a anulação de créditos é exceção, e não regra. Vale destacar que, após a Constituição de 1988, o STF reconheceu expressamente o direito ao crédito em relação aos insumos isentos em relação ao IPI, uma vez que a disposição constitucional em contrário é relativa tão somente ao ICMS.[401] Porém, com a nova composição da Corte, o posicionamento foi revisto, exigindo-se expressa previsão legal para o creditamento,[402] como a seguir será demonstrado.

---

[400] No mesmo sentido: BOTTALLO, Eduardo Domingos. *IPI – Princípios e Estrutura*, p. 42; COSTA, Alcides Jorge. *Estudos sobre IPI, ICMS e ISS*. São Paulo: Dialética, 2009, p. 30; MELO, José Eduardo Soares de Melo. *IPI – Teoria e Prática*, p. 177-179.
[401] STF, Pleno, RE nº 212.484-2/RS, rel. p/ acórdão: Min. Nelson Jobim, DJU de 27/11/98, p.22.
[402] STF, Pleno, RE nº 353.657/PR, Rel. Min. Marco Aurélio, DJU de 07/03/08, p. 502.

11.2.2. A Distinção entre Imunidade, Isenção, Alíquota Zero e Não Incidência em Sentido Estrito e o Direito de Crédito de IPI

É muito comum a confusão conceitual entre os institutos da imunidade, da isenção e da não incidência em sentido estrito, sendo oportuno estabelecer a distinção entre as três modalidades de *não incidência em sentido amplo*, a fim de pesquisar a correta disciplina em relação ao creditamento de IPI em operações imunes, isentas e não tributadas.

Sendo as imunidades espécies do gênero *não incidência em sentido amplo*, pressupõem a não ocorrência do fato gerador da obrigação tributária. Nesse particular se aproximam da *isenção*[403] e da *não incidência em sentido estrito*, mas se distanciam do instituto da *alíquota zero*, em que ocorre o fato gerador. Porém, a não incidência em sentido estrito caracteriza-se pela não inserção do fato econômico considerado na descrição da hipótese de incidência tributária. Assim, pode-se dizer que não incide IPTU sobre os imóveis rurais. Ou sobre os semoventes. Como o exemplo demonstra, a não incidência em sentido estrito pode decorrer de uma situação que não foi incluída no campo de incidência considerado por estar inserida na competência tributária relativa a outro imposto – como é o caso do imóvel rural sobre o qual incide o ITR-, ou por ser uma situação que não se insere na competência tributária de qualquer ente federativo.

Também é possível que determinada situação jurídica esteja incluída na competência tributária da entidade tributante, mas esta não a exerça, uma vez que a lei instituidora do tributo não a previu. Nessa situação, a não incidência em sentido estrito se caracteriza como renúncia de receita, a partir do não esgotamento da competência tributária pelo seu titular. É o caso da incidência do imposto de importação na arrematação dos bens abandonados ou levados a leilão. O CTN previu essa possibilidade nos artigos 20, III e 22, II, mas o DL nº 37/66, que instituiu o imposto de importação, não prescreve essa hipótese de tributação. Muitas vezes, o legislador tributário insere, apenas para fins didáticos, a não incidência em sentido estrito no texto da lei. Contudo, não é tal previsão que afasta a incidência do tributo do caso concreto, mas a sua não inclusão na hipótese de inci-

---

[403] O texto parte do pressuposto de que a isenção é uma não incidência legalmente qualificada, como defende a corrente doutrinária majoritária na esteira de Souto Maior Borges (BORGES, José Souto Maior. *Teoria Geral da Isenção Tributária*, p. 155), e não uma dispensa legal do pagamento do tributo, conforme sustentava Rubens Gomes de Sousa (SOUSA, Rubens Gomes de. *Compêndio de Legislação Tributária*. São Paulo: Resenha Tributária, 1975, p. 97).

dência. A doutrina denomina esse fenômeno de *isenção imprópria*[404] ou *não incidência legal*.[405] Dada a sua natureza meramente declaratória, a revogação da norma que a prevê não restabelece a incidência. Exemplo de isenção imprópria ou não incidência legal é o inciso VIII do artigo 3º da Lei Complementar nº 87/96 que declara a intributabilidade do ICMS nas operações de arrendamento mercantil, já que esta tem a natureza jurídica de prestação de serviços, tributada pelos municípios por meio do ISS (Lista de Serviços Anexa à LC nº 116/03, item 10.04).

Por outro lado, a isenção e a imunidade se referem a situações que, em tese, estariam descritas na hipótese de incidência. Porém, a aplicação desta última norma é afastada pela aplicação de outra regra que, entrando em relação de antinomia com esta, determina a não incidência. Voltando ao exemplo do IPTU, a hipótese de incidência determina que o imposto seja cobrado sobre a propriedade, domínio útil e posse de todos os imóveis localizados na zona urbana dos municípios. Porém, outra norma jurídica estabelece que os imóveis pertencentes aos ex-combatentes da Força Expedicionária Brasileira que lutaram na Segunda Guerra Mundial não sofrem a incidência do imposto.[406] Aqui, a norma de não incidência, uma lei municipal, é da mesma hierarquia da norma de incidência. Neste caso, a antinomia entre elas é resolvida pelo critério da especialidade, com o afastamento da hipótese de incidência (lei geral) em função da aplicação da norma de isenção (lei especial). Por isto é que nesta não ocorre o fato gerador. Por outro lado, temos imóveis localizados na zona urbana do município que são destinados à prática de cultos religiosos. A Constituição Federal, no seu art. 150,VI, *b*, veda a tributação dos templos de qualquer culto. Temos uma imunidade, onde a antinomia entre a regra de incidência e a de não incidência, no caso a Constituição Federal, resolve-se pelo

---

[404] TORRES, Ricardo Lobo. *Curso de Direito Financeiro e Tributário*. 15. ed. Rio de Janeiro: Renovar, 2008, p. 307. BORGES, José Souto Maior. *Teoria Geral da Isenção Tributária, p. 208-209*.
[405] MACHADO, Hugo de Brito, *Curso de Direito Tributário*, p. 233.
[406] No Município do Rio de Janeiro, a isenção de IPTU do ex-combatente é prevista no art. 61, XI, do Código Tributário do Município, Lei nº 691/84, in verbis: "Art. 61- Estão isentos do Imposto sobre a Propriedade Predial e Territorial Urbana: : XI – o imóvel de propriedade de ex-combatente da Segunda Guerra Mundial, assim considerado o que tenha participado de operações bélicas como integrante do Exército, da Aeronáutica, da Marinha de Guerra e da Marinha Mercante, inclusive o de que seja promitente comprador, cessionário ou usufrutuário vitalício, enquanto nele residir, mantendo-se a isenção ainda que o titular venha a falecer, desde que a unidade continue a servir de residência à viúva ou o filho menor;"

critério hierárquico. Pela supremacia da norma constitucional imunizante, afasta-se a aplicação da lei de incidência.

Assim, a distinção entre a não incidência em sentido estrito, a isenção e a imunidade é que na primeira a não aplicação da lei tributária ao caso concreto é derivada da própria descrição da hipótese de incidência que não o prevê; enquanto na isenção e na imunidade, outra norma jurídica afasta a aplicação da hipótese de incidência. A diferença é que na isenção esta norma é uma lei da mesma hierarquia da norma de incidência, enquanto na imunidade é a Constituição Federal.

Não havendo, como vimos, distinção ontológica entre a isenção e a imunidade, senão quanto ao seu veículo, já que a última é determinada pela Constituição, enquanto a primeira é determinada pela lei, reconhecer o direito de crédito somente em relação à primeira significa dar maior relevância às opções do legislador ordinário, ou até mesmo do Poder Executivo como ocorre na redução da alíquota do IPI a zero, do que às decisões do Poder Constituinte, em grave subversão da supremacia e da força normativa da Constituição.

Deste modo, todas as não incidências constitucionalmente qualificadas relativas ao IPI (e não só as decorrentes da imunidade específica prevista no artigo 153, §3º, III, CF para a exportação de produtos) geram direito de crédito, como as imunidades dos impostos, previstas nas quatro alíneas do artigo 150, VI, CF, e a imunidade das operações estratégicas relativas a energia elétrica, serviços de telecomunicações, derivados de petróleo, combustíveis e minerais do país do art. 155, §3º, CF.

As mesmas conclusões devem ser adotadas em relação ao instituto da alíquota zero que, embora se distinga da isenção, uma vez que a primeira pressupõe a incidência do fato gerador inexistente na última, tem em comum com esta a disciplina relativa ao princípio da não cumulatividade. Nos dois institutos, a anulação dos créditos gera efeito cumulativo, uma vez que em ambos os casos temos uma operação que, independentemente da problemática quanto à ocorrência da ocorrência do fato gerador, está inserida na cadeia do IPI, sendo frequente a existência de operações tributadas que antecedem à isenção ou à alíquota zero. O mesmo fenômeno não ocorre na não incidência em sentido estrito, onde a operação não é tributada por estar fora do campo hipotético de incidência do IPI, uma vez que o seu produto não sofreu qualquer processo de industrialização, não gerando direito de crédito.

11.2.3. O Artigo 11 da Lei nº 9.779/99

Após a citada decisão do STF[407] que reconheceu o direito de crédito de IPI incidente sobre os insumos destinados à fabricação de produtos isentos, o legislador atribuiu expressamente o direito de crédito em relação às operações isentas ou tributadas com a alíquota zero, por meio do art. 11 da Lei nº 9.779/99, que dispôs:

> "Art. 11. O saldo credor do Imposto sobre Produtos Industrializados – IPI, acumulado em cada trimestre-calendário, decorrente de aquisição de matéria-prima, produto intermediário e material de embalagem, aplicados na industrialização, **inclusive de produto isento ou tributado à alíquota zero**, que o contribuinte não puder compensar com o IPI devido na saída de outros produtos, poderá ser utilizado de conformidade com o disposto nos arts. 73 e 74 da Lei nº 9.430, de 27 de dezembro de 1996, observadas as normas expedidas pela Secretaria da Receita Federal do Ministério da Fazenda."
>
> (Grifamos)

Trata-se de um dispositivo legal de eficácia meramente declaratória, que se aplica inclusive às entradas anteriores à lei,[408] uma vez que decorre diretamente do próprio princípio da não cumulatividade do IPI, incluindo os casos em que o produto está inserido, ainda que abstratamente, no campo de incidência do imposto, mas em que não haverá pagamento por conta de alíquota zero, ou não haverá incidência em razão do afastamento do fato gerador pela aplicação de uma norma de não incidência, seja ela constitucional, seja legal. Assim, o dispositivo aplica-se não só à isenção e à alíquota zero, mas também às imunidades.

Embora a nossa Corte Suprema tivesse aceitado o direito de crédito no que se refere à alíquota zero, antes mesmo da previsão legal expressa do artigo 11 da Lei nº 9.779/99,[409] a questão voltou a ser debatida em face da alteração na composição do tribunal, que mudou seu entendimento no sentido de negar o direito de crédito relativo ao período anterior à previsão legal,[410] dando ao referido dispositivo legal natureza constitutiva. Tam-

---

[407] STF, Pleno, RE nº 212.484-2/RS, rel. p/ acórdão: Min. Nelson Jobim, DJU de 27/11/98, p.22.
[408] É abundante a doutrina sobre a natureza declaratória do artigo 11 da Lei nº 9.779/99, como decorrência do princípio da não cumulatividade. Por todos: COSTA, Alcides Jorge. *Estudos sobre IPI, ICMS e ISS*, p. 28-31.
[409] STF, Pleno, RE nº 212.484/RS, Rel. p/acórdão Min. Nelson Jobim, DJU de 27/11/98, p. 22.
[410] STF, Pleno, RE nº 353.657/PR, Rel. Min. Marco Aurélio, DJU de 07/03/08, p. 502. No mesmo sentido decidiu o CARF: "Súmula nº 21. O direito ao aproveitamento dos créditos

bém em relação ao aproveitamento pelo contribuinte de operação isenta ou submetida à alíquota zero de créditos originados na aquisição de insumos tributados, que também não tem previsão legal, o STF negou o direito em decisão com repercussão geral.[411]

Porém, somos de opinião de que o princípio da não cumulatividade, sem as ressalvas constitucionais existentes no ICMS (art 155,§ 2º, II, *b*), garante o direito de crédito em relação aos insumos adquiridos em operações em que há imunidade, isenção e alíquota zero, independentemente de previsão legal expressa. Do mesmo modo, as operações imunes, isentas e com alíquota zero geram créditos para as operações subsequentes, uma vez que no IPI o princípio da não cumulatividade tem aplicação integral, a ele não se aplicando a exceção constitucional relativa ao ICMS. Porém, o mesmo não se dá no que se refere às operações onde não há incidência do imposto (não incidência em sentido estrito), que não geram créditos para as operações subsequentes.

11.2.4. O Reconhecimento Administrativo do Direito de Crédito Relativos aos Insumos Utilizados na Fabricação de Produtos Imunes

Partindo da premissa fazendária e jurisprudencial de que o direito de crédito relativo aos insumos utilizados na fabricação dos produtos relativos à isenção ou alíquota zero decorre exclusivamente do artigo 11 da Lei nº 9.779/99, e não do princípio da não cumulatividade (posicionamento que não merece a nossa adesão), discute-se se o dispositivo englobaria também os insumos destinados à fabricação dos bens imunes.

Nesse sentido, o Poder Executivo, por meio do antigo RIPI/02 (Decreto nº 4.544/02), artigo 195, §2º, reconheceu o direito nos seguintes termos:

> *"Art. 195. Os créditos do imposto escriturados pelos estabelecimentos industriais, ou equiparados a industrial, serão utilizados mediante dedução do imposto devido pelas saídas de produtos dos mesmos estabelecimentos*
>
> *2º O saldo credor de que trata o § 1º, acumulado em cada trimestre-calendário, decorrente de aquisição de MP, PI e ME, aplicados na industrialização, inclusive de*

---

do IPI decorrentes da aquisição de matérias-primas, produtos intermediários e material de embalagem utilizados na fabricação de produtos cuja saída seja com isenção ou alíquota zero, nos termos do art. 11 da Lei nº 9.779, de 1999, alcança, exclusivamente, os insumos recebidos pelo estabelecimento contribuinte a partir de 1º de janeiro de 1999."

[411] STF, Pleno, RE nº 562.980/SC, Rel. Min. Ricardo Lewandowski. Rel. p/acórdão: Min. Marco Aurélio, DJe 167, pub. 04/09/09.

produto isento ou tributado à alíquota zero ou **imunes***, que o contribuinte não puder deduzir do imposto devido na saída de outros produtos, poderá ser utilizado de conformidade com o disposto nos arts. 207 a 209, observadas as normas expedidas pela SRF (Lei nº 9.779, de 1999, art. 11)."*

No entanto, o Novo Regulamento do IPI, o Decreto nº 7.212, de 15 de junho de 2010, no seu artigo 251, §§ 1º e 2º, limitou o direito de crédito às imunidades decorrentes de exportação, *in verbis*:

Art. 251. Os créditos serão escriturados pelo beneficiário, em seus livros fiscais, à vista do documento que lhes confira legitimidade:

I – nos casos dos créditos básicos, incentivados ou decorrentes de devolução ou retorno de produtos, na efetiva entrada dos produtos no estabelecimento industrial, ou equiparado a industrial;

II – no caso de entrada simbólica de produtos, no recebimento da respectiva nota fiscal, ressalvado o disposto no § 3º;

III – nos casos de produtos adquiridos para utilização ou consumo próprio ou para comércio, e eventualmente destinados a emprego como matéria-prima, produto intermediário ou material de embalagem, na industrialização de produtos para os quais o crédito seja assegurado, na data da sua redestinação; e

IV – nos casos de produtos importados adquiridos para utilização ou consumo próprio, dentro do estabelecimento importador, eventualmente destinado a revenda ou saída a qualquer outro título, no momento da efetiva saída do estabelecimento.

§ 1º Não deverão ser escriturados créditos relativos a matéria-prima, produto intermediário e material de embalagem que, sabidamente, se destinem a emprego na industrialização de produtos não tributados - compreendidos aqueles com notação "NT" na TIPI, os **imunes***, e os que resultem de operação excluída do conceito de industrialização – ou saídos com suspensão, cujo estorno seja determinado por disposição legal.*

§ 2º O disposto no § 1º não se aplica aos produtos tributados na TIPI que estejam amparados pela **imunidade em decorrência de exportação para o exterior***."*

(Grifamos)

Todavia, como se verifica do cotejo entre o artigo 11 da Lei nº 9.779/99 com o novo Regulamento, tal restrição que não tem amparo legal. Independentemente do caráter declaratório do artigo 11 da Lei nº 9.779/99 englobar também a imunidade, interpretar o dispositivo legal restritivamente, de modo a excluir as operações imunes do direito legalmente reconhecido às isenções e alíquotas zeros, significa não só contrariar a sua literalidade, uma vez que a expressão legal *inclusive de produto isento ou tributado à alíquota zero* não é restritiva, e sim ampliativa, mas também subverte a pauta de valores constitucionais, dando às imunidades menor tutela do que às isenções, negligenciando a natureza idêntica das duas modalidades de não incidência normativamente qualificada.

Por outro lado, ainda que o princípio constitucional da não cumulatividade não garantisse o direito de crédito em relação aos insumos imunes, e o artigo 251 do Decreto nº 7.212/10 (RIPI/10) expressasse a correta interpretação do artigo 11 da Lei nº 9.779/99, o que só se admite para fins de argumentação, a introdução da nova interpretação do Poder Executivo, que restringisse o direito de crédito dos contribuintes, só poderia ser aplicada em relação a produtos ingressados no estabelecimento industrial ou equiparado após a entrada em vigor do novo regulamento, em respeito ao artigo 146 do CTN que protege o contribuinte contra a mudança do critério jurídico adotado na interpretação da lei tributária, e que prestigia o princípio da confiança legítima do contribuinte.

De fato, o RIPI/02 interpretava o artigo 11 da Lei nº 9.779/99 de forma a acolher o direito de crédito em relação aos insumos destinados à fabricação de produto imune. Posteriormente, o RIPI/10 deu outra interpretação ao dispositivo legal mais onerosa ao contribuinte, restringindo o direito de crédito às imunidades decorrentes de exportação. Trata-se de mudança de critério jurídico adotado pela Administração Pública na interpretação da lei, a que alude o referido artigo 146 do CTN, fundado no princípio da proteção à confiança legítima.

Como decorrência do valor da segurança jurídica, bem como da dimensão principiológica da irretroatividade das leis tributárias, que não se limita à ação do Poder Legislativo, se estendendo também aos aplicadores do Direito, o princípio da proteção da confiança legítima, surgido no Direito Administrativo alemão, chegou ao Direito Tributário brasileiro, seja por obra do legislador, seja pela atuação dos tribunais, merecendo uma adequada configuração a ensejar uma aplicação que atenda à Segurança Jurídica numa dimensão plural, característica ao Estado Social e Democrático de Direito.

A proteção à confiança quanto à certeza e ao sentido das normas jurídicas surge em meio à tensão entre flexibilidade e estabilidade, sendo resultado da ponderação entre dois pressupostos antagônicos: a necessidade de garantir a conservação de estados de posse uma vez obtidos em face de modificações jurídicas posteriores (segurança jurídica subjetiva como proteção à confiança) e o dever do Estado eliminar as posições antijurídicas (segurança jurídica objetiva como legalidade). Tratando-se de um conflito interno entre dois princípios inspirados no valor da Segurança Jurídica, este irá presidir os critérios de decisão sobre qual deles deve prevalecer no caso concreto, juntamente com os outros interesses tutelados pela norma violada pelo ato ilegal.

Por isso, tendo a natureza de princípio, e não de regra, o que viabiliza sua prevalência sobre a legalidade como resultado de um juízo de ponderação, a proteção à confiança legítima não tem atuação uniforme, apresentando-se de modo muito diferente de acordo com o âmbito da norma, e variando, no caso particular, conforme os atos jurídicos em que se funda, a dignidade da confiança a ser protegida, a boa-fé do administrado, os fundamentos e o peso a favor da modificação, as conseqüências jurídicas da alteração etc.[412]

Fruto dessa ponderação legislativa, o artigo 146 do CTN se refere à manutenção da interpretação administrativa da lei tributária que fixa um determinado entendimento favorável ao contribuinte, dentre os sentidos possíveis oferecidos pela literalidade da lei. Se a Administração identifica como correta uma determinada interpretação da norma e depois verifica que esta não é a mais adequada ao Direito, tem o poder-dever de, em nome de sua vinculação com a juridicidade e com a legalidade, promover a alteração do seu posicionamento. Porém, em nome da proteção à confiança legítima, deve resguardar o direito do contribuinte em relação ao futuro, como destaca Klaus Tipke[413]:

> *"A la hora de aplicar es necesario considerar, como regla general, que se debe decidir de manera que no se incline em forma desfavorable al contribuyente, según los criterios de interpretación que han guiado su propio comportamiento."*

Embora o referido dispositivo legal se refira apenas irreversibilidade do lançamento já efetuado, a tutela da segurança do contribuinte não depende

---

[412] MAURER, Hartmut. *Elementos de Direito Administrativo Alemão*, Trad. Luís Afonso Heck. Porto Alegre: Sergio Antonio Fabris, 2000, p. 68-69.
[413] TIPKE, Klaus. "La retroactividad en Derecho Tributario". In: AMATUCCI, Andrea (org.), *Tratado de Derecho Tributario, Tomo Primeiro*. Bogotá: Temis, p. 340-354, 2001, p. 351. No mesmo sentido: RIBEIRO, Ricardo Lodi. *A Segurança Jurídica do Contribuinte – Legalidade, Não-surpresa e Proteção à Confiança Legítima*, p. 241, e segs.

de ter havido a constituição do crédito tributário, se aplicando a qualquer posicionamento da Administração que promova a nova interpretação da norma fiscal em relação a fatos geradores já praticados,[414] como leciona Misabel de Abreu Machado Derzi:

> *"Mas o ideal – por razões de segurança jurídica e equidade – seria que estendêssemos à Administração, o princípio da irretroatividade de forma mais ampla (e não apenas quando já efetuado o lançamento tributário). Trata-se de erro grave limitar o princípio da irretroatividade às leis, como alerta Klaus Tipke, na Alemanha, e, em geral, a Corte Suprema daquele país"*

Tal proteção inclui ainda a concessão de isenção, anistia, remissão e moratória.[415] Assim, a proteção se aplica também aos processos de consulta,[416] aos pareceres normativos, aos atos declaratórios ou a qualquer outra manifestação administrativa que adote determinado critério de interpretação da norma, seja em relação ao sujeito passivo, seja em relação a outro contribuinte que esteja em situação legal e fática idêntica.

Portanto, se o tratamento fiscal mais favorável ao contribuinte dado pelo RIPI/02 advém da lei, por meio da interpretação extraída de um dos sentidos oferecidos pelo seu próprio texto, deve ser aplicada a regra do art. 146 do CTN que, por já ser fruto de um juízo de ponderação pelo legislador entre a segurança e a legalidade, não comporta nova composição pelo aplicador, não tendo este outra opção, a não ser a prevalência da proteção da situação mais benigna.

Note-se que essa ponderação legal não fragiliza a legalidade, pois tanto a solução anteriormente adotada pela autoridade administrativa (mais favorável ao contribuinte), quanto aquela posteriormente aplicada (mais

---

[414] DERZI, Misabel de Abreu Machado. Notas de Atualização de BALEEIRO, Aliomar. *Direito Tributário Brasileiro*. 11. ed. Atualizada por Misabel Abreu Machado Derzi. Rio de Janeiro: Forense, 1999, p. 812. No mesmo sentido: COÊLHO, Sacha Calmon Navarro. *Curso de Direito Tributário Brasileiro*, p. 705-706; AMARO, Luciano. Direito Tributário Brasileiro. 20 ed. São Paulo: Saraiva, 2014, p. 377-378; e MACHADO, Hugo de Brito. *Comentários ao Código Tributário Nacional*. V. III (Artigos 139 a 218). São Paulo: Atlas, 2005, p. 126.

[415] SEIXAS FILHO, Aurélio Pitanga. "Revisão da Legalidade do Lançamento Tributário e a Coisa Julgada Administrativa em Matéria Fiscal". In: ROCHA, Valdir de Oliveira (Coord.). *Grandes Questões Atuais do Direito Tributário*. Vol. 9. São Paulo: Dialética, 2005, p. 34.

[416] Sobre a vinculação da Administração ao resultado da consulta fiscal: STF, 2ª Turma, RE nº 131.741, Rel. Min. Marco Aurélio, DJU 24/05/96, p. 243.

favorável ao fisco), são contempladas pela literalidade da lei.[417] Nesse caso, existe norma emanada da fonte constitucionalmente competente para a concessão do tratamento fiscal benéfico, havendo apenas uma controvérsia quanto à interpretação do seu texto, cuja imprecisão linguística suscita dúvidas sobre a coordenação do tipo legal aos dados da realidade relativos a determinado contribuinte. Em razão de tais dúvidas, a Administração deve procurar reduzir as imprecisões conceituais, estabelecendo certeza à situação concreta.

É bem verdade que a interpretação do RIPI/10 não foi a primeira, no âmbito do Poder Executivo, a restringir o direito de crédito dos insumos oriundos da imunidade para produtos exportados. O art. 2º do Ato Declaratório Interpretativo nº 5, de 17/04/2006, do Secretário da Receita Federal, estabeleceu a mesma restrição nos seguintes termos:

> "Art. 2º O disposto no art. 11 da Lei nº 9.779, de 11 de janeiro de 1999, no art. 5º do Decreto-Lei nº 491, de 5 de março de 1969, e no art. 4º da Instrução Normativa SRF nº 33, de 4 de março de 1999, não se aplica aos produtos:
>
> I – com a notação "NT" (não-tributados, a exemplo dos produtos naturais ou em bruto) na Tabela de Incidência do Imposto sobre Produtos Industrializados (Tipi), aprovada pelo Decreto nº 4.542, de 26 de dezembro de 2002;
>
> II – **amparados por imunidade**;
>
> III – excluídos do conceito de industrialização por força do disposto no art. 5º do Decreto nº 4.544, de 26 de dezembro de 2002 – Regulamento do Imposto sobre Produtos Industrializados (RIPI).
>
> Parágrafo único. Excetuam-se do disposto no inciso II os produtos tributados na TIPI que estejam **amparados pela imunidade em decorrência de exportação para o exterior**."

(Grifamos)

No entanto, é forçoso reconhecer que o princípio da hierarquia que ilumina as relações entre as autoridades do Poder Executivo, não permite que uma interpretação dada a uma lei pelo Presidente da República, por meio de um decreto, que consolida o Regulamento do imposto, seja revogada

---

[417] Sobre os sentidos possíveis da literalidade da lei como limite da interpretação: LARENZ, Karl. *Metodologia da Ciência do Direito*. Trad. de José Lamego. 3. ed. Lisboa: Fundação Calouste Gulbenkian, 1997, p. 501; RIBEIRO, Ricardo Lodi. *Justiça, Interpretação e Elisão Tributária*. Rio de Janeiro: Lumen Juris, 2003, p. 97.

por um ato do Secretário da Receita Federal. Logo, o referido ato interpretativo é inteiramente inconstitucional, não tendo o condão de afastar a interpretação administrativa dada pelo RIPI/02, que prevaleceu até a introdução do RIPI/10, que o revogou.

11.2.5. O RIPI/10 e o Direito de Crédito Relativo aos Insumos Destinados ao Fabrico de Produtos Imunes ou Isentos Classificados como NT (Não Tributados)

Embora os produtos que estão fora do campo de incidência do IPI por não sofrerem processo de industrialização (não incidência em sentido estrito) sejam corretamente classificados pela Tabela do IPI como não tributados (NT), não sendo suscetíveis, como vimos, ao regime de creditamento, é forçoso reconhecer que a adoção da referida sigla pela tabela não adota o critério técnico-jurídico adequado, uma vez que elenca como NT produtos que sofreram processo de industrialização, sendo sua intributabilidade derivada de imunidade ou isenção, e não de não incidência em sentido estrito. Entre tantos outros é o caso, por exemplo, do gesso (código 2520.20.90 na TIPI), material obtido por meio do processo de industrialização a partir da transformação da gipsita (código 2520.10.1). Na TIPI conta como NT, mas trata-se de verdadeira não incidência determinada pelo legislador (isenção). O mesmo fenômeno é encontrado em operações imunes, como os combustíveis e derivados de petróleo, imunizados pelo artigo 155, §3º, CF, mas que constam na tabela como sendo NT, como é o caso da gasolina (código 2710.11.59). Evidentemente, se os itens classificados como NT na TIPI não derivam de não incidência em sentido estrito, mas de imunidade ou isenção, o direito de crédito deve ser reconhecido nos termos do artigo 11 da Lei nº 9.779/99.

Por isso, merece cuidado a aplicação da Súmula nº 24 do CARF[418] que não admite o direito de crédito estabelecido pelo artigo 11 da Lei nº 9.779/99 em relação aos insumos adquiridos para a fabricação de produto classificado como NT. Há que se fazer uma interpretação restritiva desse posicionamento, a fim de excluir a sua aplicação em relação às operações que, embora dentro do campo de incidência do IPI, têm a incidência do imposto afastada por imunidade ou isenção.

---

[418] CARF: "Súmula nº 24. Não há direito aos créditos do IPI em relação às aquisições de insumos aplicados na fabricação de produtos classificados na TIPI como NT."

Pela mesma razão, devem ser interpretados restritivamente os termos do já citado §1º do artigo 251 do novo Regulamento do IPI, no sentido de só reconhecer a classificação NT como óbice à aplicação do direito de crédito garantido pelo artigo 11 da Lei nº 9.779/99, quando esta derivar da não incidência em sentido estrito, e não da imunidade e da isenção, uma vez que os insumos destinados à fabricação dos produtos por elas beneficiados geram direito de crédito, ainda que a TIPI os classifique como NT.

REFERÊNCIAS

ALMEIDA, Fernanda Dias Menezes. Comentário ao artigo 23, XI. In: CANOTILHO, J.J. Gomes, MENDES, Gilmar Ferreira. SARLET, Ingo Wolfgang e STRECK, Lenio Luiz (coord.). *Comentários à Constituição do Brasil.* São Paulo: Saraiva/Almedina, 2013.

AMARO, Luciano. Direito Tributário Brasileiro. 20. ed. São Paulo: Saraiva, 2014.

AMED, Fernando José, e NEGREIROS, Plínio José Labriola de Campos. *História dos Tributos no Brasil.* São Paulo: Sinafresp, 2000.

ANDRADE FILHO, Edmar Oliveira. *Imposto de Renda das Empresas.* 4. ed. São Paulo: Atlas, 2007.

ARAGÃO, Alexandre Santos de. *Curso de Direito Administrativo.* Rio de Janeiro: Forense, 2012.

ARMELLA, Sara. "Los Impuestos Aduaneros". In: UCMAR, Victor (Coord.). *Curso de Derecho Tributario Internacional, Tomo II.* Bogotá: Temis, 2003.

ATALIBA, Geraldo. "Hipótese de Incidência do IPI", *Estudos e Pareceres em Direito Tributário*, São Paulo: Revista dos Tribunais, 1978.

_____. *Hipótese de Incidência Tributária.* 4. ed. 2.tir. São Paulo: Revista dos Tribunais, 1991.

ATALIBA, Geraldo e GIARDINO, Cleber. "ICM e Circulação Jurídica", *Revista de Direito Administrativo,* vol. 144, p. 227-233, 1981.

_____. "Núcleo da definição constitucional do fato gerador do ICM" *Revista de Direito Tributário*, Vol. 25/26, p. 101-119, 1983.

ÁVILA, Humberto. "O Imposto sobre Serviços e a Lei Complementar nº 116/03", in: ROCHA, Valdir de Oliveira. *O ISS e A LC 116.* São Paulo: Dialética, 2003.

_____. *Sistema Constitucional Tributário,* São Paulo: Saraiva, 2004.

_____. *Teoria dos Princípios – Da Definição à Aplicação dos Princípios Jurídicos.* São Paulo: Malheiros, 2004.

BACHOF, Otto. *Normas Constitucionais Inconstitucionais.* Coimbra: Almedina, 2001.

BAIN, C; TOZZINI, Freire. *Regimes jurídico-regulatórios e contratuais de E&P de petróleo e gás natural.* Bain & Company e Tozzini Freire Advogados, Relatório I 2009. Disponível em: http://www.bndes.gov.br/SiteBNDES/export/sites/default/bndes_pt/Galerias/Arquivos/empresa/pesquisa/chamada1/Relat_I-1de8.pdf. Acesso em: 19/01/2016.

BALEEIRO, Aliomar. *Direito Tributário Brasileiro.* 11.ed. Atualizada por Misabel Abreu Machado Derzi. Rio de Janeiro: Forense, 1999.

_____ *Uma Introdução Às Ciências das Finanças*. 14. ed. Revista e Atualizada por Flávio Bauer Novelli. Rio de Janeiro: Forense, 1987.

BARRETO, Aires F. *Base de Cálculo, Alíquota e Princípios Constitucionais Tributários*. 2 ed. São Paulo: Max Limonad, 1998.

_____. "ISS – Atividade-meio e Serviço-fim", *Revista Dialética de Direito Tributário nº5*.

_____. "ISS e IOF: estremação da incidência: descontos como elementos adjetivos", *Revista Dialética de Direito Tributário nº163/109*

_____. *O ISS na Constituição e na Lei*. 3. ed. São Paulo: Dialética, 2009.

BECKER, Alfredo Augusto. *Teoria Geral do Direito Tributário*. São Paulo: Saraiva, 1972.

BINENBOJM, Gustavo. "Competência para Licenciamento Ambiental e Federação". In: *Temas de Direito Administrativo e Constitucional*. Rio de Janeiro: Renovar, 2008.

BORGES, Camila de Moraes Barbosa. *Análise da unitização produção de petróleo no brasil e seus impactos sobre a política de conteúdo local e receitas extraordinárias*. Tese de doutorado defendida no Programa de Pós-Graduação em Planejamento Estratégico da COPPE, 2014, disponível em http://www.ppe.ufrj.br/ppe/production/tesis/borges_camila.pdf. Acesso em 30/03/2015.

BORGES, José Souto Maior. *Teoria Geral da Isenção Tributária*. 3. ed. São Paulo: Malheiros, 2001.

BOTTALLO, Eduardo Domingos. *IPI – Princípios e Estrutura*. São Paulo: Dialética, 2009.

CANTO, Gilberto de Ulhôa. "A Aquisição de Disponibilidade e o Acréscimo Patrimonial no Imposto sobre a Renda". In: MARTINS, Ives Gandra da Silva (Coord.). *Estudos Sobre o Imposto de Renda* (Em Memória de Henry Tibery). São Paulo: Resenha Tributária, 1994.

CARRAZA, Roque Antonio. *ICMS*. São Paulo: Malheiros, 2000.

CHECA GONZÁLEZ, Clemente. *Interpretación y Aplicación de las Normas Tributarias: Análisis Jurisprudencial*. Valladolid: Lex Nova, 1998.

CHIESA, Clésio. "ICMS incidente na Aquisição de BENS OU Mercadorias Importados do Exterior e Contratação de Serviços no Exterior – Inovações Introduzidas pela EC 33/2001". In: ROCHA, Valdir de Oliveira. *O ICMS e a EC 33*. São Paulo: Dialética, 2002.

COELHO, Fábio Ulhoa. *Curso de Direito Comercial, Vol. 3*. 3 ed. São Paulo: Saraiva, 2012.

COÊLHO, Sacha Calmon Navarro. *Curso de Direito Tributário Brasileiro*. 10 ed. Rio de Janeiro: Forense, 2009.

COSTA, Alcides Jorge. *Estudos sobre IPI, ICMS e ISS*. São Paulo: Dialética, 2009.

_____. *ICM na Constituição e na Lei Complementar*. São Paulo: Resenha Tributária, 1978.

COSTA, Regina Helena. *Curso de Direito Tributário*. 3. ed. São Paulo: Saraiva, 2013.

CUNHA, Thadeu de Andrade. "O Contrato com Cláusula de Risco para a Exploração de Petróleo no Brasil." *Revista de Informação Legislativa*, v. 32, n. 127, p. 223-323, 1995.

CUPERTINO, Fausto. *Os Contratos de Risco e a Petrobras (O Petróleo é Nosso e o Risco é Deles?)*. Rio de Janeiro: Civilização Brasileira, 1976.

FALCÃO, Amílcar de Araújo. *Fato Gerador da Obrigação Tributária*. 4.ed. Anotada e atualizada por Geraldo Ataliba. São Paulo: Revista dos Tribunais, 1977.

_____. *Introdução ao Direito Tributário*. 6. ed. Atualizada por Flávio Bauer Novelli. Rio de Janeiro: Forense, 1999.

REFERÊNCIAS

FERNANDES, Bernardo Gonçalves. *Curso de Direito Constitucional*. Rio de Janeiro: Lumen Juris, 2010.

FIGUEIREDO, Lucia Valle. "Competências Administrativas dos estados e municípios", *Revista de Direito Administrativo* 207, 1997.

FILIPPI, Piera. "El Impuesto Al Valor Agregado em Las Relaciones Internacionales". In: UCMAR, Victor (Coord.). *Curso de Derecho Tributario Internacional*, Tomo II. Bogotá: Temis, 2003.

FIÚZA, César. *Direito Civil – Curso Completo*. Belo Horizonte: Del Rey, 2014.

GALVÃO, Ilmar. *Parecer sobre a possibilidade de tributação, pelo ICMS, do petróleo e gás natural*. Apresentado nos autos da ADI nº 3.019-1/RJ, STF, em outubro de 2009.

GANDRA, Rogério Mendes. "O Impacto da Lei Noel em Projetos de Investimento na Indústria de Petróleo e Gás: Um Estudo de Caso", Boletim Informativo do Instituto de Economia da UFRJ, in: https://infopetro.files.wordpress.com/2010/02/2005_janfev_petrogas.pdf. Acesso em 07/01/2015.

GRECO, Marco Aurélio. "Contribuição de Intervenção no Domínio Econômico – Parâmetros para sua Criação". In: GRECO, Marco Aurélio (org.). *Contribuições de Intervenção no Domínio Econômico e Figuras Afins*. São Paulo: Dialética, p. 9-31, 2001.

_____. *Contribuições (uma figura "sui generis")*. São Paulo: Dialética, 2000.

_____. "ICMS – Exigência em relação à Extração do Petróleo", *Revista Dialética de Direito Tributário, nº 100*. São Paulo: Dialética, 2004.

_____. "Não-cumulatividade no PIS e na COFINS". In: Leandro Paulsen. (Org.). *Não-cumulatividade do PIS/PASEP e da COFINS*. Porto Alegre: Thomson/IOB, 2004.

GUERREIRO, Rutnéia Navarro. "Tributação de receita não recebida". *Revista Dialética de Direito Tributário 160/106*, 2009.

HORTA, Raul Machado. *Direito Constitucional*. 2. ed. Belo Horizonte: Del Rey, 1999.

JARACH, Dino. *O Fato Imponível – Teoria Geral do Direito Tributário Substantivo*. Trad. Dejalma de Campos. São Paulo: Revista dos Tribunais, 1989.

_____. *Finanzas Públicas y Derecho Tributario*. Buenos Aires: Abeledo-Perrot, 1996.

LAPATZA, José Juan Ferreiro. *Curso de Derecho Financiero Español, Vol. II*. 21. ed., Barcelona: Marcial Pons, 1999.

LARENZ, Karl. *Metodologia da Ciência do Direito*. Trad. de José Lamego. 3. ed. Lisboa: Fundação Calouste Gulbenkian, 1997.

MACHADO, Brandão. "Multas Administrativas e Imposto de Renda". In NOGUEIRA, Ruy Barbosa (coord.). *Direito Tributário Atual*. São Paulo: IBDT/Resenha Tributária, vol. 10, 1990.

MACHADO, Hugo de Brito. *Aspectos Fundamentais do ICMS*. São Paulo: Dialética, 1997.

_____. *Comentários ao Código Tributário Nacional. Vol. III (Artigos 139 a 218)*. São Paulo: Atlas, 2005.

_____. *Curso de Direito Tributário*. 33. ed. São Paulo: Malheiros, 2012.

_____. "A Supremacia Constitucional e o Imposto de Renda". In: MARTINS, Ives Gandra da silva (coord.). *Estudos sobre o Imposto de Renda – Em Memória de Henry Tilbery*. São Paulo: Resenha Tributária/CEU, 2000.

MARTÍNEZ, Soares. *Direito Fiscal*. Coimbra: Almedina, 2007.

MARTINS, Fran. *Contratos e Obrigações Comerciais*. 8. ed. Rio de Janeiro: Forense, 1986.

MARTINS, Ives Gandra da Silva. Fato Gerador do ICMS nas "Operações Interestaduais com Petróleo e Derivado", *Revista*

Dialética de Direito Tributário, nº 96. São Paulo: 2003.

MARTINS, Natanael. "O Conceito de Insumos na Sistemática Não-Cumulativa do PIS e da COFINS." In: PEIXOTO, Marcelo Magalhães e FISCHER, Octávio Campos. *PIS-COFINS – Questões Atuais e Polêmicas*. São Paulo: MP, 2005.

MATTOS, Aroldo Gomes de. *ICMS – Comentários à Legislação Nacional*. São Paulo: Dialética, 2006.

MELLO, Celso D. de Albuquerque. *Curso de Direito Internacional Público*. 14 ed. Rio de Janeiro: Renovar, 2002.

MELO, José Eduardo Soares. *ICMS – Teoria e Prática*. 7. ed. São Paulo: Dialética, 2004.

_____. *IPI – Teoria e Prática*. São Paulo: Malheiros, 2009.

_____. *ISS – Aspectos Teóricos e Práticos*. 3. ed. São Paulo: Dialética, 2003.

MENDES, Gilmar Ferreira. COELHO, Inocêncio Mártires e BRANCO, Paulo Gustavo Gonet. *Curso de Direito Constitucional*. São Paulo: Saraiva, 2007.

MINATEL, José Antônio. *Conteúdo do Conceito de Receita e Regime Jurídico para sua Tributação*. São Paulo: MP, 2005.

MORAES, Bernardo Ribeiro de. *Compêndio de Direito Tributário – Vol. I.*. 5.ed. Rio de Janeiro: Forense, 1996.

_____. *Doutrina e Prática do Imposto Sobre Serviços*. São Paulo: Revista dos Tribunais, 1984.

_____. *Doutrina e Prática das Taxas*. São Paulo: Revista dos Tribunais, 1976.

MAURER, Hartmut. *Elementos de Direito Administrativo Alemão*, Trad. Luís Afonso Heck. Porto Alegre: Sergio Antonio Fabris, 2000.

NABAIS, José Casalta. *O Dever Fundamental de Pagar Impostos*. Coimbra: Almedina, 1998.

_____. *Direito Fiscal*. 5.ed. Coimbra: Almedina, 2009.

NOGUEIRA, Ruy Barbosa. *Curso de Direito Tributário*. 11.ed. São Paulo: Saraiva, 1993.

NOVELLI, Flávio Bauer. "Norma Constitucional Inconstitucional? A propósito do art. 2º, § 2º, da Emenda Constitucional nº 3/93", *Revista de Direito Administrativo* 199: 21-57, 1995).

OLIVEIRA, Gustavo da Gama Vital de. *Direito Tributário e Diálogo Constitucional*. Niterói: Impetus, 2013.

OLIVEIRA, Ricardo Mariz. *Fundamentos do Imposto de Renda*. São Paulo: Quartier Latin, 2008.

PAIM, Maria Augusta. *O Petróleo no Mar – O Regime das Plataformas Marítimas Petrolíferas no Direito Internacional*. Rio de Janeiro: Renovar, 2011.

PAULSEN, Leandro. *Direito Tributário – Constituição e Código Tributário à Luz da Doutrina e da Jurisprudência*. 11. ed. Porto Alegre: Livraria do Advogado, 2009.

PAULSEN, Leandro e VELLOSO, Andrei Pitten. *Contribuições – Teoria Geral e Contribuições em Espécie*. Porto Alegre: Livraria do Advogado, 2010.

PECES-BARBA MARTÍNEZ, Gregório. *Curso de Derechos Fundamentales – Teoría General*. Madrid: Universidad Carlos III de Madrid, 1999.

PEDREIRA, José Luiz Bulhões. *Imposto de Renda – Pessoa Jurídica – Vol. I*. Rio de Janeiro: Justea, 1971.

PERALTA MONTERO, Carlos Eduardo. *Tributação Ambiental – Reflexões sobre a introdução da variável ambiental no sistema tributário*. São Paulo: Saraiva, 2014.

PEREIRA, Caio Mário da Silva. *Instituições de Direito Civil, Vol. IV – Direitos Reais*. Revista e Atualizada por Carlos Edison do Rego Monteiro Filho. 23. ed. Rio de Janeiro: Forense, 2015.

PEREIRA, João Luís de Souza. " ICMS na importação e na exportação". In.: *Revista*

Tributária e de Finanças Públicas nº 53, p. 45-68, 2003.

PEREZ DE AYALA, Jose Luis. *Derecho Tributario I*. Madrid: Editorial de Derecho Financiero, 1968.

PÉREZ LUÑO, Antonio-Enrique. *La Seguridad Jurídica*. 2. ed. Barcelona: Ariel Derecho, 1994.

PÉREZ ROYO, Fernando. *Derecho Financiero y Tributario – Parte General*. 10. ed. Madrid, 2000.

PIRES, Adilson Rodrigues. *Manual de Direito Tributário*. 10. ed. Rio de Janeiro, Forense, 2000.

_____. "O Sistema Harmonizado e o Valor Aduaneiro como Instrumentos de Integração Econômica". In: *Justiça Tributária*. São Paulo: Max Limond/IBET, 1998.

POHLMANN, Marcelo Coletto. "Considerações Acerca do Fato Gerador do Imposto de Importação". *Revista dos Procuradores da Fazenda Nacional, Vol. 1*. Rio de Janeiro: Forense, 1997.

QUEIROZ, Luís Cesar Souza. "Imposto sobre a Renda. Perfil Constitucional". In: GOMES, Marcus Lívio e ANTONELLI, Leonardo Pietro. *Curso de Direito Tributário Brasileiro, Vol. 1*. 2 ed. São Paulo: Quartier Latin, 2010.

QUINTAS, Humberto e QUINTANS, Luiz Cesar. *A História do Petróleo no Brasil e no Mundo*. Rio de Janeiro: Freitas Bastos/IBP, 2010.

RATTI, Bruno. *Comércio Internacional e Câmbio*. 9. ed. São Paulo: Aduaneiras, 1997.

REQUIÃO, Rubens. *Curso de Direito Comercial – 2º Volume*. 17. ed. São Paulo: Saraiva, 1988.

REZEK, José Francisco. *Direito Internacional Público – Curso Elementar*. 7.ed. São Paulo: Saraiva, 1998.

RIBEIRO FILHO, Alexandre da Cunha e HENRIQUES, Vera Lucia Ferreira de Mello. *O Imposto Sobre Serviços Comentado*. Rio de Janeiro: Líber Juris, 1977.

RIBEIRO, Marilda Rosado de Sá. *Direito do Petróleo*. 3. ed. Rio de Janeiro: Renovar, 2014.

RIBEIRO, Ricardo Lodi. "Os Conflitos de Competência entre o IPI, o ICMS e o ISS". In: Borja, Célio e RIBEIRO, Ricardo Lodi. *Temas de Direito Público – Estudos em Homenagem ao Professor Flávio Bauer Novelli – Volume 1 – Constituição e Cidadania*. Rio de Janeiro: Multifoco, p. 473-506, 2015.

_____. "A constitucionalidade das alterações introduzidas na COFINS pela Lei nº 9.718/98" *Revista Dialética de Direito Tributário* 53, p. 67-76, 2000.

_____. *Justiça, Interpretação e Elisão*. Rio de Janeiro: Lumen Juris, 2003.

_____. *Limitações Constitucionais ao Poder de Tributar*. Rio de Janeiro: Lumen Juris, 2010.

_____. "As Operações de Locação de Bens Acompanhadas de Prestação de Serviços e a Súmula Vinculante nº 31 do STF". In: *Revista Fórum de Direito Tributário nº 72*, p. 105-122, 2014.

_____. "O princípio da capacidade contributiva nos impostos, nas taxas e nas contribuições parafiscais". *Revista Fórum de Direito Tributário* nº 46, p. 87-109, 2010.

_____. *Segurança Jurídica do Contribuinte – Legalidade, Não Surpresa e Proteção à Confiança Legítima*. Rio de Janeiro: Lumen Juris, 2008.

_____. *Tributos – Teoria Geral e Espécies*. Niterói: Impetus, 2013.

_____. "As Contribuições Parafiscais e a Validação Constitucional das Espécies Tributárias". *Revista Dialética de Direito Tributário* 174: p. 110-129, 2010.

RIBEIRO, Ricardo Lodi e LOPES, Lívia Pinheiro. "A industrialização por encomenda e os conflitos de competência entre o IPI e o ISS". *Revista Fórum de Direito Tributário, nº 54*, p. 113-155, 2011.

RIBEIRO, Ricardo Lodi e PENCAK, Nina da Conceição. "A Competência Tributária Municipal para Tributação dos Serviços Prestados no Mar territorial, Zona Econômica Exclusiva e Plataforma Continental ". In: GOMES, Marcus Livio e RIBEIRO, Ricardo Lodi (org.). *A Tributação na Indústria do Petróleo e Gás Natural*. São Paulo: Almedina. 2016.

RIBEIRO, Ricardo Lodi e TAVARES, Adriana Clemente de Souza. "A não incidência de ISS sobre a fabricação de módulos para plataformas de petróleo", *Revista Dialética de Direito Tributário nº 195*, p. 124-137, 2011.

RIBEIRO, Ricardo Lodi e VIEIRA, Carlos Renato. "Interpretação da imunidade prevista pelo art. 155, § 2º, X, *b*, da Constituição Federal. Possibilidade de manutenção e aproveitamento dos créditos relacionados à aquisição de insumos, serviços de transporte e de bens ao ativo imobilizado". In: CARNEIRO, Daniel Dix; PEIXOTO, Marcelo Magalhães (Coord.). *Aspectos Tributários Relacionados à Industria do Petróleo e Gás*. São Paulo: MP, p. 19-38, 2011.

SANCHES, J.L. Saldanha. *Manual de Direito Fiscal*. Lisboa: Lex, 1998.

SEHN, Sólon. "Não-incidência de Pis/Pasep e da COFINS sobre reembolsos e indenizações." *Revista Dialética de Direito Tributário 162/58*, 2009.

SEIXAS FILHO, Aurélio Pitanga. "Revisão da Legalidade do Lançamento Tributário e a Coisa Julgada Administrativa em Matéria Fiscal". In: ROCHA, Valdir de Oliveira (Coord.). *Grandes Questões Atuais do Direito Tributário*. Vol. 9. São Paulo: Dialética, 2005.

_____. *Taxa – Doutrina, Prática e Jurisprudência*. Rio de Janeiro, Forense, 1990.

SCHOUERI, Luís Eduardo. *Direito Tributário*. 3. ed. São Paulo: Saraiva, 2013.

SOSA, Roosevelt Baldomir. *Comentários à Lei Aduaneira – Decreto nº 91.030/85 (Regulamento Aduaneiro)*. São Paulo: Aduaneiras, 1995.

SOUSA, Rubens Gomes de. *Compêndio de Legislação Tributária*. São Paulo: Resenha Tributária, 1975.

TILBERY, Henry. *Imposto de Renda das Pessoas Jurídicas: integração entre sociedade e sócios*. São Paulo: Atlas, 1995.

TIPKE, Klaus. "La retroactividad en Derecho Tributario". In: AMATUCCI, Andrea (org.), *Tratado de Derecho Tributario, Tomo Primeiro*. Bogotá: Temis, p. 340-354, 2001.

TIPKE, Klaus e LANG, Joachim. *Direito Tributário – Volume I*. Tradução da 18. ed. alemã da obra *Steuerrecht* por Luiz Dória Furquim. Porto Alegre: Sergio Antonio Fabris, 2008; *Volume II*. Tradução da 18. ed. alemã da obra *Steuerrecht* por Elisete Antoniuk. Porto Alegre: Sergio Fabris Editor. 2013.

TORRES, Ricardo Lobo. *Curso de Direito Financeiro e Tributário*. 15. ed. Rio de Janeiro: Renovar, 2008.

_____. "A Segurança Jurídica e as Limitações Constitucionais ao Poder de Tributar". In: FERRAZ, Roberto (Coord.). *Princípios e Limites da Tributação*. São Paulo: Quartier Latin, 2005.

_____. *Tratado de Direito Constitucional Financeiro e Tributário, Vol. III – Os Direitos Humanos e a Tributação – Imunidades e Isonomia*. 2. ed. Rio de Janeiro: Renovar, 1999; *vol. IV – Os Tributos na Constituição*. Rio de Janeiro: Renovar, 2007.

VILLEGAS, Héctor Belisario. *Curso de Finanzas, Derecho Financiero y Tributario*. 8. ed. Buenos Aires: Astrea, 2003.

XAVIER, Alberto. *Direito Tributário Internacional do Brasil. – Tributação das Operações Internacionais*. 5 ed. Rio de Janeiro: Forense, 1998.

ÍNDICE

CAPÍTULO 1. MARCO REGULATÓRIO PARA A EXPLORAÇÃO
E PRODUÇÃO DO PETRÓLEO E O GÁS E AS SUAS INCERTEZAS
TRIBUTÁRIAS ... 17

CAPÍTULO 2. COMPETÊNCIA TRIBUTÁRIA EM ÁGUAS MARINHAS ... 25

CAPÍTULO 3. A NATUREZA JURÍDICA DA AQUISIÇÃO DO PETRÓLEO
PELAS CONCESSIONÁRIAS E CONTRATADAS ... 35

CAPÍTULO 4. A TRIBUTAÇÃO PELO ICMS NA EXPLORAÇÃO
E PRODUÇÃO DE PETRÓLEO E GÁS ... 41

CAPÍTULO 5. A TRIBUTAÇÃO DO ISS NA EXPLORAÇÃO E PRODUÇÃO
DE PETRÓLEO E GÁS ... 91

CAPÍTULO 6. A TRIBUTAÇÃO DA RENDA AUFERIDA PELOS
INTEGRANTES DOS CONSÓRCIOS DE EXPLORAÇÃO E PRODUÇÃO ... 109

CAPÍTULO 7. A TRIBUTAÇÃO SOBRE A RECEITA BRUTA
NA EXPLORAÇÃO E PRODUÇÃO DE PETRÓLEO E GÁS ... 133

CAPÍTULO 8. A TRIBUTAÇÃO SOBRE A IMPORTAÇÃO NO ÂMBITO
DA EXPLORAÇÃO E PRODUÇÃO DE PETRÓLEO E GÁS ... 143

CAPÍTULO 9. AS TAXAS DE FISCALIZAÇÃO AMBIENTAL
SOBRE O PETRÓLEO E GÁS ... 187

CAPÍTULO 10. A CIDE COMBUSTÍVEIS ... 225

CAPÍTULO 11. O PRINCÍPIO DA EXCLUSIVIDADE DA TRIBUTAÇÃO
SOBRE OPERAÇÕES COM PETRÓLEO E SEUS DERIVADOS E O IPI ... 235